口才艺术导论

张 波 著

燕山大学出版社
2018 · 秦皇岛

所谓口才，就是人们的口语表达才能，即用口语准确生动地表达思想、交流感情、建立良好关系的一种能力。其本质是一种信息交流活动，影响这种信息交流活动效果的因素各种各样。从实施这一社会活动的主体，即思想、信息的传播者来说，主要包括信息、材料的掌握程度，传播媒介使用的熟练程度，传播过程、传播情景的控制程度，对受众对象情况的了解程度，逻辑思维的活跃程度，以及一些其他因素。《口才艺术导论》就是从以上几个主要方面入手，在分析影响口才艺术提高因素的基础上，力求为每一位有志于提高自己口才艺术的人提供可资借鉴的思路。

图书在版编目（CIP）数据

口才艺术导论 / 张波著. —秦皇岛：燕山大学出版社，2018.9
ISBN 978-7-81142-742-4

Ⅰ. ①口… Ⅱ. ①张… Ⅲ. ①口才学－高等学校－教材 Ⅳ. ① H019

中国版本图书馆 CIP 数据核字（2018）第 219341 号

口才艺术导论

张 波 著

出 版 人：陈 玉
责任编辑：孙志强
封面设计：于文华
出版发行：燕山大学出版社 YANSHAN UNIVERSITY PRESS
地 址：河北省秦皇岛市河北大街西段 438 号
邮政编码：066004
电 话：0335-8387555
印 刷：秦皇岛墨缘彩印有限公司
经 销：全国新华书店

开 本：700mm×1000mm 1/16　印 张：12.75　字 数：210 千字
版 次：2018 年 9 月第 1 版　印 次：2018 年 9 月第 1 次印刷
书 号：ISBN 978-7-81142-742-4
定 价：40.00 元

迎接“新时代”的到来!
（代序）

随着中国社会向“新时代”转型的日益加快，社会的主要矛盾也在日益发生深刻变化，人民日益增长的美好生活需要和不平衡、不充分发展之间的矛盾已逐渐成为当前中国社会的主要矛盾。舒适的住房、高质量的教育、高水平的医疗、清新的空气、洁净的水源、良好的社会治安、畅通的自我提升途径、自我尊严的维护、自由的迁徙和旅游、相互尊重的邻里朋友关系、和谐温馨的家庭社会环境等等，都是这一主要矛盾的不同侧面、不同表现，而解决这些矛盾最主要的方式，除了以经济建设为基础和前提外，最关键的恐怕就是逐渐走向民主，逐渐实现包容，逐渐相互理解，逐渐理顺合理表达意见的渠道，而走向民主、实现包容的一个重要手段，便是在做好自己的前提下，学会沟通，学会交流，学会与人打交道，学会把自己认为正确的思想、观点、情感与人分享，在让自己的社会价值发挥到最大的同时，更多地促进社会的进步。这本《口才艺术导论》就是力图帮您实现这样一个目标。

打开本书的章节、目录，您一定会发现，这本书与众多的讲述口才、演讲、辩论等内容的书大不一样，它的体例别具一格：前五章的内容几乎都与直接的口才艺术无关，只在最后的第六章才具体讲述了四种交际场合的口才技巧，而这恰恰体现了作者的独具匠心之处。

我们知道，口才的好坏只是一个人的外在表现，而支持这一外在表现的背后，却是大量的、人们一般不予过多关注的东西，诸如表达的内容、使用的媒介、交流的方式、对交际对象的了解。同样的内容，为什么有人爱听，有人不爱听；面对众多的人，有的人自信洒脱、应付自如，而有的人则脸红心跳、呼吸急促、全身冒汗……要想真正提高口才艺术，只注意表面的技巧、方法、手段远远不够，至多只能是花拳绣腿，应对一时；要想真正提高口才艺术，成为一个口才艺术家、交际家，成为一个善于与人沟通的人，就必须像作者在书中所讲的那样：

1. 热爱生活、热爱工作，做生活的有心人，广泛搜集信息材料，为交流沟通做好内容上的准备；

2. 提升语言修养，积累语言词汇，熟练掌握语言媒介，为交流沟通做好工具上的准备；

3. "心中有他人"，时刻想着对方，全面了解受众对象，用最适合受众对象接受的语言和方式进行交流；

4. 学会穿着打扮，学会使用手势、眼神、姿态、表情等，塑造良好自身形象，让你出现在交际场合的每一个因素都力争成为交流沟通的促进因素，而不是相反；

5. 敢于表达，勇于交流，自信主动，努力提高心理素质，做信息交流的主动者，做情感表达的积极者；

6. 在以上基础上，最后巧妙运用各种口才技巧和手段，就一定能成为一个在"新时代"的社会里如鱼得水的人。

虽然本书有较强的学术特征，但从内容和体例上可以看出，本书非常适宜大学一、二年级学生作为口才训练与提升的教材使用。当前各高校都在重视学生语言与表达能力的培养，市面上看到的相关教材却大多以外在的技巧训练为主；而本书却抓住了口才提升的根本，让学生在提高口才技能的同时，更学会为人、学会尊重、学会倾听、学会谦卑，这才是大学教材应具备的基本品质。此外，本书也非常适宜有志于提升员工职业素养的单位做培训教材，它在教会人们具备语言表达能力的基础上，也潜移默化地告诉人们：只有热爱生活、爱岗敬业、把职业当事业的人才能从根本上拥有较强的沟通表达能力。

衷心祝愿我们的社会在进入"新时代"的征程中阔步前进！

更祝愿每个人都拥有一副好口才，去迎接这个"新时代"的到来！

岭南遁叟

2018 年 7 月

目　　录

第一章 广泛搜集信息材料

口才，作为语言表达艺术的一种形式，究其实质乃为一种思想交流、情感沟通的形式。任何思想均源于人们的社会实践，因此任何人在进行语言表达时，都与他所具有的阅历、经验、知识，与他所掌握的信息材料的广博程度、丰富程度分不开。即便是一个小学生，在班上讲述《我的妈妈》的故事时，也要调动他那并不太长的生活经历中关于妈妈、关于家庭生活、关于邻里朋友，甚至有关日常生活、社会见识等多方面的经验。一个成年人，积累了几十年的生活经历、体验感受，积累了各种各样的实践知识、理论知识。即使这样，我们在进行语言表达、口语交际的过程中，也说不清楚自己在短短的几分钟、几十分钟的时间内，到底调动了多少基础性的、潜藏于内心深处的、不知何时何地积累的经验、知识。因此，对于口语表达者来说，信息材料越丰富越好，文化修养、知识阅历的根基越深厚越好。

原始材料掌握得越丰富、越全面、越深入，就越容易触发口语表达，对信息积累要求就如韩信点兵——多多益善。当然，一个人不可能对世界上所有的信息全知全晓，然后才去表达。在这里，我们应明确一个口语表达者所需信息材料的最低限度：首先，所掌握的信息材料应足够保证表达者对问题、对所表达的主题有正确的、全面的、深刻的认识，不能因为信息材料的不足而引起错误的、片面的判断，或者使判断停留在常识性的水平上，而应达到传递新的信息、解决新问题、使大多数听众感觉耳目一新的目的。其次，要能保证表达者的思路畅通，不能因为信息材料不足而不得不撇开必须思考的某个或某些方面，丢失某个或某些逻辑推论的环节，造成语言表达、情节发展、逻辑推理的残缺。最后，要保证在进行语言表达时对信息材料有足够的选择余地。

以上所说，只是对口语表达者在信息积累方面的最低限度要求。但对于一个想把自己的口语表达上升为艺术的人来说，这些是远远不够的。思维的活跃、想象的丰富、立意的高深、情趣的生动、境界的高远、语言的流畅等，都是以丰富的信息材料为前提、为基础的。任何精彩的口语表达，乃至表达灵感的爆发，实际上都是信息材料丰富到一定程度的必然结果。因此，了解信息的表现形态、洞悉信息的存在方向、掌握搜集信息的方法技巧、明确信息材料的选择要求等，做生活中的有心人，仔细观察生活，深入体验生活，尽一切可能扩大自己的信息量、丰富自己的知识储备，对于一个口才艺术者来说，便成为关键的第一步。

第一节　信息材料的表现形态和存在方向

要积累丰富的信息材料，为口语表达打下坚实的基础，首先必须明确，信息材料通常有哪些表现形态、信息一般相对集中在什么地方，从而快速找到搜集信息的方向和位置。

一、信息材料的表现形态

在我们日常社会生活中，信息材料一般可以分为三种具体的表现形态，即文字的、声像的和记忆的。

（一）文字形态的信息

从传播学角度看，文字的出现是人类传播史上最重要的里程碑。有了文字，人类才开始逐渐摆脱蒙昧，走向文明时代。在几千年的人类文明发展史上，以书面文字为载体的文字形态的信息材料，是日常所见的最大量的、最平常的形式。它通常又可分为以下几种类型：

（1）大众传播媒介中的报纸、期刊、杂志等。尤其在这些媒介中刊登的那些重大的国际信息、社会信息，如重要人物有新意、有创见的讲话，社会发展过程中出现的新情况、新问题，不同阶层特别是理论界、思想界人士中的新思想、新观点，涉及面较广的社会新动态，社会和自然两方面的重大成果和突出事件，尤其是那些政策性、思想性、动态性的建设性和破坏性较强的信息。

（2）工作、学习乃至生活参考用的各种图书、专著、百科全书和专门词典等。这些图书、著作往往是前人或同时代人的经验总结、研究心得，尽管是一些间接的信息材料，但往往经过许多人的提炼加工，在某种程度上更具有科学性，可以有选择地拿来以弥补自己因时间不够、精力有限等原因而造成的信息匮乏。

（3）有关的法律、法规、文件、政策汇编、相关政府部门的出版物等。我们生活在法治社会里，每个人在和别人进行思想交流、情感沟通的过程中必须牢牢树立法治观念，学法、守法、懂法，自觉充实法律知识，自觉宣传法律精神，自觉维护法律尊严，以合乎法律规范的语言提升自己表达的权威性；另外，国家重大方针、政策的制定及贯彻落实情况本身也是信息材料的重要内容之一。

（4）各种政治宣传品。各种口才表达艺术样式，如演讲、辩论、谈判、会话等，归根到底都是一种利益驱动，而政治是利益的高层次体现，因此提高口才艺术，就不能不了解各种政治观点、政治思想、政治术语，积累各种政治信息材料，研读各类政治宣传品。政党的各种文件要研读，政府的各种报告要分析，就连一些宗教团体的宣传册也尽量搜集审阅。

（5）各种统计资料、报表数据等。数据材料是枯燥乏味的，然而又是最具说服力的。在交流过程中，如果能信手举出一些准确的数字材料，往往会收到令人信服的表达效果。国家前总理朱镕基在很多场合讲话时，均能脱口而出有关国家经济发展的具体数字，被人尊称为“数字总理”。

（6）各类专业文献、年鉴，国内外科技文化教育等信息资料。专业文献、年鉴等，往往是最新的信息材料汇总，具有明显的时间性、新颖性，也因此更具有吸引力、说服力，对于宣传、表达、信息沟通有着十分重要的意义。搞研究的人一般都极其重视这些资料，希望提高口才表达能力的人也能给予重视。

（7）卷宗、档案、历史资料，以及史志、大事记、个人回忆录等。这是文字形态信息的又一大类型。以史为镜，可知兴替，了解真实的历史可以使人总结历史教训，把握历史发展规律，预知社会发展的未来趋势，从而站在时代的前列，做时代的弄潮儿；也只有这样的人才会有能力、有资格去影响别人、说服别人、鼓励别人，共同推动历史的发展。搜集这类资料，尤其要正史、野史一起搜集，公开的、秘密的都想方设法去挖掘。

以上是常见的文字形态信息类型。当然，以书面文字为载体的信息材料还有许多种，如地图、图录、名片、电话簿等，但这些对于积累信息材料，尤其是对于积累口语表达的信息材料意义不大，在此不再予以赘述。

（二）声像形态的信息

所谓声像形态的信息即脱离文字形式，以直接记录声音和图像为载体的信息材料，这类信息材料的数量正随着其制作和传播手段的不断现代化而逐年增加，其形式大略有录音带、录像带、光盘、幻灯片、实物模型等。而网络，更是综合运用文字、声音、图像、色彩等各种媒介手段，将各种信息材料以最快的速度在最短的时间内传递到各个用户终端，使我们真正步入了一个信息化的社会。掌握这些高科技手段，迅速捕捉各种最新信息，广泛积累交流材料，对于一个生活在现代社会的口才交际者来说相当重要。这类信息由于其声、光、图、色兼备，具有较大感染力、吸引力，但也要谨慎采用，注意鉴别真伪，不能“采到筐里都是菜”，不加甄别，轻易相信。

（三）记忆形态的信息

所谓记忆形态的信息，是指在人际交流的过程中产生、传播和被接收的，只在人脑中存贮的，不具有确定的记录载体的信息，也就是日本研究人员所称的“零次情报”。这类形态的信息在文字产生以前普遍存在于先民社会中，是先民最主要的交流方式，具有不确定性、易变性。即使在我们现代社会里，这类信息也大量存在、普遍应用。西方哲人曾说过这样一句话，你有一个苹果我有一个苹果，俩人交换一下，还是每人一个苹果；如果你有一种思想，我有一种思想，俩人交流一下，就是每人有两种思想，在两种思想基础上的进步，就远比在一种思想上大得多、快得多。这里所说的“交流”，在一定程度上主要指的就是这种“零次情报”的交流。一个善于运用口才艺术的人，必然是一个善缘广结、朋友遍天下的人，他深知信息源的广博对于一个人的思想成熟、性格长成具有何等重要的意义，他不会因交际对方的地位低下、经济贫困、穿着破旧等原因而拒绝交流。相反，他会把与来自不同地域、不同民族、不同信仰、不同阶层的人进行交流、沟通当作一种富有挑战性、富有意义的乐事去做。

二、信息材料的存在方向

所谓信息材料的存在方向，主要指那些所需信息相对比较集中的地方。

了解这一点可以让我们知晓该从哪里去搜集信息材料。一般来讲，信息材料相对集中的地方主要有以下几个方面：

（1）大众传播媒介，如报纸、刊物、广播、电视、网络等，而且随着社会的发展，这些大众传播媒介越来越细分化、专业化，例如电视媒介，越来越具有针对性，一个电视台可能有几个、十几个，甚至几十个频道。作为口才交际者，应了解这一点，并根据需要订阅、收看相关的媒介，以丰富自己的信息材料。

（2）专业的信息机构，如各种类型、各种层次的图书馆、档案馆、博物馆，以及近年来如雨后春笋般出现的各种信息中心和各种咨询机构等。这些部门本身就是以提供信息为服务手段，因此也是信息相对集中的地方，更是信息搜集者搜集信息的主要方向。

（3）国内外的大专院校、科研机构，以及由它们所成立的各种学会、研究会、协会等。这些地方往往是最新科研成果、最新学术思想、最新理论创见的集中地，应该成为信息资料搜集的重要渠道之一。

（4）各种形式的会议，如研讨会、总结会、表彰会、报告会、新闻发布会、展览会、鉴定会等。从信息学本身来讲，会议是汇集信息、加工信息、输出信息的过程，人们通过会议沟通信息、交换意见、研究问题、协调关系、制定政策、作出决策、表彰先进、批评错误、统一认识、推动工作等。因此，会议是信息资料集中的地方，也是信息资料搜集的重要方向。从搜集信息角度来说，传播者要对各种类型的会议保持高度的敏感。

（5）各种生活娱乐场所，如电影院、剧院、茶馆、饭店、餐厅、咖啡馆、舞厅等。随着人们物质生活的日益丰富，追求交友、娱乐、休闲已经成为时尚，这些娱乐场所便成为各色人等汇集之地，当然也是各种信息的集中之地。过去记者采集信息、撰写新闻稿件，这些娱乐场所往往成为他们主要的信息来源。

（6）政府信息网络。这里所指的政府信息网络，既包括机关的信息网，也包括各种收文、发文、指示、报告，以及各种内参、简报、快报、工作动态等。

以上这些都是信息相对集中的地方，也是一个人捕捉信息、扩大材料基础的主要方向、主要渠道。

第二节 信息材料搜集的方法与技巧

掌握信息材料搜集的方法与技巧，努力提供信息储备，扩展阅历见闻，提升思想认识，这是口才交际的前提条件，更是提高口才艺术的基础。信息材料搜集的方法多种多样，根据搜集途径的不同，可以划分为正式途径搜集方法和非正式途径搜集方法；根据信息搜集者的显隐性特征，可以划分为公开搜集方法和秘密搜集方法。无论哪一类信息材料搜集方法，都始终离不开以下几种基本的方法。

一、观察

观察，就是有意识地利用自己的感觉器官去获取信息、认识事物的心理活动，包括远观和近察两个方面。人的感觉器官包括视觉、听觉、肤觉、嗅觉、味觉五种，其中又以视觉器官与听觉器官最为重要。列宁说："物质作用于我们的感觉器官而引起感觉。"（《唯物主义与经验批判主义》）毛泽东说："任何知识的来源，在于人的肉体感官对客观外界的感觉。"（《实践论》）观察体现了人对认识客观事物的主动性，通过有目的、有计划地接近、感觉客观事物，达到认识对象的目的。

观察是感知事物的起步，口才艺术者要想获取大量的信息，夯实表达的信息基础，就必须要加强观察能力的培养。俄国作家契诃夫说："作家务必要把自己锻炼成一个目光敏锐、永不罢休的观察家！……要把自己锻炼到让观察简直成为习惯……仿佛变成第二天性了！"观察能力是一种能迅速看出事物特点的能力，是一种能发现一般人不容易发现的事物较隐蔽的特点的能力。作为人的基本素质之一，观察能力是可以通过长期的观察训练培养的。

常用的训练观察方法主要有以下六种：

（一）全局观察法

全局观察法的目的是把握事物的总体情况，一般用分解、综合的方法。观察者要目光长远，总览全局，善于在短时间内把对象分解为若干部分或方面进行观察，然后将观察所得的各部分的主要特点综合起来，形成一个总的印象。全局观察法要注意舍弃次要的、一般化的东西，把各部分的共同特点找出来，这些共同特点往往正是事物的主要特征。比如观察一个陌生人，一般可以从长相、装束、言谈、表情、动作这几个方面入手进行观察，然后总括出这个人的主要特征来。

（二）细微观察法

细微观察法是对事物作逼近的、精细的观察，目的是精确把握事物的细部和发现别人没有发现的东西。细微观察法常与全局观察法结合使用，即在全面观察的基础上，抓住某些局部进行细致观察。具体而生动地介绍客观事物一般都需要全面观察与细微观察相结合。

（三）比较观察法

比较是认识事物的重要方法。将两种或两种以上的相似物或对立物加以比较，观察其异同，可以使对象的特点更清楚地显示出来。相似物比较可以显示事物的细微差别，展现事物各自的个性；对立物比较可以将事物各自的特点反衬得更鲜明。比较观察时要注意观察条件对等，即在同样的条件下，从相同的角度观察不同的事物，只有这样才能得出正确的结论。

（四）多角度观察法

从单一的角度观察事物，只能得到一个方面的印象；从不同角度观察同一事物，可以克服片面性，加深对事物的了解。宋代画家郭熙说：

山近看如此，远数里看又如此，远数十里看又如此，每远每异，所谓山形步步移也。山正面如此，侧面如此，背面又如此，每看每异，所谓山形面面看也。如此，是一山而兼数十百山之形状，可得不悉乎？（《林泉高致》，见《历代论画名著汇编》，文化出版社 1982 年版）

观察一个静物，不同角度可以显现不同的形象；观察一个人、一种社会现象，比观察静物复杂得多，当然需要从更多角度观察才能全面、准确、完整。

（五）追踪观察法

所谓追踪观察法，就是根据事物发展变化的情况，不断变换时间、地点进行观察，而不是静止地、一时一地地观察事物，所以又叫动态观察法。对于人、对于正在进行中的事情、对于尚未解决的问题，常常需要用动态的追踪观察法才能了解得比较透彻。

（六）实验观察法

好像做实验一样，有意识地把事物放到预先设计、安排好的环境中，以观察事物的变化，从而了解事物的性质、特征等。这是目的性十分明确的一种观察方法，常常在需要搜集某些特定材料时使用。

法国著名雕塑家罗丹说:“美是到处都有的,对于我们的眼睛,不是缺少美,而是缺少发现。”(《罗丹艺术论》,人民美术出版社 1978 年版)感觉器官人人都有,人人都会观察,但观察能力却有高下之分。据科学家计算,人眼一天大约完成十万次跳动,其中相当大一部分是没有控制的、无目的的,也可以说是浪费掉的。如果一个人养成了有目的地观察世界的习惯,提高了观察的能力,那么他从客观世界获得的信息量就会比一般人多得多。

观察要主动,目的要明确,收获才会大。契诃夫为了深刻认识沙皇的反动统治,曾专程到流放苦役犯的库页岛去观察和了解情况。他在 1908 年 9 月 11 日写给友人苏沃林的信中说:“我走访了所有的居民,进入每一家茅舍,并且跟每个人都谈过话……库页岛上没有哪一个囚犯或移民是没有跟我谈过话的。”(转引自叶尔米洛夫《契诃夫传》,人民文学出版社 1960 年版)当时库页岛的囚徒和移民有近万人,契诃夫通过谈话和观察了解情况、搜集材料,这种精神是值得学习的。

二、体验感受

积累材料,仅凭观察是远远不够的,许多事情只有亲自参与实践,亲自体验感受,才能来得真切,讲述起来也才能感人至深。鲁迅先生曾从写作的角度谈体验感受的作用,他说:“但现存的左翼作家,能写出好的无产阶级文学来么?我想,也很难。这是因为现在左翼作家还都是读书人——智识阶级,他们要写出革命的实际来,是很不容易的缘故。……所以革命文学家,至少是必须和革命共同着生命,或深切地感受着革命的脉搏的。”(《上海文艺之一瞥》)口语表达与书面写作同为思想交流的形式,在积累信息材料上更具有一致性。一个经历单调、阅历狭窄、见闻浅薄的人是不会成为一名人际交流、口语表达高手的。“纸上得来终觉浅,绝知此事要躬行”,书面表达是这样,口语表达更不例外。

语言表达是思维的产物,而思维的基础是人的实践活动,思维是人脑对客观世界的一种概括的、间接的反映。语言表达与生活的关系,就像产品与原料的关系,前者是精细的、经过加工的,后者是粗糙的、原始的。离开了生活,表达就成了无源之水、无根之木,正如鲁迅所说:“天才们无论怎样说大话,归根结底,还是不能凭空创造。”(《叶紫作〈丰收〉序》)

古今著名的语言大师,无不具有丰富的生活经验、社会阅历。

《史记》是被后人称为有“奇气”的一部巨著，鲁迅称它为“无韵离骚”“史家绝唱”。它不仅是一部伟大的历史著作，也是一部伟大的文学散文集。司马迁能写出这部巨著，和他丰富的生活经历是分不开的：

二十而南游江、淮，上会稽，探禹穴，规九疑，浮于沅、湘；北涉汶、泗，讲业齐、鲁之都，观孔子之遗风，乡射邹、峄;尼困鄱、薛、彭城，过梁、楚以归。于是迁仕为朗中，奉使西征巴、蜀以南，南略邛、窄、昆明，还报命。(《史记·太史公自序》)

他在各地勘察古迹、考核史实、搜集逸闻、结交豪俊，大大扩充了自己的眼界，增长了知识，所以他能笔下生花，把历史人物和祖国山川写得栩栩如生。

鲁迅是中国新文化运动的主将，是现代伟大的文学家、思想家、语言大师。他小时因家道中落而体会到世态炎凉；青少年时曾在水师学堂、矿路学堂学习；后来，又负笈东洋，到日本学医和学文，了解了世界各国的政治、科学、文化状况。他搞过翻译、编过杂志、教过书、做过京官。从“五四”运动开始，他率领新文化大军与形形色色的敌人及各种或“左”或“右”的错误倾向作过斗争。他的生活经验及斗争经验极为丰富，他的作品在内容上之所以博大精深，正是植根于此。

总之，从表达与生活的辩证关系来看，生活是本源，是第一性的；表达是作者感受生活的产物，是第二性的。作者的生活经验越丰富，对客观事物的认识越深刻，就越有可能表达得精彩。

能让自己的口才成为一种艺术的人，一定既是生活的观察者、歌唱者、促进者，也是生活的参与者、主人。其实，思想交流本身就是对社会生活的参与，用正确的、先进的思想鼓舞交际对象，一同投入生活，改造社会，正如印度女诗人莎绿妮·奈都夫人所说，诗人不仅仅是歌唱，当房子失了火，他（她）应该立刻停止歌唱，拿起水桶和众人一同去救火。

三、广泛阅读

搜集、积累信息材料除了仔细观察、体验感受之外，还要靠广泛阅读。一个人的生命、时间、精力都是有限的，不可能什么事情都去经历，都去体验感受。读书正可以弥补直接经验的不足，使人获得大量间接经验。古人所谓“秀才不出门，便知天下事”，原因就在于世界上的各种信息，能通过书籍传到“秀才”那儿。在传媒业迅速发展的今天则更是如此，远在千里甚至万里之外的事情，可以在短短的几分钟，甚至几秒钟之内就可知晓。一个不会利用现代传播媒介获取信息，不掌握阅读、浏览、上网方法的人是无法适应现代社会的，更不会成为一个知识广博、信息量大的思想传播者、口语交际家。

阅读要讲究方法技巧。一般是广泛涉猎与专题研读相结合、略读与精读相结合。

广泛涉猎，是指阅读的面要广，信息来源要多源，不可局限于一隅，更不能只满足于别人提供的信息。只有博采百家，才有利于在前人的基础上创造发展。同时，科学的发展使各种学科之间的联系日益密切。因此，研究社会科学的人要学点自然科学，研究自然科学的人要学点社会科学。广泛涉猎一般采用略读，即快速阅读的办法，用较快的速度浏览一遍，了解一本书、一篇文章的要点即可。专题研读，即围绕一个主要问题读一系列有关著作，对其中的重要著作或重要章节，用精读的办法反复钻研、透彻理解，个别重点语句、段落甚至要背诵。苏轼曾这样教导他的后辈：“书富如入海，百货皆有，人之精力，不能兼收尽取，但得其所欲求者尔。故愿学者每次作一意求之，如欲求古今兴亡治乱、圣贤作用，但作此意求之，勿生余念。又别作一次，求事迹故实典章文物之类，亦如之。他皆仿此。此虽迂钝，而他日学成，八面受敌，与涉猎者不可同日而语也。”（《又答王庠书》）苏轼这里说的正是一种专题研读方法，即一次只围绕一个问题读书，以便把这个问题弄清楚。从事研究工作的人应以专题研读为主，辅以广泛涉猎；而主要不是从事研究工作的人，如外交人员、新闻记者、公关、文秘工作者等，则应以广泛涉猎为主，辅以专题研读。

四、调查研究

调查研究是搜集信息材料的重要手段之一。调查研究顾名思义，一是调查，二是研究。两者既有不同的内涵，又有密切的联系。所谓调查，是指通过各种途径和方式，采取各种手段和方法，获得客观事物的实际情况，了解事物的真实面目的过程，它是开展进一步研究的基础和前提；所谓研究，是指人们根据调查所掌握的有关情况和数据材料，以科学的理论为指导，进行合乎逻辑的分析、归纳、综合，进而得出科学的结论，它是调查的归宿。

（一）调查研究的对象

调查研究的对象极为丰富，较为典型的有以下几种：

1. 关于新生事物的调查研究

这种调查研究能够比较全面而具体地反映新事物产生的时代背景、形成、变化和发展的过程，以及遇到的各种问题。同时，通过调查研究指明该事物在整个现实工作中的重要作用和意义，掌握其进一步发展的规律，展示其“蓝图”，借以促进该事物产生广泛的影响。例如，对于新的科技成果推广后取得的经济效益、社会影响的调查，对于新的改革措施出台后职工群众的心理反应、承受能力及改革效果的调查等，都属于这类调查。

2. 关于揭露问题的调查研究

这种调查研究，往往针对性较强。一般情况下，揭露某地区、某单位在某些方面存在的典型问题，通过调查，找出原因，指出其危害，使人们普遍引起注意和重视。如对医院发生严重医疗事故的调查、对企业造成环境污染的调查、对个别地区拖欠教师工资的调查等，都属于这种内容的调查研究。

3. 关于典型经验的调查研究

这种调查研究，通常是为了贯彻落实党的方针、政策而提供有关经验和具体做法，使其受到广泛的注意，以便推广。其政策性和指导性较强，主要是总结先进典型的经验，肯定其成绩，指出典型产生的时代背景，先进典型的变化、发展过程，产生的思想基础和“闪光点”，具体做法的特点；介绍其成功的诀窍；探索其“如何做出这些先进事迹来”和“为什么能这样做”的规律，借以触发大众思索和效仿。

4. 关于社会基本状况的调查研究

这种调查研究，主要是向决策领导机构提供制定某一历史时期的路线、方针、政策等的依据和参考资料。其涉及的内容有政治、经济、军事、思想、文化、教育、卫生、体育、财贸等方面，以及各条战线、各个系统多方面的具体情况。这类调查研究，既可以根据事物各方面的情况综合性地实施较为全面、详细的调查研究，又可以针对事物的某一个侧面进行具体的了解、掌握、分析、归纳等。属于这种类型的调查研究有国民经济和社会发展统计、人口普查、土地普查、环境卫生普查、教育现状调查等。

5. 关于市场情况的调查研究

这类调查研究，主要是企业为了增强产品在市场上的竞争能力有计划、有目的地对市场的购买对象、购买力等方面的情况进行局部性或全局性的调查研究，作出相应的结论，提出采取有关措施的方案，为经济领导机构和企业决策机构进行预测，制订经营决策和计划提供材料和依据，借以促进企业产品生产和市场销售活动。

6. 关于历史事实的调查研究

这类调查研究，虽然是对某些历史情况进行调查研究，但它却具有很强的政策性、现实性和倾向性。当历史发展到一定阶段时，因为现实工作的需要，或由于对某个历史事件产生了质疑需要重新审定性质时，才需要进行这类调查研究。其基本内容，有的是重新审定历史上遗留下来的问题；有的是对某一历史现象作出新的判断；有的则是为了现实工作的需要，对某一历史事实进行全面、系统的调查研究，以便对现实工作作出正确的决策。

以上是几种常见的调查内容，在了解调查内容的同时，作为一个信息材料积累、搜集者还必须讲究和选择恰当的调查研究方式和方法。方法对路，可以收到事半功倍的效果。常用的调查研究方法一般有以下几种：

（二）调查研究的方法

1. 普遍调查

普遍调查（普查）是专门组织的、一次性的全面调查，多用于必须进行全面了解、对全局有重大影响和作用而用其他调查方法不能了解的事项，适用于所调查的对象多且内容单一的调查。这种调查需要投入的人力、物力和财力较多，因此不经常使用。实施普遍调查要有周密的组织工作，对调查所采取的步骤、方法和要求要有统一的明确规定，调查任务要按时落实到调查对象，所得资料全部集中起来，进行加工整理，方能得出正确的调查结果。

2. 典型调查

典型调查是根据调查的目的，在若干同类对象中选择一个或几个有代表性的对象进行系统、周密的调查研究。通过对一个对象的深入分析，认识这一类对象的发展规律，找出具有推广价值的经验和值得借鉴的教训。典型调查也叫“解剖麻雀”。它与普遍调查相辅相成，并可弥补统计报表的不足，能够在特性中找出具有普遍指导意义的共性规律来。这种调查方法特别适用于研究新生事物。其优点是：对调查对象的了解生动具体，资料详尽，对问题研究深入细致；调查的方法灵活多样，可以长期蹲点，可以直接观察，也可以采用开调查会与个别访问相结合的方法;投入的人力、财力也不多。缺点是，它反映情况的面比较窄，不能准确地反映整体事物的全貌。因此，在运用典型调查时要注意如下三点：①要尊重客观事实，不能人为地拔高和延伸，尤其不能以偏概全；②要具体分析典型经验产生的环境和客观条件；③在选择典型时，要特别注意其代表性，如果典型选择不当，调查研究就会失去典型意义，更没有推广和借鉴的价值。

3. 专题调查

专题调查是指在部署工作、制订计划、作出决定之前，就工作中的重要问题，按照一定方法分成若干专题，然后组织力量进行调查研究。如关于加强职工思想政治工作问题，即可根据行业划分为制造行业职工思想政治工作和服务行业职工思想政治工作等若干专题。这些大的专题，又可分为若干个小的专题，如服务行业就可以分为饮食、卫生等职工思想政治工作专题，然后对这些专题逐个进行调查研究。这种调查方法类似于典型调查，但专题调查的对象不是单一的，只是调查内容是专一的，是若干个同类事物的综合反映。邀请各方面专家对重大专业性课题进行论证也是专题调查的一种方法。这种调查方法比较科学、客观，是调查研究的常用方法之一。

4. 综合调查

综合调查是指对某一对象进行多方面的全面考察和就某一问题对同类若干对象进行综合调查研究。目的在于掌握某一事物的全局和发展方向。如开发水利资源就必须对水源、水域、流量、洪汛、地貌、地质、资源等方面作详细考察。这种调查的特点是：有分类，有综合；从个别到一般，从部分到整体；不是简单的一加一等于二，而是整体的结果大于所有部分的算数之和。它可能得出与个别或部分事物不同的结论，因而具有整体性和科学性。综合调查是系统论在调查方法上的科学运用。

5. 抽样调查

抽样调查是根据每一个对象都有同等机会被抽选的原则，从调查总体中抽取若干个部分作调查，然后把若干个部分调查的结论推断于总体。如为检验大专院校的教学质量，将所有的大专院校分成若干组，再把每组的若干所学校都编成号码。如果根据调查者的意愿来选择号码是非随机抽样法；如果将各组的号码依次排列，按照一定的规则来选取号码是随机抽样法。随机抽样法是一种经济可靠的办法。它既不像普遍调查那样费时费力，也不像典型调查那样单一。它适用于对总体不可能或不必要进行全面调查而又需要掌握总体情况的调查。这种调查比较客观，可以作为综合调查方法的补充，但不能代替普遍调查。

（三）调查研究的方式

调查研究的方式一般有以下几种：

1. 个别调查

个别调查是一种对“人”的调查，通过与被调查者个别交谈来了解情况。这是一种常用的调查方式，简便易行，利于深入挖掘“人”所掌握的活材料与具体看法，也有利于保密。个别调查要注意以下几点：选好对象，通过事前了解，选好能提供所需情况的知情人；要做好思想沟通工作，解除各种顾虑，使其愿意提供真实材料，这既要对调查对象有所启发，又要防止设圈套、定调子，要尊重对方，注意礼貌，不可官气十足，盛气凌人，防止“审讯式”做法，以调动对方积极合作的意愿;要采取适当记录方式，不轻易使用录音机，不轻易要求对方签字盖章；要善于提问题，不乱提无关的问题，不打破沙锅问到底。总之，个别调查的成败关键在于对方是否合作。个别调查易受调查对象心理、情绪、记忆力的影响，这种方式常用于提供线索、探讨问题，所得的材料通常只供参考，数据性资料必须经过核实才能运用。

2. 开调查会

开调查会的好处是对象集中，可以相互启发、补充、比较、分析，简便易行，不需更多花费，所以也是常用的一种调查方式。但它要受时间、空间的限制，人多、时间长、距离远，对数据性资料很难获得确切结果。另外，它是一种集体面对面的调查方式，保密性较差，保密事项不宜于用这种方法。

开好调查会，先要确定人数，选好对象，参加者须是真正了解情况和敢于讲真话的人。人数一般以三五人或七八人为宜。其次要事先通知，让与会者明确调查的目的和内容，有所准备，不开无准备的会，而且主持人要掌握中心，依据事先准备的调查提纲提出问题，并与到会者展开讨论研究。调查会有许多种类型，有综合性的也有专题性的；对象有广泛的也有单一的；有以了解情况、印证问题为目的的，也有以深入比较、探讨问题为目的的，可针对不同类型的特点，去组织与安排。

3. 现场观察

现场观察是获取直观认识的一种调查方式，通过直接观察现场的自然状态，可以加深对情况的认识，就地发现、核实某些问题。如调查工厂的生活管理状况、职工的劳动纪律与劳动热情，调查刑事案件等，都只有到现场去观察，才能得到最真实、可靠、生动的材料。这种调查常与其他调查方式配合进行。现场观察时要注意现场的真实性，防止事前布置、弄虚作假现象的发生。特别是高级领导下基层，基层往往会基于种种原因而预作布置、弄虚作假等。所以在现场调查时，最好不提前通知，可以多看几个点进行比较，把直观观察与口头、书面调查结合起来进行。

4. 搜集书面资料

现成的书面资料是前人脑力劳动的结晶。1942 年，中共中央发布《关于调查研究的决定》，在“搜集材料的方法”一项中，就提到要搜集敌、友、我三方关于政治、军事、经济、文化，以及社会阶级关系的各种报纸、刊物、书籍，甚至县志、家谱等也在搜集之列。在决策性、理论性、历史性的调查中，常需采用这种方式，搜集研究大量书面材料。

在信息化的现代社会中，口语表达者更应有目的、有计划、有重点地搜集书面材料，剪贴分类，编目摘要，以备随时需要。

5. 统计调查

统计调查即运用统计原理和方法，搜集社会各方面的数据资料，并进行数量分析，研究社会现象的发生和发展规律、趋势，验证说明社会现象的理论假设。其优点是使调查数量化、精确化。统计调查主要用于需要从统计数字上了解其发展变化的事项，如产值、产量、劳动生产率的上升或下降、职工工资的变化、物价指数的变化等，通常采用统计报表的方式搜集。计算机的普及，加速了对大量数据的分析处理，大大提高了调查的效率和精确度。

统计调查偏重于定量分析，可谓“见数不见人”。用它可以调查一部影片的上座率或一本书的发行量，但却不能据此分析研究影片的艺术质量与书的质量的高低，这是应当注意的。

6. 问卷调查

问卷调查也是一种书面调查，是以卷面形式提出若干固定问题来询问对象，让询问对象填写。国外的通信调查，如电话调查，也属于这个范围。其优点是：经济节约，适用于大范围的调查；问题明确，答案标准化；易于统计；便于使用电子计算机分析。问卷调查的基本方式是设计若干标准化问题，印发或邮寄给被调查者,用划“√”“×”或填写“是”“否”等简易方式回答。但所提出的问题，设计必须明确，切忌含糊、冗长。如期刊年终征求读者意见表、评比优秀运动员的表格，都应做到这点。问卷调查的缺点在于内容较死，无法通过这种方式了解更深的问题。

在采用调查研究法进行搜集、积累信息材料的时候，除了运用以上正确的方式、方法外，还要遵循一些基本原则：

（四）调查研究的原则

1. 坚持客观性

调查研究必须坚持客观性，也就是承认物质第一性的原理，一切调查都要按事物的本来面目去反映，不能先入为主或附加任何非客观的成分，从个人或局部的角度乱下结论。一切结论只能产生于调查的末尾，而不是之前。迎合某种主观意图，按图索骥，是调查研究的大忌。

2. 注意动态性

坚持运动的观点，历史地、发展地研究问题。任何事物都处于运动的过程中，绝对的静止是不存在的。今天，事物变化的速度不断加快，新旧交替的周期不断缩短，这就要求在调查研究中，更加注意防止静止的观点和僵化的思想。特别对于改革中出现的新事物，出现的某些特点、失误，要防止简单化地肯定或否定。

3. 掌握联系性

掌握联系性，即不要孤立地、片面地看待复杂的社会现象，要坚持掌握事物普遍联系的原理，纵观大局，从整体中研究事物的规律。单纯就事论事、以偏概全、攻其一点而不及其余的做法，都是十分有害的。

毛泽东同志在延安整风运动的几次演讲过程中多次提到“没有调查就没有发言权”“不做正确的调查同样没有发言权”，调查研究不仅是搜集信息材料的重要方法，更是改变工作作风、思想作风的重要途径，口才交际者应努力避免成为只会夸夸其谈而没有实际内容的“语言巨人”“行动矮子”。

搜集信息材料的方法多种多样，除了以上提到的观察法、体验感受法、广泛阅读法、深入调查法之外，还有交换法，即以自己拥有的资料、信息与有关组织和个人进行相应的交换，从交换来的资料、书籍、样品等信息载体中获得所需信息的一种方法；购买法，即通过购买有关信息载体而搜集信息的方法，等等。

一个信息的传播者、思想的交流者，必须是一个信息意识极强的人，随时像老鹰一样睁大敏锐的眼睛，不断捕捉社会上任何有用的信息，以充实自己、丰富自己，从而成为一个渊博知识的传播者、正确思想的沟通者，成为一个口才艺术家。

第三节 信息搜集的原则与要求

一、信息搜集要坚持的基本原则

（一）广泛性原则

在进行口语交际过程中，要保证有充足的信息量，这就要求表达者对来自不同层次、不同角度、不同地位、不同行业，甚至不同国家地区、不同环境的信息等都要注意广泛搜集，而且广泛、足量的信息有利于表达者全面地思考问题，传播正确的思想，防止片面、主观；也有利于表达者发现自己认识上的“盲区”，不断产生新的观点、新的思想，从而在交际过程中有所开拓，有所创新。

（二）真实性原则

我们在进行口语表达的过程中，常有这样的体会，如果一个表达者在表达的过程中，出现一些常识性的错误，让受众对象发觉到，即使这个人表达的观点、宣传的思想再正确无误，也会让受众产生质疑，从而使表达、传播的效果大打折扣、深受影响。因此，要求口语表达者在搜集信息时，一定牢牢记住真实性的原则，不能为了某种一时的外在效果，而故意将事实夸大，哗众取宠，反而从根本上损害表达的效果。

（三）客观性原则

所谓客观性原则就是尊重事实、实事求是，不因为事实不符合自己的思想而放弃。在写作的理论中有一种观点叫作“主题先行论”，即先在头脑中产生某种思想、某种认识，然后在现实社会中搜集那些能证明自己的这种思想认识是正确的论据。这种观点其实是错误的。我们知道，生活是极为错综复杂的，即使再荒谬的思想观点，也往往可以在现实生活中找到一两个，甚至更多的事例来支持这种荒谬观点的成立。搜集信息时一定要遵守客观性原则，不能“先有结论，后去调查”，戴着有色眼镜看问题，受自己主观思想、主观臆断的限制和束缚。

二、信息搜集要注意的基本要求

（一）注意搜集典型的、具有说服力的信息

所谓典型的信息，就是最具有代表性、最能概括反映事物本质的信息，能以一当十，以简化繁，说最少的话，表达最丰富的意义。《水浒传》中的“武松打虎”就是一个典型的案例。该节集中展现了武松的勇猛，非常具有典型性：一般情况下，很多人拿着棍棒等聚集一起，都不敢上山打虎，而武松是在一种喝醉酒、没防备状态下，仓促应对，赤手空拳打死老虎。施耐庵详细描写一节武松打虎，远比他再用多少文笔描写武松打狼、打狗典型得多。

（二）注意搜集新鲜的、富有感染力的信息

追求新鲜、奇诡，是人们的一种正常的审美情趣、审美追求。清人李渔在《闲情偶记》中说：“新也者，天下事物之美称也。”鲁迅先生在《华盖集续编·厦门通信（二）》中说:“我本来不大喜欢下地狱，因为不但是满眼只有刀山剑树，看得太单调，苦痛也怕很难当。现在可又有些怕上天堂了。四时皆春，一年到头请你看桃花，你想够多么乏味？即使那桃花有车轮般大，也只能在初上去的时候，暂时吃惊，决不会每天做一首‘桃之夭夭’的。”

所谓新鲜的信息，首先是指新近产生、刚刚出现的事物。时代在发展，社会在进步，新的事物层出不穷，只要我们做生活的有心人，处处留心、认真观察、用心生活，就会不断有新的发现，不断充实新的信息材料；其次是指虽然不是新近发生的，但却是别人没有使用或很少使用的信息材料，这些信息同样能给听众以新鲜感；再次是指那些别人虽已用过，但可以在新的认识、新的思想指导下提炼出新意的信息。这些信息同样可以有很强的感染力，同样可以准确地宣传自己的观点。爱迪生在《论洛克的巧智的定义》中曾说：“凡是新的、不平常的东西都能在想象中引起一种乐趣，因为这种东西使心灵

感到一种愉快的惊奇，满足它的好奇心，使它得到它原来不曾有过的一种观念。”在口语交际过程中，只有选用那些别人没有用过或没有这样用过的信息，才能使人产生美感、增加感染力，从而激起受众对象听的兴趣，收到更好的交际效果。

（三）注意搜集信息材料的目的性和计划性

我们正逐步进入一个信息时代或者叫作大数据时代，人们用“信息爆炸”这样极富感染力的词语来描述时代的特点。据说现在一年所产生的信息量就相当于 15 世纪以前所有信息量的总和。在搜集信息、积累信息的过程中，如果目的不明确，缺乏计划性，搜集信息的内容、对象、范围就不好确定，就极可能出现无用信息膨胀而有用信息相对短缺的状况，在表达时就会出现“文不对题”“货不对路”的现象，从而从根本上影响表达的效果。因此，在搜集、积累信息材料时，要弄清搜集信息的目的，要解决什么问题、表达什么思想、传播什么观点、实现怎样的效果，以减少信息搜集的盲目性和随意性。

（四）注意把握全面性原则

搜集信息材料，既要有正面信息，又要有反面材料；既要搜集对自己的表达有利的事例，也要思考、寻找对自己的观点不利的资料，以便提前应对如何反驳对方；既要注意搜集事实类材料，让自己的表达有事实依据，又要关注、积累理论类材料，让自己说话有观点，有理论分析。做到摆事实讲道理，言之有据、言之成理。

（五）注意搜集具体的、细节的、数字的资料

具体的、细节的材料往往最能反映事物的本质特征，而且具有感人的特质，令人印象深刻，很多时候比讲很多道理更能打动人、感染人、影响人。数字材料一般比较枯燥，但浅显直白，说服力强，让人一看、一听即可明了。

第二章　熟练使用语言媒介

一个人在积累了丰富的信息材料、经历了多种社会生活、拥有了广博的知识后，不应该仅仅成为知识的“储存库”、成为信息的“终结者”，最重要的是要将自己所掌握的知识、所拥有的思想、所创新的观点表达出来，传播出去，主动和别人进行交流，以使知识发挥到最大的社会效用，从而更好地推动社会的发展与进步。因此，在学习了第一章如何积累、搜集信息材料的内容后，本章将讲述怎样熟练使用表达、沟通的媒介——语言。

语言的产生是人类传播史上第一个重要的里程碑。语言的运用加快了人们信息交流的传输和接收速度，使口头传播成为人类最重要的传播方式。这一章主要探讨语言的含义、语言的具体内容、语言的使用要求、语言的学习途径、有声语言的发声规律及要求、规范等内容。

第一节　语言的含义和内容

语言作为人类社会中最常见的一种现象，既极其稀松平常，又颇为深奥复杂，对于它至今没有一个科学、准确的定义，人们大多以描述的方式揭示其本质。一般认为，语言是人类社会最重要的交际工具和进行思维的工具；语言还是一种以口语形式为基础，经过选择加工而形成的一种符号系统，组成这个符号系统的基本要素分别有字、词、句等。人们的表达过程就是由一个一个的字、词、句扩展而成的。“夫人之立言，因字而生句，积句而成章，积章而成篇。”（《文心雕龙·章句》）语言的各个单位，由点到线，由线到面，逐级组合，从而表达一个复杂、完整的思想。“工欲善其事，必先利其器”，要想成为一个口才艺术高超的人，实现较好的交际目的，必须首先要提高自己的语言素养，熟练掌握、使用语言这一重要的交际、思维工具。

提高语言的修养，落到实处，主要就是提高字、词、句的使用水平。

一、字

字是语言符号系统中最基本的单位，一个人认识字的数量多少，从根本上影响其遣词造句的能力，影响其语言表达能力。据统计，中国古典文学的最高峰《红楼梦》，共使用汉字 4200 多个；对当代中国产生深刻影响的五卷本的《毛泽东选集》，共使用汉字 3100 多个。我们汉民族的祖先为使思想表达准确，进行了艰苦卓绝的努力。据文字专家统计，被使用过的汉字，从古至今大约有 6 万余个。《康熙字典》收字 47000 多个，许慎的《说文解字》收字 9353 个，1986 年出版的《汉语大字典》收字 56000 多个。现代通用汉字上限大约为 15000 多个，中等程度以上的人认字 4000 多个，日常生活中实际常用的汉字只有 3000 多个。中学语文大纲要求，中学生毕业以后需熟练掌握汉字 3500 个。对于一个口语表达者来说，熟练掌握 4000 个左右的汉字，在一般的交际场合就能应付自如了。

一个汉字，一般由三个方面组成，即音、形、义。所谓“熟练掌握”，就是要对一个字的音、形、义三个方面全面、透彻地了解和把握。对字音，要做到能发标准音，会读规范调。我们知道，汉字有 4 个声调，即一声平、二声阳、三声拐弯、四声降，另外还有一个轻声，这几个声调巧妙组合，就会使语言铿锵响亮、悦耳动听、抑扬顿挫、富有感染力，产生“说的比唱的还好听”的良好效果。对字形，须从字的结构、笔画，尤其是造字方法上着手，关于汉字的造字方法，比较权威的有东汉许慎在《说文解字》中提出的“六书”说，即指事、象形、形声、会意、转注、假借。当然，经过长期的历史发展，尤其经过汉字简化，现代汉字有许多仅从外形上已难以看出其基本含义，但只要认真、仔细，就不会出错。对字义的掌握更须认真，字义不了解或了解不准确，是造成用字、用词不当的主要原因。汉字经过几千年的发展演变，许多字有多重含义，包括本义、转折义、假借义、特指义、比喻义等。在交际过程中，字音读错、字义用错，都会贻笑大方，影响表达效果。

二、词

中国是最早的语言发源地之一，经过数千年、亿万人的口语、笔著，汉语已成为世界上词汇最丰富、最精炼、最富表现力的语言之一。在其发展过程中，经历了孔子、孟子、老子、庄子等哲学家，司马迁、班固、范晔等史学家，李白、杜甫、苏轼等文学家，施耐庵、罗贯中、曹雪芹等小说家，以及张衡、李时针、徐霞客等科学家的锤炼、创造、使用、推广，汉语的词汇像大海一般富有，像高山一样充实，它是整整一座五光十色、绚烂夺目的词汇宝库！近现代以来，又经过了鲁迅、胡适、朱自清、老舍、赵树理、毛泽东、钱钟书等现代语言大师们的加工、熔铸、推陈出新，使汉语在表现现当代中国人的生活上同样达到了洞幽显微、出神入化的绝妙境界。作为一个想提高自己口才艺术的当代人，对这些在历史上为汉语的丰富性、准确性、精美性做出过出色劳动和巨大贡献的先辈们，我们应当心存感激，要更好地学习他们，超越他们。

语言是思维的工具，是思想的表现形式。表达的过程，其实就是表达主体的内语言——思想向外语言的转化过程。在这个转化过程中，一方面内语言（即思想）对外语言有制约作用；内语言模糊，外语言就不清晰、不准确；内语言不深刻，外语言就平淡、乏味；内语言不新鲜，外语言也同样陈旧。另一方面，外语言是内语言的存在形式，外语言的匮乏与单调，直接影响着内语言的完美展现，即词不达意。因此，词汇的贫乏就会限制思想的活跃，反映出思想的匮乏，掌握词汇量的多少是一个口才艺术者与一般人区别的显著标志之一。

现代汉语的词汇有多种分类形式，根据词语的性质，可以分为名词、动词、形容词等；根据构词字数的不同，可以分为单音节词、双音节词、三音节词和多音节词等多种。

单音节词在古代汉语中较为常用，数量较多。随着语言的发展，现代汉语中的单音节词在逐渐减少，目前多表现为动词和量词。单音节中的动词往往从细小处描摹不同的动作，用得准确，用得巧妙，可使表达生动传神，鲁迅先生的《故乡》中就有这样的例子：

第二日，我便要他捕鸟。

他说："这不能。须大雪下了才好。我们沙地上，下了雪，我扫出一块空地来，用短棒支起一个大竹匾，撒下秕谷，看鸟雀来吃时，我远远地将缚在棒上的绳子只一拉，那鸟雀就罩在竹匾下了。什么都有：稻鸡，角鸡，鹁鸪，蓝背……"

我于是又很盼望下雪。

单音节词中的量词是汉语词汇体系中较为独特的一类，也极富表现力，如一尾活鱼、一抹夕阳、一刹古寺、一泓清水、一峰骆驼等，极具形象性。单音节词灵活、简练，富于韵味，使用恰当，可以大大提高表达效果。

随着语言的发展，双音节词在现代汉语中数量最大，双音节词在使用时可以给人一种稳重、匀称、明晰、凝练的效果，既有外在的形式美，又有内在的十分强的表现力。典型代表如马致远的小令《天净沙·秋思》：

枯藤老树昏鸦，
小桥流水人家，
古道西风瘦马。
夕阳西下，断肠人在天涯。

该小令将几个双音节词并列摆在一起，构成一幅深秋凄凉、景色惨淡的完整画面，衬托了游子漂泊天涯、无所适从、思念家乡的孤寂心情，意境深远，感人至深，语言的形式美与表达的内容达到了完美统一。

三音节词在现代汉语中数量有限，多是一些外来词或新生词，如巧克力、电视机、摩托车等。虽然作为词的一种固定形式数量较少，但在语言的具体使用过程中，三字一顿的词组或短语却较常见，它打破了偶数词的稳定、匀称感，使语气显得急促、紧凑，使感情显得浓郁、紧张，表现出了一种活泼、跳宕的美质，大大增强了语言的表达效果，典型代表如陆游的《钗头凤》：

红酥手，黄縢酒，满城春色宫墙柳。
东风恶，欢情薄，一怀愁绪，几年离索。
错！错！错！
春如旧，人空瘦，泪痕红浥鲛绡透。
桃花落，闲池阁，山盟虽在，锦书难托。
莫！莫！莫！

多音节词包括四音节词以及一些固定俗语、谚语等。四音节词在汉语中主要表现为成语、典故等，而且数量众多、内涵丰富、言简意赅，极具表现力。如果在口语交际过程中能恰当运用丰富的成语、典故等四音节词，不但在语音形式上能给人一种舒展、稳当、合拍、上口的感觉，即使在表述上也往往能叙述得清晰、明白、顺势而下、一气呵成，用极少的语言就能在主体和受众之间架起一座“感应”“联想”“会意”的桥梁。这是汉语所特有的一种词汇形式，体现着中华民族古老而深厚的文化传统。我们作为后人应努力掌握、熟练使用这一独具优势的语言形式，以使我们的表达效果达到刘勰在《文心雕龙》中所讲的“密而不促”的境地。所谓“密”，是指语言的信息量大，内涵丰富；所谓“不促”，则指从容不迫、坚实平稳的外在感觉。毛泽东曾为新文化发展指明方向，就是“新鲜活泼的、为中国老百姓所喜闻乐见的中国作风和中国气派”，中国作风、中国气派表现在语言词汇的使用上，就是继承和发扬汉语大量成语、谚语、典故的特点。

三、句子

句子是语言进入使用过程中的最小单位，是表达一个完整思想的最小单位，也是语言在运用过程中的关键。对句子的使用一般有以下几个方面的要求：

首先要合乎规矩。所谓规矩，就是遣词造句的法则，即“语法”。语法是某种语言在表述一个完整思想时其约定俗成习惯的一种规律性的概括。合乎约定俗成的习惯，就会合乎语法，让人听懂、明白；不合约定俗成的习惯，则被认为语言不通。所以，合不合语法，是不是通顺，都得看语言习惯。习惯是语言的裁判，它约束语言，给语言定出准则（见贺拉斯《诗艺》）。在语言的使用过程中，是不能违反约定俗成的习惯法则的，违反了就失去思想交流、情感表达的可能性。“有错误的语言永远也不能表现一个思想，而文章就像水晶，愈纯净便愈光亮。”（雨果《短曲与民谣集》序），书面表达是这样，口语表达更是如此。不合语法、语句不通顺、让人听起来别扭、不知所云的情况归纳起来一般有以下几种：一是词语搭配不当，如“小王终于鼓足了最大的斗志”，“鼓足”和“斗志”两者搭配不当，汉语一般不习惯这样说，可以“鼓足勇气”，也可以“增强斗志”，“鼓足斗志”不合汉语的规范，不顺畅，不习惯。二是成分残缺不全，如“我们要学好江泽民‘三个代表’”这个句子也不规范，只有定语，没有宾语（中心词），如果加上“的重要思想”，就符合汉语说话的习惯了，也就听起来顺耳了。三是词序紊乱，这样的毛病在口语中经常出现，尽管人们也能听明白说话者的大概意思，但在一定程度上却影响表达的效果。如“他非常在生活上节俭”，“加入 WTO 受到人们大多数的欢迎”这样的句子，听起来虽然意思明白，但总觉得耳朵不舒服，这也是不习惯造成的。如果改成“他在生活上非常节俭”和“加入 WTO 受到大多数人们的欢迎”就通顺多了。四是结构杂糅，例如“我一定要使自己工作上的被动局面非变个样不可”，这个句子就是一种典型的句式杂糅，一句之中既有主动句式，又有被动句式，表达起来给受众一种莫名其妙的感觉，可以改为纯粹的主动句，如“我一定要使自己工作上的被动局面有个根本改变”；也可以改成纯粹的被动句，如“自己工作上的被动局面非变个样不可”。还有一些别的原因，如生造词语、文理不通等情况。列宁在《给印涅萨·阿尔曼德》一文中说：“有时仅仅一句话就能成为毁坏一桶蜜的一勺柏油。”可见病句、错句危害之大，语言要合乎规矩、合乎语法，这是人们对表达的最基本要求。

其次，句子要合乎事理。所谓合乎事理就是要合乎事物的真实状况，合乎事物的发展规律，合乎逻辑，因果顺序不能颠倒。有些句子，从语法上看没有什么毛病且文通字顺，但前后一分析就会发现，自相矛盾，与事理不合，如：“蓝蓝的天空，万里无云，连一丝微风也没有。只见树梢轻轻地摆动着，朵朵白云轻轻飘动。”没有“微风”，哪来的“树梢摆动”？没有“白云”，哪来的“轻轻飘动”？这都是不顾事理，凭空想象，或闭门造车的结果。这样自相矛盾、与事理不合的句子一旦讲述出来，也会让听众笑掉大牙的。再比如：“我们正日益进入一个后真相时代，科技发展突飞猛进，媒介变化日新月异。”这个复句乍一看，也没有毛病，但仔细思考，就会发现破绽：应该是先有“科技发展突飞猛进，媒介变化日新月异”，我们才逐渐“进入一个后真相时代”，因果颠倒，顺序不对。因此，在表达的过程中一定要言必由衷、仔细观察、认真思考，切不可随意推理、不顾逻辑、违背事理。

另外，对句子的要求还有有情味、合声律等一些更高的标准。所谓有情味，是说语言表达要追求生动性、形象性、启发性、感染力等，内容上生动感人、令人印象深刻，语音上抑扬顿挫、富于变化，给听众以美的享受。所谓合声律，是指语言的声调、韵脚、音节等有节律感、押韵协调、朗朗上口。这些内容和要求将在后面两节中详细探讨。

第二节　口才艺术中的语言要求

从某种意义上讲，口才艺术就是语言的艺术。远在古希腊、古罗马时期，人们就尊崇演讲家为“语言大师”。在口语交际过程中，语言运用得好与差，将直接影响着口语交际的效果，因此，每一位想提高自己口才艺术，想成为演讲家、交际家，想成功表达自己的思想、宣传自己观点的人，都应该在语言的使用上下点儿功夫。

当我们将口语表达上升为一种艺术的境界时，其本身就表明，这种口语是一种最高级、最完善、最富有审美价值的表达形式。故而我们这里所讲的“口才艺术中的语言”，除了具有一般的书面语言和口语表达的共性特点外，还具有它自己独特的、能够成为艺术的特点和规律。

一、口才艺术中的语言要准确、简洁

在语言交际过程中，要想真实而充分地表情达意，最基本的要求是对自己的思想、观点、情感要表述清楚，这是让受众对象听得明白的必要条件、前提条件。而实现这一目的，最关键的因素便是语言的准确和简洁。

（一）准确

所谓语言准确，是指表达者使用的语言能确切、完整、清晰、明了地表现出他所要表达的事实和思想，能准确地使用概念，科学地进行判断，合乎逻辑地进行推理。语言是思想和事实的反映，是一切事实和思想的外衣，只有准确的语言才具有科学性，才能真实地反映现实世界和思想情感，才能为受众对象所理解、接受，才能达到沟通、教育、影响听众的目的。要想使口才艺术中的语言做到准确，必须从以下几个方面着手：一是对事物的认知要准确，情感、思想明确。语言是思想的外化，思想认识模糊、不准确，表现思想的语言就不可能清晰、准确。以己“昏昏”，使人“昭昭”，这样的事情不可能发生，表达者如果自己对客观事物没有深入了解，没有看清、看透，自己的思想认识尚处于混浊状态，其用语自然就不会准确，表述起来也必然模棱两可，含糊不清，说不到要害、关键。所以，要想使语言准确，必须首先做到认识准确、思想明确，这是表达准确的首要条件。二是词汇要丰富。口才艺术者必须是一个占有和掌握丰富词汇的人，在头脑中建立一个数量庞大的词汇“储存库”。在表达过程中，为了精确地概括事物，生动地表达思想和情感，准确地分辨事物之间的细微差异，使表述内容被听众接受和理解，并产生较强的说服力和感染力，表述主体必须能在很短的时间内，从自己的词汇储存库中迅速筛选出最能反映这一事物的词语来。法国作家福楼拜曾表述过这样的意思：我们不论描写什么事物，要表现它，唯有一个名词；要赋予它运动，唯有一个动词；要得到它的性质，唯有一个形容词。我们要费尽周折，苦心思索，非发现这唯一的名词、唯一的动词、唯一的形容词不可，绝不能因思索困难而用类似的语句敷衍了事。而要做到这一点，就必须掌握大量词汇，有选择的余地，也唯此，才能使语言真正做到准确。三是要注意区别词的感情色彩。语言交际既是一种思想沟通的过程，又是一种情感交流的过程，因此在表达过程中，还要注意词语的感情色彩。只有仔细推敲、体味、研磨、比较，才可区别出语言的褒贬色彩，从而使语言更准确地表现自己的内心情感。四是能恰当地使用一些有生命力的文言词句。中国古代在使用语言的过程中特别注意语言的准确、精练，像著名的《吕氏春秋》就是典型案例，据说该书刚刚成册时，被张贴在城头，并悬赏重金让来往行人找错。许多文言语句富有生命力，在现实生活中还在广泛应用，如果恰到好处地古为今用，往往也能增强表述的准确性和生动性。如“是可忍，孰不可忍！”“古今一也，人与我同尔！”“时无英雄，遂使竖子成名！”等等。

总之，只有运用准确、精练的语言，才能表达清晰的思想，才能实现交流思想、传情达意的目的。

（二）简洁

所谓语言的简洁，就是用最少的字句，表达最丰富的思想内容。简洁对于思想交流、情感沟通非常重要。恩格斯曾说：“言简意赅的句子，一经了解，就能常常记住，变成口语；而这是冗长的论述绝对做不到的。”要想使语言简洁，可以从以下几个方面努力：一是要对自己所要表述的内容能够了然于心、抓住要点，弄清关键、明确主题。只有这样才能在表达时突出重点、果断干脆，不拖泥带水、紊乱芜杂。二是要注意对文字的锤炼和推敲，努力做到精益求精，一字不多，一字不移。另外，要使语言做到简洁，还要注意克服三种口语毛病：一是常带口头禅。口头禅是最常见的一种口语恶习，很多人一讲起话来“嗯”“啊”“这个……，这个……”“是吧”等用个没完，让听者心生厌烦。产生口头禅的原因不一，最主要的是由于表达者对所讲内容不熟悉、不了解，以借用口头禅留出思考的时间。口头禅是简洁的大敌，提高口才艺术必须戒掉这一口语恶习。二是啰唆重复。一个内容或一个观点、一句话，翻过来倒过去、倒过来翻过去地讲，唯恐听者不明白，唯恐别人弄不清，其实只要表达者讲清楚了，听众自然就会明白，完全没有必要再重复。从信息学角度分析，一旦啰唆重复，前面的话成为剩余信息，后面的话成为无效信息，两者都会失去价值，都是对有效信息的一种冲击和淹没，从而干扰、破坏受众的思路，影响表达的效果。三是空话、套话。空话是指没有实际内容的话，套话则指现成的、别人早已说滥了的话，两者均属无效信息，自然也就没有吸引力，过多地讲空话、套话，让听众心生厌烦，因此也必须去掉。如果表达者在表达过程中注意前两点、克服后三点，相信一定会使自己的表达简洁起来。

提倡语言的简洁还要注意避免另外一种极端，即为“简”而“简”，甚至到了语言枯燥乏味、简单肤浅的程度，如果简洁到了妨碍思想内容表达的程度，那就适得其反了。在语言表达过程中，有时为了表达生动、形象，增强感染力和说服力，在某些场合还要故意反复，成为一种修辞手段——复沓。关于这一点，将在以后的内容里给予讲述。

二、口才艺术中的语言要通俗、平易

口才艺术中的语言是有声语言，与书面文字相比具有很大的不同。首先，它主要作用于人的听觉器官，通过耳朵传入大脑，对人产生影响；而书面文字则主要诉诸人的视觉器官，通过眼睛传入大脑，作用于人。其次，口语表达具有暂留性和临场性、临时性，在交际的过程中，连续的流动的声音稍纵即逝，一句话听不清，就可能影响一段甚至整个交际过程的进行，而书面文字读者可以反复阅看，一遍不懂，再看一遍、两遍乃至多遍。基于以上两点，口才艺术中的语言一定要通俗、平易。另外，从人的本性上讲，无论哪一种感觉器官，一般都乐于享受、追求懒惰，如果表达者的语言过于文雅、过于佶屈聱牙，让人费解，听众甚至会弃之不听，这样的话，如何达到口才交际的目的呢？所以列宁曾说：“重视经常和不断的宣传工作，就应准确地和全面地制定必须加以通俗化的那些原则。”鲁迅先生也说：“为了大众，力求易懂。”古今中外的口才艺术家无一不是用通俗平易的语言进行表达的，如梁启超、孙中山、列宁等。语言本身就是对客观事物、对具体实际生活的概括和抽象，本身具有较强的抽象性，为了使口才艺术中的语言做到通俗平易，可以从下面三个方向努力：

（一）口语化

口语具有丰富多变的特点，不仅有声有义，而且还有语音的轻重、语调的高低、语气的变化、停顿的长短、速度的快慢等，这些不断变化的要素结合起来，不仅可以起到有效传递信息的作用，而且生动活泼，绘声绘色，形之于声，会之于意。另外，口语具有好听易记的特点，人们用口语表达比用书面语表达的时间多得多，几乎天天动口说话，久而久之积累了大量丰富生动的口语词汇，形成了适合口语表达的多变的句式，这些词汇和句式说之上口，听之入耳，远为书面语所不及，所以艾青说："口语是美的，它存在于人的日常生活里。它富有人情味，它使我们感到无比的亲切。"当然口语也有许多缺点，如有些语句不规范，有时啰唆、重复，有的还带有口头禅等，为了使自己的表达成为一种"艺术"，就必须研究学习口语特点，发扬口语的优势，克服其不足之处。在表达过程中，注意选择那些有利于口语表达的词语和句式，多用那些清楚明了、朗朗上口、铿锵入耳的短句子，少用主谓宾、定状补都全的大长句，尤其尽量避免使用倒装句和那些人们不易听懂的生僻词句等。

（二）规范化

所谓规范化的语言，首先就是要读标准音，发规范调，说普通话，即统一的、普及的、具有明确规范的汉民族共同语。具体地说，就是以北京话为标准音，以北方方言为基础方言，以典范的现代白话文著作为语法规范的现代汉民族共同语。我国地域广阔，三里不同天，十里不同俗，各地有各地的方言，仅从大的方面讲，就有北方方言、吴方言、赣方言、湘方言、粤方言、客家方言、闽方言七大方言区，每个大方言区内又有许多小方言区，甚至一个县内就有几种不同语音的方言，这给思想沟通和情感交流带来很大的阻力和障碍。在口语交际过程中，如果一个人用浓重的方言讲话，纵然他的思想再深刻，情感再丰富，语言再准确，但受众对象听不懂，恐怕仍然实现不了交流、沟通的目的。因此，在表达过程中一定要用普通话，读标准音，发规范调，尤其是在面对来自不同地区、使用不同方言的听众时，更要尊重听众，用大家都能听明白的语音交流，只有这样才可收到较好的表达效果。规范化的另外一个含义还包括用语的规范化、道德的规范化，即不说低俗的话，不讲骂人的话，少说指责、贬低、挖苦别人的话。即使真理在手、观点正确，也绝不自以为是、理直气壮、趾高气扬。

（三）个性化

个性是指一个人在长期的生活实践中形成的一定的动机、理想、信念、世界观，使自己的活动总是带有一定的倾向性，从而在一个人身上经常表现出的个性心理特征，个性的显著特点就是稳定性。所谓语言的个性化，就是要用自己的语言讲出自己的思想情感、理论观点、信仰追求。如果说语言的口语化和规范化还是对所有语言的普遍要求的话，那么个性化则是口语之所以能上升为艺术的最重要标志了。个性化的语言是一个人思想、学识、阅历、见解、胆识、才华、性格、气质，以及语言修养等各方面素养的集中表现。只有运用个性的、有特点的、有自己风格的语言进行表述，交际过程才能精彩、感人，富有魅力，给人一种美的享受。被人誉为具有吸引力的“语言场”的《东方时空》节目主持人白岩松说话就极具个性化，例如有一次采访四川省省长：“你是中央候补委员会的最后一名四川省民主选举的代表，第一次没有当选，做了四个月的代理省长后，才正式当选为省长。这四个月对你来说是不是很难过的一段日子？”问题提得尖锐，语言刁钻、犀利，不绕弯子，不兜圈子，直奔主题、开门见山。再看他在《长江》系列开场白中说的一段话：“我们将在中国最炎热的季节走过长江，走过这条或许是将来世界经济生活最炎热的一条河流。”“十二年前是《话说长江》，而这次是说话的长江。”话语中充满文学色彩，富有感染力，充满了思辨性，展现了与众不同的语言特点，既有个性特点又极具吸引力。前苏联著名宣传家加里宁曾说：“为什么在发言中总是力求用现成的公式来讲话呢？……现成的一套话用不着你们说，大家也知道。……每一个人应当力求用自己的语言说话，用母亲教会的语言说话，母亲教出的语言是最好的语言，请你们相信我说的是良心话。”现成的一套，漂亮的辞藻固然好听，但真正具有说服力和感染力的还是发自肺腑的、有自己独特感受的那些有个性的话。个性化还包括表达者要注意结合自身发音器官的生理特征去表达。每个人由于遗传、生理结构、身体特征等不同，都会体现出不同的音色、音质、音量、音变等外在变化，形成自身的发音个性。善于沟通、善于表达、拥有较高口才艺术的人，都会结合自身条件，发挥语音器官优势，避免天生不足，形成语音个性，产生语言表达的独特魅力。

三、口才艺术中的语言要生动、形象

生动的语言让人爱听，感人至深；形象的语言栩栩如生，让人易懂。两者结合，正是口才艺术所要追求的效果，所以口才艺术中的语言一定要生动、形象。如何做到，可以从以下几点着手；

首先，要熟练掌握各种修辞手段。修辞本身就是让语言富有美感，增加感召力和表现力。在表达过程中，如果娴熟地使用各种修辞手段，一定会收

到较好的交际效果。比如郭沫若先生当年在全国科技大会上进行《科学的春天》的演讲，其结束语是这样的："日出江花红胜火，春来江水绿如蓝。这是革命的春天，这是人民的春天，这是科学的春天，让我们张开双臂热烈地拥抱这个春天吧！"在这短短的52个字里面，作者巧妙地运用了"引用""排比""重复""比喻""拟人""双关"等多种修辞手法，使得短短的一段话妙语连珠、激情澎湃、光彩四射，既表达了丰富的思想内涵，又充满着炽烈的美好情感，产生了巨大的感染力和鼓动力。古今中外的口才艺术家，无不重视修辞的巨大作用，古希腊的亚里士多德曾把演讲专门称为修辞术；梁启超先生无论是写文章，还是演讲，都非常注重修辞的运用，把排比、复沓等修辞手段使用得淋漓尽致，使得读者、听众产生"如饮甘醴"的效果。在口才交际过程中，常用的修辞方法主要有比喻、排比、设问、反问、反复、引用、感叹等。比喻可以把抽象的、深奥的、枯燥的理论形象化、浅显化、具体化，充分调动人的各种感觉器官，如视觉、听觉、味觉、嗅觉和触觉等，使所表达的内容绘声绘色、声色俱鲜、浅显易懂、生动活泼、娓娓动听，使受众对象"如临其境""如闻其声""如嗅其味""如触其物"，并在头脑中对记忆表象进行积极活跃的加工和改造，形成新的印象，从而大大增强语言的表现力、感染力和说服力。口才艺术高超的人，能熟练运用比喻、比拟、拟人等修辞手法，熟练运用形象化的语言，生动表述自己的思想感情，以启发、影响受众对象。排比、反复、复沓等手法，一般是句式结构相同，个别词语改变，连在一起使用，可以形成语言表达上的势能和冲击力，既可以大大增强语言的节奏感和旋律美，又能使所表达的内容和情感像瀑布一样一泻千丈，像奔腾的江河，势不可当。比如美国丹的尼尔·韦伯斯特在其著名演讲《独立宣言永存》中说道："那泪水再也不是殖民者的泪水，再也不是奴隶的泪水，再也不是悲痛的泪水；那泪水是狂欢的泪水，是感激的泪水，是喜悦的泪水。"作者在这里运用双重排比句，以形传神、一气呵成，先否定后肯定，把欢庆独立所激发的感情波涛化为狂欢、感激、喜悦的泪水，大大加强了感人的效果。反问、设问都是"明知故问"，先提出一个问题，给人启发、思考，让受众在不知不觉间陷入你所设计的问题环境之中，然后再说出答案，这个答案或者和他思考的一致，引起其肯定；或者和他的结论不一致，引起其进一步思考。这种修辞手段在口语交际过程中有一种特殊的作用，通过明知故问的形式"极能激动听众并给言语以力量。……因为情感的表现只有在这种场合最能感染听众，就是当它显得自然而然地从那情境中产生出来而不是由言者的技巧制造出来。自己一问一答的办法就会再现那激动感情的刹那。因为突然对人提问题，每每会出其不意而引出未经斟酌的、表现真情实感的回答，所以‘发问’这种修辞方式就能蒙蔽听众，而使他们以为这种每一细节都是精工制造的东西，竟是当下产生的灵感所启发出来的。”发问的目的不是故弄玄虚，而是为了引起受众对象的深思，增强语言的感染力、穿透力，努力扩大表达的效果。引用，就是在表达过程中，引经据典，使用一些名家言论和权威材料，诸如哲理、名言、典故、古语、俗语、谚语等。用旁征博引、内容丰富的信息材料进行口语交际，本身就给听众以大量的信息，使其产生听的兴趣，而且这些引用还可以增强交际语言的活泼性、生动性和权威性。但要注意，引用切不可断章取义，歪曲作者本义；另外引用不宜太多，不可没有自己的分析，没有自己的观点。修辞手法还有许多，如果运用巧妙，均能增强语言的表达效果，这里不再一一罗列。总之，每一个想提高自己说话水平、成为一个口才艺术拥有者的人，都应该熟练地掌握和恰当地运用好各种修辞手法，先努力成为一个掌握“修辞术”的人。

其次，要学会使用多变的句式。没有人喜欢一成不变的东西，语言也一样。同样的一个意思，如果总是用一样句式去表达，时间长了，就如单调的钟摆一样，会把人送进梦中。使用多变的句式，可以大大增强口语的生动性、吸引力，因为从心理学上讲，表面上不断变化的物体，最能引起人们的探求兴趣。因此，在表达过程中，要学会根据表述内容和情感的需要，不断变化句式，从形式上将语言安排得变化多端、错落有致、丰富多彩，这样在感觉上就会给受众对象造成一种生动活泼、铿锵悦耳、娓娓动听的效果。较为常用的句子形式一般有整句和散句、长句和短句之分。整句主要指句式整齐的对偶句和排比句等，这种句式结构严谨齐整，字数相当，富有节奏感和形式美；散句则指那些不受字数、结构、韵律的约束，灵活多变、运用自由的句子;两者巧妙组合，合理搭配，会使语言产生一种波澜起伏、跌宕多姿的效果。长句一般字数多、结构复杂，适于表现细密、严谨的思想，可以使语意连置、气势通畅，但讲起来费劲，受众理解起来也有一种紧迫感；短句则字数少、结构简单，往往是独语句、无主句，有的甚至只是一个词，使用短句可以把话讲得明快简洁、节奏鲜明；两者结合使用，交错搭配，同样可以使语言“长短错落”，造成一种“参差之美”。古人认为，在表达时应“骄散之用，相附不背，合之两益，离之两伤”“虽骄必有奇以振其气，虽散必有偶以植其骨，仪厥错综，致为微妙”。可见，散、整相附，长、短交错，才能使表达“骨”“气”俱佳。在日常交往的口语表达过程中，特别是短句，干脆利落，快人快语，像钉子钉在木板上一样，能一下子印入人的头脑之中，具有极强的表现力。我们在口语交际过程中，一定要从实际情况出发，根据内容和情感的需要，恰当地选用长、短句，散、整句，使其交替使用、疏密相间、急缓结合，这样才能收到最好的表达效果。

四、口才艺术中的语言要幽默、风趣

幽默、风趣的语言是“人际交往的润滑剂”“事业成功的催化剂”“爱情婚姻的添加剂”“挫折坎坷的镇静剂”，是良好性格和智慧灵感在语言运用中的结晶，口才艺术的拥有者必定是一个幽默诙谐、说话风趣的人。马克思主义著名理论家普列汉诺夫有一次在日内瓦演讲，一些社会革命党人和无政府主义者故意进行破坏，吹口哨、跺脚、大声喧哗。普列汉诺夫冷静沉着，双手交叉胸前，沉默不语，台下渐渐平静一些。普列汉诺夫抓住机会，大声讲道：“如果我也想用这种武器同你们斗争的话，我们来时就会……”他故意停顿一下，然后又高声地说：“我们来时就会带着冷若冰霜的美女。”结果全场哄堂大笑，连那些反对者也忍不住笑了起来，演讲就这样进行下去了。这里，普列汉诺夫用幽默风趣的语言有效地缓和了会场气氛，平息了矛盾，使讲话顺利进行，获得了成功，可见幽默、风趣对于表达过程的重要意义。幽默的语言如此重要，那么我们怎样才能让自己变得幽默、风趣呢？首先表达者要心胸开阔、性格开朗。只有性格开朗、视野开阔，才会包容异端，容纳别人，善解人意，不自以为是，不自私自利，不睚眦必报，不斤斤计较。其次，表达者要有广博的知识、丰富的阅历，只有精通古今中外的文化，学识渊博，拥有丰富社会经验的人，才能借助于语言技巧，巧妙应对，说出幽默的话。最后，要求表达者要有机智的反应、灵敏的头脑，在交际过程中能够迅速调动自己的知识储备，凭借对事物的敏锐观察和灵活应对，讲出幽默的话，化解没必要的冲突。只要从这三个方面去努力，相信每一个表达者都会拥有幽默、风趣、诙谐的口才艺术。

五、使用语言时应注意避免的不良倾向

改革开放以来，伴随着社会的变革，我国的语言生活也进入了一个异常活跃的时期，语言面貌正发生着重大的变化。大量新鲜适用的词语和格式，进一步提高了汉语的表现力，使汉语更加适应现代化建设和新的社会生活的需要，使社会语言生活更加生动活泼、丰富多彩。但是，在这一变化过程中，社会语言生活也出现了若干不良倾向，对祖国语言的纯洁和健康造成了一定程度的污染和损害。所以，想提高自己口才艺术的人，要对这些不良倾向给予足够的重视并在自己的语言使用过程中坚决避免和纠正。当前，在使用语言时的不良倾向主要有以下表现：

一是洋化、西化。在一些日常交际场合，所表述的内容本来与外国毫无瓜葛，没多大联系，有些人偏要追求洋味，说一些中国人听不懂、外国人也不明白的“洋泾浜”；在一些公共传媒中，不管是否需要，随意以外文代替汉语，或生搬硬套欧化句式，堆砌连自己也未明其义的外文术语，成了西化的玄言、玄语；在日常生活中，也大量使用外国词语、外国名称、外国术语，如将住宅小区命名为“阿尔卡迪亚”“塞纳河谷”“荷兰小镇”等，让人疑惑。

二是复古化、封建化。这一倾向多见于书面语言，一般有两种表现：一是在服务性行业和日用消费品的命名中，多用帝皇后妃、王霸豪绅之类的词语；一种表现则是滥用繁体字，某些人在题词、留言中，附庸风雅，繁简并用，给人留下笑柄。其实，早在20世纪50年代，国家就已经通过了相关语言文字法规，推广使用规范的简化汉字。2000年10月31日，又专门制定了《国家通用语言文字法》，自2001年1月1日起施行。

三是粗俗化。现在在社会交往中，经常见到一些人出语粗俗，多有脏话，骂不离口；在公共场合，也有人语言格调低下，粗言恶语、污言秽语脱口而出；还有的一些号称为表演家、艺术家、文学家、大学教授的人，张口闭嘴痞气、匪气十足，堂而皇之地污染祖国语言，甚至不以为耻、反以为荣。

四是文理不通，故弄玄虚。有些人说话往往前言不搭后语，上句、下句之间没有必要关联，让人不知所云，逻辑上混乱、矛盾，却装出一副似有生活哲理而“情真意重”的样子，实际上连自己都不知所云为何。

五是刻意模仿港台腔，或者说话故意嗲声嗲气，矫揉造作，“幼儿化”倾向严重，令人不适。还有一种所谓的“巨婴”症，表现在语言上就是：或谩骂，

或撒娇，或自夸虚妄，或自卑下作，等等。典型表现出心理上的不成熟，拒绝成长，拒绝责任，拒绝担当。

六是方言化、地方化。方言的使用，做研究可以，回家乡可以。如果在公共场所，面对来自不同地域、不同方言区的听众，尤其是在进行大众传播时仍使用地方方言，就很不应该了。

七是战斗化、革命化。在表达交流时，自以为真理在手，说话理直气壮，大声大气，恨不得把别人“一棒子打死”，不谦卑、不委婉、不民主，站在所谓的道德制高点上，一副高高在上、指示别人、命令别人的神态，甚至充满戾气，对人指责、斥责。

八是表里不一、语言腐败。所谓语言腐败，是指人们出于经济的、政治的、意识形态的目的，随意改变词汇的含义，甚至赋予它们与原来的意思完全不同的含义，忽悠民众，操纵人心。语言腐败最典型的形式就是“冠恶行以美名”，名字很好听，但是做的事情却完全不一样。语言腐败有着非常严重的后果，不仅使语言逐渐失去交流的功能，甚至导致整个社会的道德滑坡、道德堕落。

语言文字是文化的最主要载体，是一个社会精神文明的窗口。一个高尚的、有良心的口才艺术者，应主动跟语言运用中的不良倾向和混乱现象作斗争，维护语言环境的纯洁，建设语言文明，自觉成为推动语言规范化和标准化的表率。

第三节 有声语言

前者所述为语言的基本要求，既包括书面语言，也涵盖口语表达。口才艺术中的语言是有声语言，落到实在之处，还得靠声音和语调等表达思想和感情。因此，研究有声语言的发音规律，掌握口才艺术中声音的基本要求，巧妙地运用声音、声调，来有效而充分地表达思想、抒发情感，对一个想拥有口才艺术的人来说，显得极为重要。本节将专门就有声语言的基本内容和特殊要求展开论述。

一、发音的基本原理

语音是由人的发音器官发出来的，这些发音器官主要包括肺、气管、喉头、声带、口腔和鼻腔等。肺部呼出的气流，通过支气管、气管到达喉头，作用于声带、喉头、口腔、鼻腔等发音器官，经过这些发音器官的调节，发出不同的声音。另外，吸进的气流在有些情况下也起到一定的语音作用。在口才交际过程中，人们主要是通过声音来传情达意，声音的清浊状态、响亮与否、流畅程度等在很大程度上影响着表达的效果。正因为如此，古今中外的口才艺术家无不重视声音的运用与锤炼。马克思在评价米拉波的声音时曾写道："法国革命时期最伟大的演说家米拉波（永远响亮的名字，直到现在还在轰鸣），他是一只狮子，你想要和人们一起听一声'吼得好，狮子！'就必须亲自倾听一下这只狮子的吼声。"我国中央电视台著名主持人赵忠祥在他的《岁月随想》中曾提到，声音训练"关键是练，是实践""练功，其实就是功夫，就是坚持不懈。不但锻炼人的机能，也练人的意志。冬练三九，夏练三伏，寒暑不辍，这并不是件容易的事"。据说，在古希腊时，有一位著名的演讲家戴摩西尼，为了练自己的声音和演讲技巧，曾经口含石子站在阿尔卑斯山上，无论严寒酷暑，无论刮风下雨，勤练不辍，最后终于成为一名著名的口才艺术家、宣传家。声音，对于一个人的交际来说，其重要性不言而喻。如果一个人在谈话过程中咬字不准，发音不规范，或者南腔北调，让别人听不懂，不理解，怎么能传情达意，又怎么能说服、影响别人？

二、有声语言的基本要求

我们不仅要了解发音的基本原理，更应明确口才艺术对声音的基本要求，唯此才有努力的方向、奋斗的目标。邵守义老师在其论著《演讲学》中曾对声音提出四点具体要求：（1）正确清楚；（2）清亮圆润；（3）富于变化；（4）有力耐久。

所谓正确清楚，就是要吐字清晰，发音规范，声调标准，调值准确，是一声就要读 55 调，是二声就要读 35 调，是三声就要读 214 调，是四声就要读 51 调，既不能调值不准，更不能发音错误。

所谓清亮圆润，就是要求声音在正确清楚的基础上，追求一种艺术化的效果，让人感觉悦耳动听，富有美感，能给受众以心理上的愉悦感。为了达到这一点，首先要正确使用自己的发音器官，学会利用丹田之气发音，让发音的部位向下落，用俗话所说的"假嗓子"发音。另外，要达到声音的清亮圆润，还要注意克服语流不稳、说话漏气、鼻音太重、语气不畅等毛病，尤其要避免讲话时大喊大叫，用声不规范，以及哆嗦、抖动等毛病。如果注意克服和纠正这些缺点，一定会使自己讲话的声音渐趋清亮圆润，富有“磁性”，使交际过程颇具吸引力和感染力。

所谓富于变化，就是说在讲话时要有连续和停顿，要有重音和轻音、长音和短音，要有节奏和起伏等，也就是我们平常所说的要有抑扬顿挫之感。从心理学上讲，人的各种感觉器官都喜欢变化，讨厌千篇一律，耳朵也一样，如果长时间只听到一种同一的、连续的声音，会让人或疲乏入睡或烦躁不安。而且，在表达过程中，表达的内容本身就要求声音要富有变化，因为表达的内容有主有次，交流的情感有浓有淡，客观内容要求语音形式富有变化。只有多变的声音才能准确、鲜明、充分地表现思想感情。

所谓有力耐久，是说表达者在表达过程中，发出的每个声音要具有“浸透力”和穿透力，调值不一定高，音量不一定大，但能给听众以震撼、以影响，能使受众精力集中，认真听讲。这就要求表达者在讲述过程中，一定要克服那些“讷讷之声”“蚊蝇之声”“懦弱羞怯之声”，而且让声音保持坚实有力，努力做到善始善终。

为了达到以上对声音的基本要求，可以从以下几个方面着力进行训练：

（一）呼吸练习

吸入充足的气流是保证说话语音质量的前提，也是增强说话响度、亮度的基础。站直身体，放松肩部，让口腔、鼻腔同时用力，缓缓呼入气流，直到不能再吸为止；同时，使吸入的气流逐渐下沉，让处于胸腔和腹腔之间的横膈膜收缩下降，增大胸腔的容积；然后在腹部肌肉和横膈膜的共同作用下，将吸入的气流均匀呼出，并发出“啊”的声音。这样每天反复练习，既锻炼身体，又能提升发音质量。

（二）吐字练习

吐字清晰是口语表达的基础。咬字准确，吐字清晰，一般可以从两个方面训练，一是要发音到位，把每一个字的声母、韵母、声调念准，努力做到字正腔圆，如不要错把“波”字读成“be”等；二是努力避免滑音、吞字现象，避免出现不规范的语音合并现象，如不要把“皮袄”读成“瞟”等。

（三）停连训练

在表达过程中，语音的连贯与停顿是有讲究的，很多人不注意这一点，有时表现为一字一顿、断断续续，有时又表现为字字相连，一气呵成，没有停顿。客观上，这两种情况都会对受众造成不好的听觉效果，这是表达者没有意识到语音表达停连规律的结果。语言表达的停顿与连贯一般由很多因素决定，常见的如语义、标点、强调、对比等。句号、问号、感叹号的停顿时间肯定要比顿号、逗号的停顿时间略长一些；一句话说完，要表达另外一个意思，此时语音的停顿一定要适当拉长，给听众以提示；在表达过程中，出现你要强调的语词和内容时，一定会给予略长时间的停顿。语速也是一个表达者表达个性的体现，年轻、性格机警灵活、做事果断的人一般语速较快；年龄较大、为人持重、反映迟钝的人一般语速较慢。

（四）轻重训练

语音的轻重变化可以造成语言外在的抑扬顿挫，给人一种跌宕起伏、变化多端的印象，从而收到较好的传播效果。决定语音轻重的因素主要有情感、结构、语意、逻辑关系、比较、转折、修辞等。如当表达的内容严肃、慎重时，语音一定要低沉、厚重、稳当；当说话的内容活泼、可爱时，一定要用欢快、清爽、跳动的语音。当表达的内容出现转折时，转折后的语词一定用重音加以强调，等等，不一而足。

（五）语调训练

语调主要是指语言的高低升降变化，它和语音的轻重有一定联系，但不完全一样。语调是有声语言所特有的一种现象，是句子的语音标志，任何语句一旦进入表达使用，就都会产生一定的语调，借助语调，有声语言才会产生较好的表现力。在语言具体的使用过程中，一般有平调、升调、降调和曲调四种类型。在表达一般性的叙述、说明性内容，以及表示深思、迟疑、追忆等感情的语句时，可以采用平调;在表达疑问、反诘、惊讶、呼唤或者命令、号召等相关内容时，语调则一般由低到高逐渐升高；在表达肯定、祈使、感叹以及同意、允许等内容时，声调则由高到低逐渐下降。曲调是指语调的曲折变化，在表达的过程中，某些语句、音节需要特别加重、强调、延长或升高，这样就会形成一种升降变化的语调，一般这种语调常用来表示夸张、反讽或强调等较为特殊的内容。

三、有声语言的“五美”

以上所讲，只是在口语交际过程中对声音的基本要求。对口才艺术中的声音，仅仅做到这些是远远不够的，还应该向更高的“艺术”标准迈进。更高的标准就是让交际过程中的声音像音乐一样，使受众对象得到美的陶冶、美的享受，也就是要努力达到业界一般所说的声音的“五美”，即音节的协调美、声调的和谐美、韵脚的自然美、叠声的复沓美以及摹声的形象美。

（一）音节的协调美

音节是语音结构的基本单位。汉语的特点是一个汉字就是一个音节，如“才”是一个音节，“口才”是两个音节。古代汉语中，单音节词占多数；经过长时期的发展演变，在现代汉语中，偶数词，尤其是双音节词逐渐越来越多，占到绝大多数，如口才、演讲、艺术、语言等；另外四音节词的数量也不少，主要包括一些成语、俗语、词组等，如神采飞扬、意志坚强、鞠躬尽瘁、口才艺术等。偶数的双音节词、四音节词等能大大加强语音的节奏感、对称美，讲起来朗朗上口，听起来悦耳动听、富有音乐感。因此，我们在表达过程中应尽可能地发挥我们汉民族语言的这一优点，尽可能地让音节搭配匀称、协调，从形式上造成均衡、对称之美。古代的诗赋即是这种艺术美的典型代表。另外，有时为了使音节在形式上富于变化，也可以将不同音节的词交替使用，从形式上使音节呈现一种回环之美，使句式错落有致，讲起来协调响亮，给受众对象营造一种回环往复的效果，大大增强口语表达的感染力。古代的词令即是这种艺术美的典范。

（二）声调的和谐美

前面在讲述语言的基本要求时，曾提到要认识字的声调，在这里我们又强调声调的和谐美，这就是一种更高要求了。语言艺术大师、著名的人民艺术家老舍先生曾说过：“我写文章，不仅要考虑每个字的意义，还要考虑每个字的声音。……比方我的报告当中，上句末一个字用一个仄声字，如‘他去了’，下句我就要用一个平声字，如‘你也去吗’？让句子念起来叮当地响。好文章人家愿意念，也愿意听。”这里老舍先生所追求的就是声调的和谐美。现代汉语尽管只有 4 个声调（如果再加上轻声，应该是 5 个声调），但千万别小看这几个声调，如果在使用过程中，给予注意，巧妙组合，不但可以避免语言平淡单调、没有乐感的现象，更可以收到抑扬相应、波澜起伏的效果，从而使讲话的声音协调悦耳、清韵悠长。

（三）韵脚的自然美

韵脚的自然美是对口才艺术中的语言的一种更高要求，也就是要讲求像诗歌那样押韵，这是非常不容易做到的。但是我们知道，口语交际过程是一种综合的社会活动，口才艺术也是一种综合的艺术，既然是“综合”，就应该努力吸取各种艺术形式的优点，努力使之具备各种艺术的美，也只有这样，才会让它的交际效果达到最好。当然，在运用韵脚时，一定要从表达思想感情的需要出发，不能为追求押韵的效果而妨碍了表达的实现，那样就是舍本求末，适得其反了。

（四）叠声的复沓美

在口语交际过程中，语句的排比，话语的重复或曰反复，既可以充分地表情达意，也可以在语音形式上造成一种叠声的复沓美，两者相得益彰，更能抒发讲话者内心的强烈情感，因此，注重运用叠声的复沓美也是对口才艺术中的语言的一个较高要求。闻一多先生在其《最后一次的讲演》中就很好地运用了这一点，如“今天，这里有没有特务？你站出来！是好汉的站出来！你出来讲，凭什么要杀死李先生？杀死了人，又不敢承认，还要诬蔑人，说什么‘桃色事件’，说什么共产党杀共产党，无耻啊，无耻啊！这是某集团的无耻，恰是李先生的光荣！”闻一多先生在这里多次用了叠声，加强语势，形成了强烈的渲染效果，表现出了巨大的精神力量。再例如，诗人柯岩的《周总理，你在哪里》：

周总理，我们的好总理，
你在哪里呵，你在哪里？
你可知道，我们想念你，
——你的人民想念你！
我们对着高山喊：
周总理——
山谷回音：
“他刚离去，他刚离去，
革命征途千万里，
他大步前进不停息。”
我们对着大地喊：
周总理——
大地轰鸣：

“他刚离去，他刚离去，
你不见那沉甸甸的谷穗上，
还闪着他辛勤的汗滴……”
我们对着森林喊：
周总理——
松涛阵阵：
“他刚离去，他刚离去，
宿营地上篝火红呵，
伐木工人正在回忆他亲切的笑语。”
我们对着大海喊：
周总理——
海浪声声：
“他刚离去，他刚离去，
你不见海防战士身上，
他亲手给披的大衣……”
我们找遍整个世界，
呵，总理，
你在革命需要的每一个地方，
辽阔大地
到处是你深深的足迹。
我们回到祖国的心脏，
我们在天安门前深情地呼唤：
周—总—理—
广场回答：
“呵，轻些呵，轻些，
他正在中南海接见外宾，
他正在政治局出席会议……”
总理呵，我们的好总理！
你就在这里呵，就在这里。
——在这里，在这里，

在这里……
你永远和我们在一起
——在一起，在一起，
在一起……
你永远居住在太阳升起的地方，
你永远居住在人民心里。
你的人民世世代代想念你！
想念你呵，
想念你，
想—念—你……

（五）摹声的形象美

在口语交际过程中，为了收到更好的交际效果，有时表达者要给受众对象设置一种环境，渲染一种气氛，这时就要运用摹声的手段，也即模拟各种事物发出的声音，这时对口才艺术中的语言就有一种“摹声的形象美”的要求。如果表达者能恰当地运用拟声词、象声词来描摹事物的声音，既能给受众对象一种如临其境、如见其人、如闻其声的感觉，从而更好地接受表达者的思想、感情，又能在客观上造成一种形象、和谐的声音美，有锦上添花之功效。如演讲家蔡朝东先生在其著名的演讲《理解万岁》中，就是通过用象声词描摹老山前线激烈的战斗场面，给当时没有到过前线战场的大学生听众创设了一种身临其境的感觉，从而收到了很好的演讲效果。当然，表达者在运用摹声的手段时要注意场合，弄清所表达的内容以及当时的气氛，还须注意摹拟得逼真、形象，否则会影响表达的过程和效果。

总之，在口语交际中表达者主要借助有声语言来完成交际过程、实现交往目的。因此，表达者只要研究声音的特点，巧妙地运用声音，努力做到以声传情，因情赋声，使字音铿锵有力，使声调抑扬顿挫，或雄深、俊逸，或柔和、甜净，那么其演讲就一定会收到声情并茂、音义俱佳的效果，从而使口语交际真正上升为一门不是音乐胜似音乐的感人至深的艺术。

第三章　全面了解受众对象

常言道："巧妇难为无米之炊。"在口语交际过程中，如果不了解受众对象，表达没有针对性，缺少目的性，一个人的口才艺术再高明，也难以收到较好的表达效果。评估一场交流、沟通的效果如何，不是看表达者说了多少，而是要看听众最终明白了多少，接受了多少。在口语表达活动中，听众是整个矛盾统一体中不可或缺的重要组成部分，了解听众对象是口语表达者的一个重要任务，"知己知彼"才能"百战不殆"，相互尊重才能实现"美美与共"。只有在熟悉、掌握听众对象的各种情况的基础上，才可能有针对性地运用口才艺术去打动听众、征服听众，实现口语交际的目的。正因为如此，民间才流传着"到什么山，唱什么歌；见什么人，说什么话""入乡随俗"等俗语。一个高明的口才艺术家，必须了解受众、尊重受众、满足受众，并同时适当提升受众。口语表达要因人而异，富于变化，才能收到事半功倍的交流效果。

第一节　了解受众对象的意义和作用

每一位口语交际者在口语表达过程中都明白受众对象的重要性，然而在现实生活中人们总是自觉或不自觉地忘记了解受众对象，不愿意研究听众，不主动去适应听众。有的人认为只要自己讲得好，就一定有人爱听；也有的人认为表述是我的事，听表述是别人的事，听与不听是人家的自由，我无法干涉，所以即使了解了也无济于事。显然这两种观点都过于片面，前者幼稚，后者悲观，均是站不住脚的。历史和现实中的大量实例证明，凡是有效果的、成功的口语表达，都是在充分了解受众对象的基础上实现的。

为什么在表达过程中一定要了解受众对象呢？主要有以下几个方面的原因：

第一，受众是口语表达活动不可或缺的一个重要方面。表达过程是表达者和受众之间的一种双向交流活动，表述者是信息的传播者，受众是信息的接受者，是表达者施加影响的对象，表达者离开了受众，就失去了对象，活动就无法进行。同时，表达者虽处于主导地位，但他是单个的人，具有个体性质，表达者只有把表述的信息传达给受众，才能把自己的活动转化为社会活动，这样才能体现出交际的社会性。因此，表达者与受众是一个矛盾统一体的两个方面，二者相互依存，互为条件。这是表达交流的社会性质所决定的。

第二，了解受众是实现表述目的的客观要求。从心理学上讲，表达的目的就是要传播信息，共享情感，说服受众，改变态度，并最终使受众按照表述者的意图去行动。这就要求表达者必须掌握受众心理，只有知道了受众对你将要讲述的观点持什么态度：赞成还是反对，肯定还是否定，他们还有什么要求等，这样你才能有的放矢地做说服工作，才能引导受众按照自己的意愿来做出你所希望的行动。如果对受众的心理是“两眼一抹黑”“一问三不知”，只顾搬出自己现成的理论、观点大肆兜售，那么势必会把表达过程搞成只有表达者在台上唱的“独角戏”，哪里还会有受众热烈地反响与积极的行动呢？表达者要想把表达变成一出表达者和受众融为一体的“大合唱”，不下一番了解受众的功夫是不行的。

第三，受众在表达活动中虽然处于客体的地位，但绝不是被动的接收器、留声机，而是具有主观能动性的积极参与者，受众的态度会极大地影响到表达的成败，受众的反应会在很大程度上影响表达者的状态。如果受众对表达者和表达内容都表现出极大兴趣，那么表达者面对的将是一大群热情的合作者，他们会毫不吝啬地给表达者每一句精彩的言语、每一个优美的手势都报以热烈的掌声与喝彩，表达者也会受到极大的鼓舞，更有信心地把表达推向高潮。而假如受众对表达者或表达内容采取一种漠视或反抗的态度，那么即使表达者使出浑身解数，也无法挽救表达的沮丧和失败。可以这样说，表达者从准备到正式表达，只是完成了整个表达过程的一部分，只有经过受众的再创造，将自己的态度与情感融入这个交流表达过程中，表达的过程才能最终完成。

正因为了解受众有如此重要的价值和意义，古今中外许多著名的政治家、宣传家、口才艺术家都十分重视了解受众。列宁的夫人娜·康·克鲁普斯卡娅在回忆列宁的演讲艺术时曾说："他在群众面前讲话时，总是……他们特别关切的是什么，他们所不了解的是什么，他们认为特别重要的又是什么。伊里奇总是善于根据听众注意的程度、问题、插话、发言，来了解听众的情绪，善于迎合听众的兴趣，回答他们所不明了的问题，从而掌握着听众。"

德国著名美学家黑格尔也曾说过："既然要产生一种活的实践效果，演说家首先要充分考虑到演讲的场合以及听众的理解力与一般性格，否则他的语调就会由于时间、地点和听众都不适合而不能达到所期望的实践效果。"

毛泽东说过："射箭要看靶子，弹琴要看听众，写文章做演说倒可以不看读者不看听众吗？""做宣传工作的人，对于自己的宣传对象没有调查，没有研究，没有分析，乱讲一顿，是万万不行的。"从以上名家的论述可以看出，了解受众是走向表达成功的必由之路。正如卡耐基所说："成功的表达者，就要使他们的表达成为受众的一部分，也要使受众成为他的表述的一部分。"而了解受众，就是要了解和掌握受众的心理特点，只有这样，才有可能与受众心心相印、息息相通，用真理的光辉去开启受众的心灵。

第二节　了解受众对象的客观情况

所谓受众对象的客观情况，主要指在表达活动中所涉及的人本身所具有的一些客观特点，诸如性别、年龄、职业、籍贯、地域、气质、相貌、经济条件、文化水平，以及个性特征；另外，还包括受众对象的生活环境、家庭状况等，所有这些都是有意或无意影响沟通效果实现的重要因素，也是我们在进行表达活动时应给予重视的重要内容。

一、不同性别的人的心理特点

女性的心理特征大多表现在以下 10 个方面：

1. 胆怯

女性通常比较胆怯、害羞，办事谨慎，缺乏广泛而充足的自信心，在遵守法纪方面比男子有更多自觉。

2. 温柔

女性多数温柔、内向，她们具有母爱，喜欢孩子和小动物，厌恶暴力和流血，情感丰富、多变而深沉。

3. 狭窄

女性的心胸相对一般男性而言比较狭窄，气量较小，受不得委屈和讽刺，家庭观念比较强，对经济和物质尤其看重。

4. 爱听

女性多数喜欢倾听，无论什么话题对她们都具有一定的吸引力，尤其喜欢和能说会道的人接触，对这样的男子往往容易产生崇拜和向往。

5. 善记

女性的记忆力一般比较强，特别是在机械识记和短时记忆方面表现尤为明显。在语言学习和细节掌握方面也要比一般男性突出。

6. 心细

女性大多比较心细，善于观察，联想丰富，办事细致；同时由于心细，她们往往也比较多疑，对人对事总不太放心，没有较多交往或突然事件，一般不会轻易相信。

7. 固执

女性相对比较固执，看法一旦形成往往不易改变，尤其表现在当对某人形成不良印象以后，别人越劝越容易引起其反感。

8. 感情丰富

女性的感情丰富并易受感染，不仅故事中虚构人物的命运会激起她们强烈的爱憎，而且自然界的风花雪月也往往会使她们动容。她们往往是感情的俘虏，极易随着接受内容的情感变幻而大喜大悲。

9. 情绪控制力弱

女性不太善于控制自己，往往喜怒形于色，当场发作，有话憋不住。

10. 主意变化快

女性的主意多变，往往朝令夕改，缺乏决断，而事后又常常后悔。

男性的心理特征，大致也有 10 个方面的表现：

1. 独立

男性的独立性一般较女子强，喜欢独立思考，自作主张，不喜欢被人指派，尤其不喜欢受女性领导。

2. 开朗

男性的心胸比较开朗，在小事上不斤斤计较，肯吃亏，不愉快的事情往往很快遗忘，不像女子那样总耿耿于怀。

3. 刚强

男性的刚强是男性美的象征，正所谓“男儿有泪不轻弹”，他们的自我控制能力比女性强。

4. 粗率

男性往往比较粗率，对人和对事物的观察没有女子敏锐、周到，做事比较粗疏，说话表达往往过于轻率。

5. 不合群

男性一般不容易合群，他们的朋友虽然往往比女子多，但精力大都耗费在谈天说地上，深交不多，个体意识比较强。

6. 随便

男性比女子随便，对生活小节、个人卫生等往往不够注意，对服饰、仪表不像女子那么讲究，一般的男人花钱也比女子阔绰、大方。

7. 务实

男性比较务实，考虑问题比较实际，不像女性那么多愁善感，也不像女性那么富于幻想，他们的情绪来得快也退得快。

8. 坚定

男性的意志比女子坚定，他们对挫折和打击的耐受力胜于女子，雄心也比女子要来得大。

9. 好表现

男性比女子更喜欢出风头，喜欢在女性面前表现自己，他们最怕在大庭广众前丢脸，往往“打肿脸充胖子”，或是恼羞成怒当场发作。

10. 善于推理

男性喜欢作逻辑推理，喜欢思辨力量，他们的形象思维能力不如女子，但在逻辑推理方面占优势，并且也能很好发挥这种优势。

对于男女因性别上的差异而造成心理上的不同，应当给予正确的认识和公正的评价。

首先对女性或男性的上述心理特征描述，只是就其一般性和总体性而言的，并非每位女性或男性一定有这样的表现。男女的心理差异各有其长处和短处，两种性别心理特征从总体上说没有孰好孰坏之分，更不存在取代和被取代的关系。

其次，女性或男性的上述心理特征，是历史的、发展的。特别是在现代社会，由于女性走出家门，摆脱了经济上的附庸地位，养育子女的责任改由男女共同承担，女性和男性具有平等的权利，家庭的职能逐渐转化为社会的职能，女性的某些心理特征正在发生很大的变化。

但是女性的心理特征在总体上仍然和男性有区别。这不仅因为男女的心理差异有些已和生理机制结成了固定的联系，而且社会环境对男女也有不同的要求。

再次，男女的性别心理特征只反映男女的共性特点，它不应成为一种刻板印象而代替对具体对象的具体分析。人的社会角色是复合的，除了性别角色以外，总还担任着其他社会角色，因而还具有其他社会角色的心理特征。同时，男女性别心理特征所包含的具体内容也是因人而异的，认知受众的性别心理特征切忌以男女的共性特点代替个性的特点。

基于以上认识，在表达过程中，应充分尊重男女不同的心理特征，并巧妙运用这些性别心理特征。尽管表达的思想、交流的信息、沟通的情感可能一致，但表达的方式、表达的手段、表达的过程等都要有所区别。比如，同样是宣传爱国思想的主题，对男性听众表述，尤其是成年的、有一定文化层次的男性，主要运用逻辑推理、思辨力量、渊博的知识等进行表达；而对女性听众，则应尽可能用形象的语言、感人的情节、动听的故事来讲述，以充分调动女性善于形象思维、情感丰富的特点，从而收到更好的传播交流效果。

二、不同年龄的人的心理特点

人的年龄不同，其心理特点也各有不同。人的年龄心理特征和人的生理发展有关系，但只有把这种关系放到角色和社会的关系中进行考察，才能抓住问题的实质。过分地强调人的生理特点和年龄心理的关系是不对的。人的生理特点只为特定的年龄心理提供可能，最终起决定作用的是人和社会的关系。

不同年龄的人的心理特点不一样，通过行为反映出不同的心理特征。一般说来，青年人朝气蓬勃，自尊、自强、敏感、偏激、易变、充满幻想；中年人老练持重，自爱、沉着、坚毅、中庸、求实;老年人注重经验，偏于保守，关注年龄，容易产生孤独、寂寞、怀旧的心理。

针对不同年龄段的人，在进行沟通表达时，要力争做到有所区别。只有结合年龄特点，有针对性地采取沟通措施，才能收到较好的表达效果。

不可否认，人的心理特点是和生理特点相联系的，但是没有人的社会性这一根本特点，人的心理特点也就无从谈起。有的人在青年期甚至少年期就表现出中年人的某些特点，人们谓之“少年老成”；有的人在老年期还保持着中年人甚至青年人的某些特点，人们誉之为“老骥伏枥”。这用生理决定论的观点是说明不了的。因此，在表达过程中对年龄心理特征要尽量做到具体情况具体分析。

三、不同职业的人的心理特点

受众对象的性别是无法改变的，受众对象的年龄是随着时间而发展的；职业作为另外一种客观情况也是表达主体认识受众的切入点之一。

由于所从事的工作不同而客观上使受众对象具有了不同的心理特征，这是社会的一种普遍现象。现代社会的职业已经远远超过“三百六十行”，尤其是在当前社会快速转型时期，社会飞速发展，新的职业层出不穷，要一一分析每种职业从业者的心理特征是做不到的。尽管难以做到，但在表达过程中，我们还是应该根据具体的受众对象作一大致了解。我们知道，一个人长时间从事某一职业，自然会逐渐形成与这种职业特点相适应的心理习惯、心理定势，而这种心理定势又在很大程度上影响着我们表达目的、沟通效果的实现。这里，就几种较有代表性的职业人员的心理特征作一归纳。

（一）军人的心理特征

军队是具有高度整齐划一的武装集团，军人以服从命令为天职。在相对封闭的军营生活中，军人形成了特有的心理状态。军人的心理特征主要表现为：

（1）整肃性。整齐、严肃是军队生活的特征，也是军人心理上的突出特征。军人看不惯无组织、无纪律的现象，反感油滑、散漫、轻浮、漫不经心的态度。

（2）奉献性。军人意味着奉献，因此军人比较乐于做分外事，肯吃亏，舍小家顾大家。他们不屑于为一点小事而斤斤计较。

（3）坚毅性。军人具有坚韧、刚毅的品性，勇于克服各种困难，不怕挫折，敢于担当。他们在确定目标以后，具有不达目的不罢休的负责精神。

（二）工人的心理特征

工人，主要指传统产业工人，他们和现代化大生产相联系，是先进生产力和先进生产关系的代表。工人的心理特征主要表现为：

（1）群体性。工人在组织严密、分工细致的企业中劳动，群体性特别突出，反映在心理上是乐于合群、互相依赖、彼此团结。工人的强烈的群体心理既容易形成整体力量，也容易分散为一个个小群体。

（2）娱乐性。工人，特别是从事体力劳动、简单劳动的工人，往往通过娱乐来满足精神的需求，最简单的娱乐是工余时间互相开玩笑，话题广泛；工人中棋类、球类、绳类、拳类、钓鱼等活动也开展得最普遍。社会上的事件一般会很快地在工人中扩散，这也与他们爱好娱乐的心理有关。

（3）外露性。工人心里想的往往就是他们嘴上说的，胸怀坦荡，心直口快，私藏在内心的东西比较少。工人喜欢发牢骚，也最容易发牢骚，发牢骚是他们互相沟通的方式，也是和班长、车间主任等中下级领导沟通的特殊方式。工人的行为同样具有外露性，重感情、讲义气、乐于助人，喜欢打抱不平，关键时刻往往能挺身而出，见义勇为。

（三）农民的心理特征

农民，主要指从事农业生产的人。他们的心理特征主要表现为：

（1）对土地和家乡的眷恋。农民热爱土地，热爱家乡，盼望风调雨顺、庄稼丰收，赚了钱首先要盖房子，盖房子是他们扎根土地和家乡的一种心理反映。

（2）对现代化生活的渴望。农民总是一方面看不惯都市人，一方面又向往都市化生活。过去边远地区的农民以去过县城、省城为荣耀，今天则在穿着、家居摆设、日用品消费等方面向都市人看齐。

（3）求实用、讲实惠。农民一般舍不得在吃的方面多花钱，自己会做的东西不会花钱去买，中看不中用的东西他们不喜欢，吃力不讨好的事情他们不愿做。因此农民比较俭朴、实在，同时也有自己的私心。

（四）服务人员的心理特征

服务人员，一般包括营业员、售票员、列车员等，是专门为顾客、乘客等服务的，他们有着自身行业的心理特点。

（1）善于观察。服务员每天要接待成百上千的顾客，因此有机会观察他人，在实践中逐渐形成了善于观察的心理特征。

（2）反应灵敏。服务员每天接待的顾客各不相同，对服务对象的心理把握比较准确，因此在工作中反应较灵敏。

（3）自尊和自卑交织。受旧传统“低人一等”的影响和实际生活中经常遇到不尊重他们劳动的服务对象，服务员往往会感到自卑。自尊和自卑心理交织在一起，成为服务员中较普遍的心理现象，常常也会表现得过分敏感。

了解和把握不同职业者所具有的心理特点，有利于我们在面对众多受众对象时采取更有效的表达手段，这样会收到更好的表达效果。当然，和性别、年龄等一样，这种职业性心理特点也是一种概括的共性、普遍的东西，在具体的表达过程中，表达主体如果面对的交流对象是单个受众，还是要具体对象具体分析，切不可机械推测，以偏概全，主观臆断，从而影响表达效果的实现。

四、不同文化的人的心理特点

广义的文化包括狭义的文化（运用文字的能力及一般知识）和人类文明的一切成果。所谓“不同文化”，主要指两个方面：一是文化水平、文化程度、文化修养的不同，二是民族、地域、国家文化上的差异。文化程度不同的人心理特征也不同。一般说来，文化程度越高，自我意识就越强，需要的层次也越高。反之，文化程度越低，则盲目性越大，自我要求也越低。知识能够使人感到充足，又使人感到不足，它是激励人们认识问题和解决问题的动力。没有知识意味着愚昧，既没有知识又不愿学习的人只能是愚昧的人。民族不同、生活的社会环境不同，会带来民族文化和地域文化上的差异，这种差异表现在具体的人身上，同样也形成不同的文化者。我国的56个民族，文化各有特点，文化心理各不相同。北方人和南方人不一样，都市人和乡下人不一样，大城市和小城市的人不一样，沿海开放地区和内地的人不一样，这都是地域文化心理上的不同，仅一个小小的长江三角洲，就有10多种地方语言，使用不同地方语言的人也有其文化心理上的差异。

针对不同的文化，我们在交际过程中要实现信息的沟通、情感的交流，就必须相应采取不同的方式方法。文化程度上的不同一般比较容易实现沟通、交流，而比较困难的是如何克服民族、地域、国家文化上的差异实现沟通。一旦面对的受众对象是来自不同民族、不同宗教信仰的人，在沟通过程中一定要慎之又慎，在充分尊重、理解的基础上再进行交流。我们应树立这样的观念，正因为交流、沟通如此困难，作为一名口才艺术追求者才更应该“明知山有虎，偏向虎山行”，偏要实现沟通、实现交流。正如著名的新闻集团总裁默多克所说，与人进行沟通是一件富有挑战性的事情，接受挑战，充满乐趣。

五、不同气质的人的心理特点

气质是指心理过程的速度、强度、稳定性和内外倾向等心理特点的总和。它一般是由个体的心理特点所决定的。

现代心理学家认为，气质是高级神经活动类型的表现。高级神经活动具有兴奋和抑制两个基本过程。有的人兴奋性强，有的人兴奋性弱；有的人兴奋的强度和抑制的强度相平衡，有的则正好相反。这样就产生了四种典型的高级神经活动类型，并由此表现为四种典型的气质：①兴奋过程特别强，抑制过程受很大压抑的（胆汁质）；②兴奋过程强，转换灵活，反应很快的（多血质）；③兴奋过程较强，但反应不灵活的（黏液质）；④兴奋过程弱，以抑制过程为主导的（抑郁质）。

胆汁质气质的人，一般表现为精力过人，不易疲劳；争强好胜、不怕挫折；大喜大怒、难以控制；办事果断，但容易急躁；表现具有明显的外倾性。

多血质气质的人，一般表现为精力充沛、活泼好动；反应迅速、适应性强，兴趣广泛、善于交际；变化较快，容易轻浮，不够踏实；他们也具有明显的外倾性。

黏液质气质的人，一般表现为沉静、稳重；工作时坐得住；不喜欢表现自己；忍耐性强；情绪不易外露；办事容易拖拉；比较固执；表现具有内倾性。

抑郁质气质的人，一般表现为行为孤僻、不大合群；观察细致、非常敏感；表现腼腆、多愁善感；行动迟缓、优柔寡断；情感体验丰富，表现具有明显的内倾性。

气质是由各神经活动类型决定的，因而它不容易改变，但也不是一点都不能改变。一个人年轻时心浮气躁，到了老年可能变得很豁达持重；一个意志非常坚强的人，通过长期的努力，有可能改变大脑皮层活动的某些特点，从而在一定程度上掩盖或改变高级神经活动类型。气质绝不只有前述的四种类型，大多数人是兼有四种典型气质中的多种特点的，因而每一个人都可以根据自身的优缺点，作出扬长避短的有效努力。在进行表达沟通上，表达者要结合受众对象的气质性格特征，因人而异，采取适合对方的交流方式、交流手段。比如，面对的交际对象如果是胆汁质、多血质的气质类型，可以在适当尊重对方的前提下，采取较为直接的、单刀直入的交流方式；如果交流对象是典型的抑郁质气质类型，则要小心谨慎，说话委婉，最好采用旁敲侧击、启发暗示等间接的交流手段。

六、不同性格的人的心理特点

性格是一个人对客观现实的稳固态度以及与之互相适应的习惯化的行为方式。气质与性格的区别在于气质是高级神经活动类型在行为、活动中的直接表现，而性格则是在高级神经活动类型的基础上形成的联系系统。气质主要由生理特点决定，而性格则主要在社会实践中形成。气质的动力特征可以按照自己的动力方式渲染性格特征；而性格特征也可以在一定程度上掩盖和改变气质。

性格有多方面的特征，每个人的性格又有不同的侧重。因此，性格具有不同的类型。

按照对社会的适应性为主要参考系来划分，性格大致可分为摩擦型、平常型、平稳型、领导型、逃避型五种类型。摩擦型和逃避型的社会适应性最差。前者表现为性格外露，人际关系紧张、容易造成摩擦；后者表现为性格内倾，不善交际、与世无争。平常型指态度、意志、情感、理智等性格特征均表现为一般，属于中间型性格。平稳型和领导型的性格社会适应性较好。两者的区别在于平稳型较多地表现为被动适应，而领导型较多地表现为自主能动；平稳型的特点在于善结人缘，而领导型的特点在于影响公众。按照社会适应性来划分的性格分类法目前在国际上较为通用，摩擦型、平常型等五种性格类型依序又被称为A型、B型、C型、D型、E型。

表达沟通活动的主体（表达者）、客体（受众对象）都是人，人具有自觉的主观能动性。因此，从某种意义上说，沟通活动的主客双方都是表达、沟通活动的主体，都具有改变对象的能力，因此受众对象的个性特点必须进入我们所要尽力了解的范围，唯此，我们所努力追求的交流效果才可能实现。

其他的有关交流对象的客观情况，如籍贯、家庭、经济条件、生长环境、学历等，也都在不同程度上或多或少影响交流对象的心理，影响交流时应采取什么样的方式方法。囿于内容所限，此处不再一一阐述。

第三节　了解受众对象的主观情况

受众对象的主观情况主要包括兴趣、爱好、要求、目标、价值观，以及困惑、问题等，也就是受众对象的特殊心理需要。

一、兴趣

兴趣是人积极探索某种事物的认识倾向，是对一定事物所抱的积极态度，这种认识倾向使人对某种事物给予优先的注意并且产生向往的心情。人们在工作、学习、生活、交往等社会活动中，对一些事物印象特别深刻，这些事物带来的是愉快的感觉和深入研究的愿望，于是形成一种定向反射。每当这类事物重新出现的时候，人们便又出现愉快的感觉，并把注意集中在这类对象上。这，就是兴趣。定向反射的强度不同，兴趣的浓度也不同。定向反射越强，人们寻求愉快感觉的欲望也越强。这时就往往不是等待，而是迫不及待积极地寻求、探究。而在定向反射强度不大的情况下，人们只在特定事物出现的时候才表现出兴趣。

兴趣指导人们的行为。当人们对某种事物产生兴趣之后，他总会通过行为表现出来。但是，兴趣不一定表现为直接参加感兴趣的活动，所以兴趣和爱好不一样。爱好和活动相联系。人们热衷于参加某一类的活动，称之为爱好。兴趣可以发展为爱好，但兴趣本身不等于爱好；爱好反映兴趣，但爱好不等于兴趣。

兴趣是和人的情感相联系的。兴趣伴随着人的情感体验，它不仅是一种认识倾向，也是一种情感倾向。兴趣能给人们带来愉快。

兴趣和人们的认识水平及人们的社会生活分不开。一方面，兴趣受制于人的认识水平。我们很难想象古时候的人会对生态环境感兴趣。另一方面，兴趣又受制于人们的社会生活。除了人的认识水平本身受社会生活的制约以外，社会生活还会以各种方式激发或抑制人们的兴趣。当社会上掀起一股“君子兰热”的时候，很多人都产生了对名花的兴趣。兴趣一般和“新”“奇”联系在一起，因为平淡的东西往往不太具有吸引力。而新奇的东西又恰恰是以社会为标尺的，是和人的认识水平分不开的。

各种各样的兴趣是可以互相转化的。例如，对衣着打扮的兴趣（物质兴趣）可以发展为对时装设计的兴趣（精神兴趣）；对美食的兴趣（物质兴趣）可以发展为对环境保护问题的兴趣（社会兴趣），等等。兴趣在每个人身上的表现具有差异性，具体有以下五个方面：

（1）兴趣指向上的差异，也即在对哪一类事物产生兴趣上存在差异。这种差异不仅有横向种类的不同，而且有纵向层次上的不同。

（2）兴趣范围上的差异，也即在兴趣的广泛性和覆盖面上存在差异。

（3）兴趣主导上的差异，也即在各种兴趣兼而有之的情况下以哪种兴趣作为主导兴趣存在差异。这实际上也是兴趣的博和专的问题、兴趣的选择和分配问题。

（4）兴趣程度上的差异，也即兴趣在不同个体或不同团体那里表现出来的程度上的差异。兴趣程度上的差异一般通过主动或被动、积极或消极来反映。

（5）兴趣迁移上的差异，也即兴趣在扩展或转移上存在个别差异。在兴趣转移方面的个别差异主要表现为个体或团体在耐久性方面的差异；在兴趣扩展方面的个别差异，主要表现为个体或团体在灵活性方面的差异。

了解受众对象的兴趣在于使传播、沟通活动取得实际的成效。因为在交流、沟通活动中，受众对象的兴趣发挥着重要的作用，表达活动，包括其内容、手段、过程等，只有在迎合受众兴趣的前提下才具有成功的可能。因此表达主体在开展表达交流活动时，要提高认识受众对象兴趣的自觉性，利用受众对象兴趣的多样性、情感性，开发受众对象兴趣的潜在性，以收到更好的沟通效果。

二、需要

需要是有机体缺乏某种东西时，或受到某种刺激特别是受到强烈刺激时，产生的一种主观状态，是有机体特有的一种寻求自我保护和自我发展的心理倾向。人的不足之感和求足之愿是一种需要；人感到压抑、难受，必须寻求解脱也是一种需要；人在健康受到损害、生命受到威胁的时候产生的是需要；人在受到强烈的刺激时作出的反应也是需要。所以，需要不仅仅是“有机体缺乏某种东西”的反映，也不仅仅是“不足之感”和“求足之愿”，它还是一种刺激反应，是“临危之感”和“解危之愿”。

需要是自我保护的心理倾向，也是自我发展的心理倾向。人在满足最基本的生存需要的前提下，不断产生各种新的、高层次的需要，这些需要推动人们的行为，推动人的发展和社会的进步。所以，需要是人的主动性和积极性的原动力。一般说来，需要越迫切，行为越积极；行为越积极，产生的需要越多、速度越快、层次越高。人们常说“水往低处流，人往高处走”，指的正是这种精进不休的寻求自我发展的心理倾向。

需要和兴趣是有区别的。兴趣反映的是人的认识和情感方面的心理倾向，是由情感因素参与其中的积极认识事物的一种心理状态，因而它和自我选择相联系，而和自我保护没有必然联系。兴趣一般被看作自我选择，它并不是必需的；而需要一般被看作和缺乏、危险相联系，它首先不是选择的问题，而是必须要解决的问题。人只有在满足和解决基本的、迫切的需要的前提下，才有可能考虑兴趣，才可能产生兴趣。所以需要是兴趣产生和发展的基础，兴趣是需要发展中的特殊心理现象。

人的需要不同于动物的需要。动物的需要只是出于本能，它们只有生物性的需要而无社会性的需要，它们只能用自然赋予的力量满足需要。而人的需要不仅是生物的本能，更是对客观现实的能动反映；人不仅有生物性的需要，更有社会性的需要；人不仅能利用自然的力量，更能够运用社会的力量；人的需要可以用人类特有的智慧来满足，可以用理智来控制和抑制非分的欲望和要求。

人的需要具有广泛性、关联性、反复性、竞争性、发展性、差异性等特点。

（1）人的需要具有广泛性。这种广泛性表现在人不仅有生理方面的需要，又有心理方面的需要；不仅有物质方面的需要，又有精神方面的需要；不仅有低层次的需要，又有高层次的需要；不仅有基本的需要，又有提高发展的需要，等等。人的生活是丰富的，需要也必然是多样的、广泛的。

（2）人的需要具有关联性。关联性表现在两个方面。第一是多种需要之间互相关联，它们不是孤立的；第二是需要和劳动、创造相关联，和社会相关联，人类的需要只有通过劳动、创造才能满足，人的需要的产生和满足都离不开社会，都受到社会制约。

（3）人的需要具有反复性，即人的需要是反复出现的，在反复中发展提高。人不可能吃了上顿不吃下顿，也不可能只满足于吃饱不饿。人对食物的需要不断地产生，又在吃饱的前提下求吃好、求营养、求方便、求实惠。同样，人对认可的需要、对自我表现的需要等也具有反复性。

（4）人的需要具有竞争性。竞争性首先表现为多种需要在同一个体或同一群体内部的竞争，即争夺优势地位和优先满足；其次表现为同一种需要在不同个体或群体间的竞争，即互相感染和互相攀比。竞争性尤其是后一种竞争性往往伴有盲目性。

（5）人的需要具有发展性。一方面，它是纵向的发展，不断地向高水平、高层次方向发展;另一方面，它是横向的发展，不断地扩大需要的范围和种类。在纵向和横向的发展中包括局部的倒退和曲折，但总体上向前和扩大是必然的趋势。今人和古人相比，需要具有发展性；个体或群体的今天和过去相比，需要也具有发展性。

（6）人的需要具有差异性。差异性表现为个体与个体的差异、个体与群体的差异、群体与群体的差异、目前和将来的差异、现实和非现实的差异、合理和不合理的差异，等等，从不同的方面反映出质和量的差异。差异性激发竞争性，推动发展性，显示关联性，证实广泛性，表现反复性。所以，需要的各个特点是互相联系的。

同兴趣一样，需要也可以从不同的角度来划分类别。至少，可以对需要作如下六个方面的划分：

按作用分：生存需要和发展需要；

按性质分：物质需要和精神需要；

按范围分：个人需要和公共需要；

按时间分：眼前需要和将来需要；

按强度分：刚性需要和弹性需要；

按可能分：能满足的需要和不能满足的需要。

这六个方面的划分，各有各的道理，哪一种划分都不能代替另一种划分，因此哪一个都不能忽视。

（1）生存需要和发展需要。所谓生存需要，要把生存方面的需要和危及生存的需要区分开来，吃、穿、住、行一般说来是生存方面的需要，但想吃饱的需要和想吃好的需要是不一样的，想有个栖身之所的需要和想拥有别墅的需要也是不一样的。所以马克思把需要分成生存需要、享受需要和发展需要三类。所谓享受需要，它也可能和生存有关，但却不是危及生存的需要，而是提高生存质量的需要。所谓发展需要，指的是在体力和脑力方面更发达、在活动方面自由度更大的需要。生存需要和享受需要是满足个体方面的需要，是为输入而产生的需要；而发展需要是冲破个体需要的需要，是为输出而产生的需要。当然，生存需要、享受需要和发展需要不能用一把固定的尺子来衡量。对南方人来说，吃米饭是生存需要，而对大西北的有些农民来说则是享受；对北方人来说，吃面食是生存需要，而对有些讲求营养的南方人来说又是为了的发展。同样是吃螺蛳，有的为下饭，有的为尝鲜，有的为摄取高蛋白，是不能一概而论的。

（2）物质需要和精神需要。如果说生存需要和发展需要是目的性需要，那么物质需要和精神需要则是对象性需要。需要总有一定的对象，这种对象一般说来，不是物质方面的，就是精神方面的，或者是偏向于物质方面的或精神方面的。由于需要的对象有物质方面或精神方面的性质差别，因而需要本身也就有了物质方面或精神方面的差别。需要的性质差别和需要的作用差别有联系，但不一样，也即是说，物质需要和生存需要不能等同，精神需要和发展需要也不能等同。人的生存需要和发展需要中都各自包括物质需要和精神需要。如果生存需要仅包含物质需要，人也就不称其为人而只是动物；如果发展需要中只包括精神需要，这种需要也只能成为“画饼”。

（3）个人需要和公共需要。个人需要一般来说以个人自忖能满足为特征，而公共需要则以一定范围内的人的共同努力才能满足为特征。文盲自忖当不了作家，他就不可能产生当作家的需要；助教自忖一时还拿不到教授的工资，他也就不会产生拿教授工资的需要。个人需要是本人意识到并给予承认的需要，所以个人需要既是客观的，又是主观的。公共需要是一定范围内的人的共同的需要，这是客观需要，但并不是该范围内每个人都能意识到并给予承认的需要，所以它的客观性大于主观性。个人需要是个人主动性、积极性的原动力，公共需要是群体或集体主动性、积极性的原动力，群体或集体主动性、积极性的原动力不等于群体或集体中每个人主动性、积极性的原动力，所以公共需要不等于个人需要。

（4）眼前需要和将来需要。眼前需要是和近期目标相联系的，将来需要是和远期目标相联系的；眼前需要具有紧迫性，动力足、爆发力大，容易暴露，也易被重视；将来需要具有张弛性，惰力大，爆发力小，不易暴露，也不易被重视。所以，眼前需要往往容易满足，而将来需要往往在满足上遥遥无期。

（5）刚性需要和弹性需要。所谓刚性需要和弹性需要，有三层含义：一是指满足的幅度，二是指满足的必要，三是指满足的要求。如，人有排泄的要求，这是刚性的，因为既不存在满足的幅度问题，又具有满足的绝对必要性，同时满足的要求极其强烈；而人有寻找排泄地方的需要，这是弹性的，因为可以进高级厕所也可进简易茅房，实在找不到合适地方也可以凑合一下，满足这种需要的要求远比不上满足排泄的要求强烈。

（6）能满足的需要和不能满足的需要。需要的满足受制于主、客观条件，所以需要不一定都能满足。需要不能满足有多种可能：第一，主观努力不够；第二，需要不合理；第三，主观条件不够；第四，有关方面不支持；第五，客观条件不具备；第六，没有抓住时机；第七，和其他需要冲突；第八，屈服于某种压力，等等。有些需要不能满足是暂时的，有些则是必然的。应该正确对待自身的需要和他人的需要，正确对待个人的需要和集体的、公共的需要，正确对待需要的满足和不能满足。

需要既有类别，又有层次，一般说来，类别是横向的划分，层次是纵向的划分。

关于需要的层次，美国心理学家亚伯拉罕·马斯洛1943年在《人类激励理论》论文中所提出的需求层次理论最有影响力。在该文中，马斯洛认为人类的需要可概括为五个方面：生理需要、安全需要、归属和爱的需要、尊重需要、自我实现需要。这五个方面的需要是一种从低到高的等级关系，但每个人的主导需要不一样，所以就存在以某方面需要为主导的五种需要结构模式。也就是说，马斯洛认为五种需要本身是从低到高的阶梯式结构，但在不同个体身上表现为突出某种需要的结构。

我们认为人的需要具有两个层次：第一个层次是人的基本需要，第二个层次是提高、发展需要。在第一个层次中，又有生理和安全方面的保障需要、活动和劳动方面的支出需要和归属、爱、尊重等方面的社会需要；在第二个层次中，又有索取和享受需要、展现和创造需要、和谐发展需要。两个层次各自包含的三类需要又具有从低到高的层次性。试看下面的需要层次图：

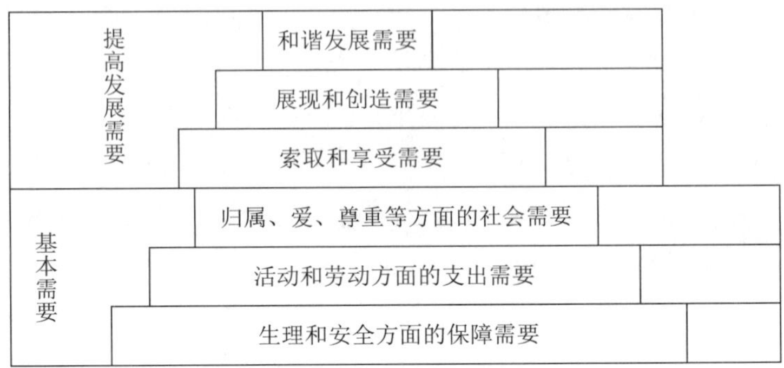

很明显，需要的层次是和需要类别中的性质类的划分直接联系的。需要的两个层次也就是需要类别中的生存需要和发展需要。唯其如此，需要的类别和层次才能统一。需要的层次也和需要类别中其他的划分相联系，两个层次的需要都可以作物质需要和精神需要、个人需要和公共需要、眼前需要和将来需要等横向的划分。同时，需要的两个层次中又各包含三个小层次，它们能够反映需要的广泛性、关联性等特点。

了解受众对象的需要，对我们顺利开展传播、沟通活动特别重要，一方面，我们可以根据受众对象的需要，在适当满足对方的需要前提下，尊重对方并找到交流、沟通的切入点、共鸣点，使沟通活动顺利开展；另一方面，我们也知道受众需要的层次性、广泛性、复杂性，从而在心理上做好应付各种困难的准备，对顺畅交流不抱一劳永逸、一蹴而就的幻想。在现实生活和文艺作品中，由于表达主体能够了解交际对象的需求、尊重对方的需求、引导对方的需求，而实现良好交往的案例有很多。路遥先生的名著《平凡的世界》中就有这样一个情节：小说主人公孙少平、孙少安兄弟有个妹妹孙兰香，在高中毕业时要给同学们买手绢、笔记本之类的纪念物。考虑到大哥已经分家另过，二哥远在煤矿挣钱也很不易，就决定依靠自己揽个短工，挣点小钱，购买这些东西。通过了解信息，她来到县上一家砖窑，帮助拉砖、搬砖。砖窑上干活的人刚开始看到来了一位青春少女，纷纷打起坏主意，或者想占点便宜，或者想开个玩笑。面对这种情况，孙兰香没有退缩，也没有指责、斥骂，而是采取尊重对方的策略，见了年龄大的叫叔叔，见了年龄相仿的叫哥哥；

这些人受到尊重，将低级欲望遏制，收敛起不当需求，也自我崇高起来，对这个女孩子既表达敬意，又提供帮助。最后孙兰香不仅挣到购买纪念品的钱，还教育影响了这些人，和这些人交了朋友。该书的最后，孙兰香考上著名大学，成为一名科学家。笔者也亲身经历过一件事情：一次到一家民办大学上大学语文课，在讲到舒婷的《致橡树》这首诗的时候，我让坐在前排的一名学习成绩很好的女同学朗读这首诗。这时，一名坐在后排的男同学，一边举手，一边疾步走到教室前面，一边嘴里还向我喊道："老师，老师，你知道她在给谁朗诵吗？她这是在给我朗诵呢！"同学们听了，哄堂大笑，课堂秩序也开始骚动、混乱。我用严肃、低沉的声音，慢慢地对这位男同学说道："就你现在这种表现她肯定不会给你朗诵！回到你的座位上安心上课！等你学习好了，素质高了，不仅她给你朗诵，还会有更好的同学给你朗诵！"这位同学乖乖地回到座位上，开始安心上课，课堂秩序也渐渐恢复正常。后来，大学毕业时，这位同学专门到我的单位跟我道别。目前他在廊坊一家单位工作，据说表现还不错。这两个日常交流的案例都是在尊重交际对象基础上，适当引导其不当需求朝更好的方面发展，从而收到了较好的交际效果。

三、道德追求、价值取向

除以上两种最常见的主观情况外，受众的主观情况还包括受众对象的道德追求和价值取向。这在许多时候也往往成为影响传播、沟通活动的重要因素。

心理学中讲的价值是指周围事物以及人和社会的关系在人心目中的轻重、主次地位。人对事物的是非、善恶及其重要性的判断、评价，以及行为取向构成人的价值观。价值观是世界观的一部分，是人生观的核心。

第四节　了解受众对象的方式、方法

表达、交流的过程是一个双向沟通的过程，主客双方的互动在客观上要求我们必须充分重视对受众对象的深入了解。前几节我们学习了要了解受众对象的主要方面和基本内容，接下来的任务就是学习如何去了解、如何去认识受众对象，即了解受众对象的方式、方法。

了解受众对象的方式、方法多种多样，根据不同的要求和标准，可以将这些方式、方法分为不同的类别，比如在表达、交流活动进行前的了解和在表达、交流活动过程中的了解；又比如对受众对象的直接了解和间接了解；又比如对个体受众对象的了解和对群体受众对象的了解，等等。我们结合这些分类原则，将了解受众对象的方式、方法概括为以下几种：

一、通过外表特征来了解受众对象

受众对象的外表特征主要指的是受众的相貌、发型、体型、皮肤、服饰等在外观上的差别。这种差别既包括总体形象上的差别，也包括局部特征上的不同。从某种程度上讲，一个人的外表特征正是其心理世界的反映，因此我们可以通过细致的观察，在了解受众对象外表特征的基础上，来推测、判别隐藏其后的受众对象的心理。

（一）相貌

相貌具有生物性，这是毫无疑义的；但是人的相貌也即五官不仅具有生物性的功能，同时也具有表现情感的功能，这同样不容忽视。相貌不等于表情，但表情是可以通过相貌来表现的，表情本身又是个体心理的反映。因此，人的相貌就如人的生理需要一样，不仅具有生物性而且具有社会性。如果不承认相貌是一定程度上个体心理的反映，那么也就难以解释有的人为什么要化妆、整容。人是具有丰富的表情的，所以人们看到的每一种相貌都是具有一定表情的相貌；人的每一种相貌尽管都是具有一定表情的相貌，但同时又是和个体最典型、最具有表现力的某种表情形式相联系的相貌。这后一种表情也就是人们所说的“神韵”。有的人画人“形似神不似”，有的人画人“形神兼备”，就是因为前者只画出了人的生物性特征而后者还画出了人的心理特点。也许正是这种原因，美国的第 16 任总统林肯曾这样说：“40 岁以后的男人要对自己的脸负责。”

因为人的相貌不仅具有生物性而且具有社会性，所以有的人一望而知城府很深，有的人一望而知单纯幼稚。中国京剧的脸谱是很值得玩味的。它不是面具戴在脸上，而是直接画在脸上；既是夸张的、固定的，又是可以作出各种表情的。这说明人具有一种“刻”在脸上的、和各种表情可以融汇在一起的、最典型的、最具表现力的“表情”。这种“表情”是“刻”在脸上的，所以是隐藏不了的；这种“表情”是和不同的相貌合为一体的。

从人的相貌可以在一定程度上推断和认知受众的个体心理，当然人的表情的多样性可以掩饰相貌，对人的相貌的推断还有很多主观方面的偏见因素，所以这只能作为一种参考，是认知受众个体心理的一个方面而不是唯一的方面。

（二）体型、肤色

体型和肤色同人的相貌一样，不仅具有审美的价值，而且能在一定程度上反映个体的心理特点。中国人喜欢说“心宽体胖”，这是经验性地说明了体型和心理特点之间的关系；古时候人们把读书人称为“书生”，书生闭门读书的时间多，所以皮肤较白，读书人的性格、脾气和整日在田间劳作的农民又不一样，所以农民略带揶揄地称他们为“白面书生”。20 世纪 20 年代初，法国精神病学家克雷奇默尔曾以 602 个病例的研究数据为基础，发表了《体型与性格》一书，认为人的体型分为瘦弱型、肥胖型和健壮型，三种体型都和人的性情相关；瘦弱型的人内向、乖戾；肥胖型的人达观、饶舌；健壮型的人死板、坚毅。20 世纪 40 年代，美国心理学家薛尔顿又进一步探寻体型、心理和内在生理机制的关系，认为肥胖型的人是“内胚”发达者，即消化器官和其他内脏器官发达，所以体型圆浑，这种体型的人一般为人随和，贪图享受；健壮型的人是“中胚”发达者，即骨骼、肌肉及结缔组织发达，这种体型的人一般精力充沛、冲动好斗、喜欢冒险；瘦弱型的人是“外胚”发达者，即神经系统和皮肤组织发达，这种体型的人则一般多思多虑、个性内向、行动谨慎。

从经验以及心理学家的统计数字来看，体型、肤色确实同个性有一定的关系。无论如何，体型和肤色同相貌相比变化更显著，这正好说明，体型和肤色的变化同人的社会性联系更密切。从某种意义上说，人的社会性也就是人的心理性。瘦子容易变成胖子，但胖子不大容易变成瘦子，这和人在中年以后逐渐变得更宽容、更达观正好是一致的。当然如果把体型和肤色看作人的个体心理的标志，排斥其他一切因素例如疾病的因素，那也未免太机械了。和相貌一样，体型、肤色也只是在了解人时可以参考的重要因素之一。

（三）发型、服饰

发型和服饰，在现代社会中是表现自我的重要手段，是对相貌、体型进行加工、掩饰、衬托的最普通、最简单的方法。一个人是不修边幅还是重视仪容、仪表，是善于修饰还是不善于修饰，和他（她）的心理特征、心理倾向性直接相联系，因而发型和服饰是认知受众个体心理的最直观、最容易作出判断的一个因素。

发型能在一定程度上改变人的相貌。圆头大脑的男子如果剃一个板刷头便显得粗犷，如果蓄长发再去理发店做个造型，立刻温和许多；女子的发型和妆容当然更能使其相貌几乎判若两人。服饰包括服装、鞋帽、首饰以及眼镜、手表、手杖、手袋等，是附着于人体的展示物。服饰得体，使人精神焕发；反之则显得猥琐或怪异。

与相貌、体型、肤色不同，发型和服饰是个体自主的选择，一般说来，人们尽可以爱怎样打扮就怎样打扮。但是，正因为发型和服饰是打扮给别人看的，它们受社会的制约也就更大。以 14 世纪的英国为例，对不同阶层的衣着都有法律规定，不得僭越；德国在文艺复兴时期还对衣着逾矩的女子处以颈套木枷的惩罚。这些都是社会以行政权力干预发型和服饰的典型。在现代社会中，虽然用行政权力干预穿着打扮的例子已经不多，但也并非绝无仅有，一般说来，穿着过分暴露在任何国家都会受到警方的注目和制止。当然还有更强大的社会制约力量，即风俗、传统、流言、民族习惯等。

发型和服饰既然是一种展示，同时必然也就是一种遮掩。展示和遮掩都是个体心理的反映。即便相貌、体型、肤色都令人称羡的人在发型和服饰方面也需要遮掩。事实上谁都把展示和遮掩当作穿衣戴帽的首要目的。一个人平时怎样穿戴和在特定场合怎样穿戴，实际上是写在人体外部的心理符号，只是不同的人会对这些符号作不同的理解。

相貌、体型、肤色、发型、服饰等，共同构成受众对象的外部特征，而且彼此之间是互相映照、互为补充的。例如心情长期郁结的人，不管作出怎样的表情都掩盖不住眉宇间的愁容，体型多见瘦削，肤色常为苍白；为了不使别人看出愁相而不快，发型和服饰会有一定的讲究，但绝不会像充满热情的人那般鲜丽。长期无忧无虑的人由于笑口常开而面部肤色白里透红，发型和服饰较随便。《红楼梦》里的晴雯和黛玉粗看起来长相酷肖，但一个性情刚烈，一个郁郁寡欢，脸部的“神韵”不同；一个英姿勃勃，一个弱柳扶风，体型和体质也不同。黛玉绝不会像晴雯那样穿红着绿，晴雯也不会像黛玉那样老是抱一个手炉，弱不禁风。所以综合观察受众静态的外部特征，可以避免单项观察的不足，提高认知受众心理的准确性。

二、通过言行、举止了解受众对象

言语是说出来的话，举止动作是肢体的活动。受众对象的外部特征是静态的，而言语和动作是动态的，因而言语和动作更能够准确、动态反映受众当时的心理状态。这样说当然并不含有外部特征只反映一般心理状态、言语和动作只反映当时心理状态的意思。人的某些个性心理特征，例如能力恰恰在言语和动作中才能更充分地显示；人的气质、性格在言语和动作中也能对外部特征作进一步的补充。另一方面，受众的外部特征只能够用眼睛来观察，而受众的言语和动作需要眼、耳并用，需要“听其言而观其行”。正是从这个意义上说，受众的言语和动作为我们认知受众的个体心理提供更可靠的凭据。

一般说来，“言为心声”，在无须掩饰的情况下人们说的大多是真话，这无须赘述。但有时候人们并不直抒己见，而采用一种迂回战术小心翼翼地进行试探，这种情况特别是在彼此不熟悉、还未建立信任感或人员较多的场合更为多见。在言语交谈中认知受众个体心理的困难之处就在这里，说得更严重一点，有些人在有些时候根本就不愿意让别人知道自己是怎样一个人、自己希望得到什么和不希望发生什么，他们用沉默、用模棱两可的言语来进行遮掩，所以听话也是一种艺术。听话不仅意味着听懂说出来的言语，而且意味着听懂没有说出来的言语，意味着认知说话者的心理。

听话首先要有积极倾听的态度。心不在焉的态度既会引起对方的反感，阻止对方说出想说的话，或引起不必要的冲突，又会使自己注意力涣散，听不懂对方说话的意思。积极的听包括内在精神和外在形式两个方面。内在精神指排除各种杂念，取一种专注倾听、积极思考的姿态；外在形式指给对方以“注意听”的感觉。内在精神和外在形式应该一致。有的人一边做其他事一边注意听，这往往只能听懂表面的含义而听不懂言语蕴含的或背后的含义，并且这是不尊重对方的表现；有的人虽然摆出一副“认真听”的架势，但心里还在想其他事，这同样也不是积极的倾听。内在精神和外在形式不仅应该一致，而且也必须一致，因为内心没有积极听的愿望必然表现出心猿意马，而表面上的认真或自以为能够一心二用其实只是自欺欺人。

受众的言语一般以三种方式表达自己的看法和意愿：第一种，直陈式，有什么想法就说什么想法，这是最直接地表现自己的兴趣、需要、价值观等心理倾向性的方式；第二种，婉言式，由于某种原因而不愿开诚布公，不愿直说，而采取含混的、委婉的言词，这是间接地表现自己的心理倾向性的方式；第三种，反话式，明明同意说不同意，明明反对说不反对，这是从反面表现自己心理倾向性的方式。另外，这三种方式又在一定程度上反映受众的能力、气质和性格。例如胆汁质类型的人不善于用婉言的方式，抑郁质类型的人最习惯于用反语的方式；温和的性格使人说话委婉，好斗的性格使人话中带刺；能言善辩本身是一种能力，同时又反映其他方面的能力。所以，“言为心声”的正确含义不仅包括言语正确地反映心声，而且包括言语表达的方式反映心声。从受众对象的言语中了解公众的心理，就要注意对受众对象的言语表达方式进行辨别，真正弄懂受众想要说的是什么，他具有怎样的心理特征和心理倾向性，他是怎样一个人。

根据交际经验，一般情况下，话题偏向于自己本身、家人和工作场所的人，有自我陶醉的倾向，且有以自我为中心的性格；喜欢刨根问底的人，有着想了解别人的隐私、弱点，想全盘支配对方的性格；喜欢听谣言，打听小道消息，散布谣言的人，一般性格孤独、寂寞，缺少朋友；愈是爱微言上司的人，愈有升迁向上爬的欲望；常在别人谈话时插进与谈话内容无关的内容，这样的人有强烈的表现欲和支配欲；在谈话中喜欢用“我”的人，潜存着幼儿期或女性化的性格；喜欢用“我们”“咱们”的人，有从众心理，爱附和别人，缺乏主见，或主动寻找支持以获得自信；对交往已经很深的人，仍不断说些客气话，这样的人往往面对对方时有自卑感；常将母亲挂在嘴边的人，其性格一般尚未成熟……

言语无疑是反映受众心理的最重要的途径之一，但是言语本身具有真伪性，言语的真伪性又可以通过动作、行为来鉴别。在交往过程中，受众的表情、手势、体姿等动作是无声的言语，它们在帮助我们了解认知一个人时，往往和有声的言语具有同等重要的地位和作用。

同公众的静态的外部特征一样，公众的表情、手势、体姿等动作也需要通过综合观察才能认知其真实的意义。人类一共有多少种表情、手势和体姿，这是无法回答的问题，但它们各自表达的意义在相对独立的情况下还是容易辨别的。例如人们不会把愤怒的表情理解成为满意，不会把摇手理解为接受，不会把半坐半躺的体姿理解为礼貌。但是如果综合起来看，人们的表情、手势、体姿有时表达的意义不完全一致，有时甚至是矛盾的。当一个人摇手表示拒绝的时候，脸上喜悦的表情和不由自主地欠动上身却暗示接受；当一个人带着赞赏的微笑频频颔首表示同意的时候，抱着茶杯的微微抖动的双手却暗示他并非真的同意。所以单一的观察往往并不可靠，对公众的表情、手势和体姿的观察应当是综合的。

表情、手势、体姿传递出的信号不统一，主要的原因在于人的社会性，在于意识支配动作时两种强弱不同的、矛盾的信号互相干扰，以及自主神经系统的自然应激。杨子荣在威虎山看到栾平的时候，脸上虽然镇静，手心里却急出了两把汗，这是神经系统的自然应激；而拒绝的手势和接受的表情不一致，是意识支配动作时两种不同信号互相干扰。观察受众的表情、手势和体姿，不仅要从它们表达了什么，也要从它们的表达是否一致以及为什么不一致来认识受众的心理。而这又是以表情、手势、体姿的各自的真伪性的判断为前提的。

表情同手势和体姿比较起来更容易被注意，所以它也更容易装假。脸部表情越丰富越能够看出心理变化，因而善于掩饰的人总习惯于控制脸部变化，保持表情的稳定性。心理学家们通过实验认为，真正具有意义的表情一般都只有几秒钟的时间，例如有所指向的微笑只有 4 ～ 5 秒，超过 5 秒的微笑是没有特定内容的。人们往往注意对方的眼神，而眼神也是能锻炼和控制的，坦荡的眼神并非一定代表坦荡的胸襟，而且老练的人往往用垂下眼皮、看着桌上的东西或用沉思的眼神掩饰心中的慌乱。在候车的时候看一个戴变色镜的人和一个戴口罩的人交谈是很有意思的。如果站得稍远一点，听不清谈话的内容和看不清戴眼镜的人的眼神，人们会发现戴口罩的人的表情更不容易捉摸。这说明人的下半部脸更富有表情。

手势包括手的各种动作。弗洛伊德曾说：“凡人皆无法隐瞒私情。尽管他的嘴可以保持缄默，但他的手指却会多嘴多舌。”美国的心理学家曾研究过说谎时人的手势，认为它有这样一些特点：第一，手的一般性动作减少；第二，以手摸触脸部的动作增加；第三，摊手的动作增多。他们解释说，手的一般性动作减少是因为注意力集中于说谎，而担心手的动作会“多嘴多舌”；触摸脸部是因为想帮助嘴说谎而又怕弄巧成拙；摊手是想加强谎言的可信度。当然这些原因都是在潜意识中探寻的，说服力不强。不过手势确实反映人的心理，这是可信的。有人认为赌徒最善于掩饰表情，但“百般性格在抓钱的手势里都会表露无遗”：贪婪者抓骚不已，挥霍者肌肉放松，老谋深算的两手安静，思前虑后的关节弹跳。《林海雪原》中的少剑波审讯栾平时，就是从他那双不安的、时时遮盖衣角的手找出破绽，从而搜出“联络图”的。

体姿指的是身体的各种姿势。要知道体姿有多大的表现力，只需看一次哑剧或舞蹈表演就会有所体验。在人与人之间的交往中，体姿往往反映相互的关系。一般说来，体姿越相似，相互的关系越接近。亲密的关系是这样，敌对的关系也是这样，反过来，体姿有明显的差异，则显示相互之间保持一定的距离。所以下属在上司前面总采取低姿态，教师在学生面前总采取高姿态。上司在下属面前和教师在学生面前采取和对方同样的体姿，表现一种亲热和平等，而下属自觉或不自觉地模仿上司的体姿则是一种冒犯的表示。另外，体姿能够反映人的真情实感。如：紧抱双臂或紧叠双腿往往是心理紧张的反映，身体不断变化姿势表示不耐烦，足大趾猛然翘起反映心中的愤怒。

一般情况下，喜欢玩弄自己头发的人，有着神经质倾向，性格敏感，比较任性；有咬东西习惯的人，如咬香烟、咬指头、咬铅笔等，表明性格的不成熟；在交往过程中，有掩嘴习惯的人，或者性格内倾，或想以此吸引对方；而不断抚摸自己的脸部，则表明此人具有较强的自信心；走路发出较大声响的人一般心胸坦荡，为人诚实，但较为散漫，相反，走路蛇行的人则口是心非，工于心计，难以信赖，跟这样的人交谈要谨慎；在交际场合喜欢躲在角落里的人，一般性格孤僻，比较自卑或低调，不喜欢与人交往过密，与这类人交谈要注意鼓励、启发，使之产生信心；走路急促，好用碎步的人，性格急躁，整日忙碌，身心交瘁……

总之，作为一个善于与人沟通、追求口才艺术的人，应努力学会通过受众对象的各种外在表现了解受众对象的内心世界，从而不断改变沟通方法、交流手段，以实现最好的表达效果。与此同时，还应注意在了解受众对象时，不能生搬硬套，机械死板，因为每个交际对象的经历不同、个性不同、自控能力不同，有的人很会伪装自己、隐藏自己，和这样的人进行沟通，稍一不慎，不但不能实现交流的目的，反而因误解对方真实意思而可能误入歧途。心理学家们在警告人们不要为表情、手势、体姿的假象所迷惑的时候，提出了四条原则：第一，离脸部越远，发生的动作越为真实；第二，越不自觉的动作越为真实；第三，目的越不明确的动作越为真实；第四，越不自然的动作越为真实。用这四条原则来检验人们言语和动作的真伪性，一般而言能达到准确地认知受众心理的目的。

以上所述主要针对受众对象个体而言，而且一般是在交际过程中的了解。如何了解群体受众对象，方式方法和以上所述会略有不同，一般了解群体受众对象，可以采取以下几种方法：

（一）通过领导、组织者了解

各单位、各部门的领导负责全面，统抓全局，他们往往对本部门、本单位群众的所思、所想、要求、困惑等情况了解得比较全面，比较准确，对单位存在的各种问题一般也看得较为清楚，所以主动通过单位领导、管理者来了解受众对象的情况，搜集相关信息，确定宣传主题、宣传方式、方法，无疑是一种快速、简捷而又行之有效的方法。

（二）通过社会舆论来了解

每个时期都有这个时期人们一般比较关注的社会热点、难点、焦点问题，而每个地区一般也有这个地区人们较为注意的社会兴奋点。而这些焦点、难点、热点、兴奋点往往可以成为沟通、交流的切入口，从这里入手进行沟通，可以使表达、宣传的效果更好。怎样了解、知道这些焦点、难点呢？表达主体完全可以通过当地的主流媒体，包括报纸、杂志、广播、电视、网络等，关注一般性的社会舆论，从中了解受众对象的特殊心理。

（三）通过与受众对象个别交谈和开小型座谈会的方式来了解

这样由个别的、少数人的意见和要求去推想、发现、探求一般性的、大多数人的心理特点，从而有选择地进行表达、沟通。有经验的传播者，往往不是准点到达宣传现场，而是提前几分钟甚至十几分钟进入表达场合，深入听众中间进行个别访谈，以了解受众对象的大概情况，然后在表达过程中根据受众的实际情况，适当修整交流内容和交流方式，从而使表达的效果更好。

（四）在表达、交流的过程中进行了解

前面已就受众对象个体的心理在表达过程中如何进行了解作了阐述。这里所谈的，主要是针对群体受众对象，探讨如何了解其心理。在表达过程中，受众对象的心理总是在不断发生变化，这种变化可能是由于表达主体的宣传、教育、感染等引起的，也可能是由于受众对象的主观要求引起的，无论哪种情况，都需要表达、宣传者认真观察、仔细揣摸，根据受众对象注意的程度、提问、插话、发言，来了解受众对象的情绪，并相应地修整自己的表达、宣传，以努力达到主客双方的意识融合，从而收到最好的表达效果。

除了以上这几种方法外，对群体受众对象的了解方法还有许多，比如采取问卷调查、民意测验等方式，用数据分析的方法，用统计学的原理来分析群众所关心的话题、当前的社会热点，然后据此确定宣传的内容和形式等。

第四章 塑造良好自身形象

信息的传播、情感的交流是一种综合性的社会活动，在这种复杂的交际活动中，除了语言这一主要的媒介物外，还有许多因素在起作用，其中一个重要因素就是表述者的外在形象，甚至在有的时候，外在形象的作用远大于语言。美国心理学家梅拉列斯尔经过总结影响人类传播沟通效果的因素，提出一个广为人知的传播学公式：

100% 的感情表达 =7% 的言辞 +38% 的声音 +55% 的面部表情

这里的面部表情就是一个人外在形象的重要组成部分。

形象造型是一种无声语言，在整个表达、交流过程中有着极为重要的功能。人的外表装束、整体形象既包括服饰、衣着、发型等，也包括表情、手势、姿态等，是人类对现实生活感受和追求的一种外在表现形式。它如同一面镜子，反映着不同时代、不同地域、不同社会中一定的政治、经济、习俗、文化、观念，以及个体不同层次的修养、品位和精神风貌等，使人能感受到语言之外的更多信息。这种无声、表象化的东西所表现、传递出来的信息，是口语交际整体传播的一部分，无论表述主体有意识或无意识，它都会以其特有方式在交际过程中传递、展现。因此，形象作为整体信息的组成部分，不能是随意而放任的，作为一个追求拥有口才艺术的人，应努力塑造自己良好的外在形象，以使其在信息传播、情感沟通中发挥应有的作用。

另外，根据现代神经生理学的研究，人在沟通、交际的过程中，大脑的左半球接受交际对方的口头语言，即逻辑信号，而大脑的右半球则主要接受态势语言，即形象信号。两者交互，共同作用，才可能较为全面、完整、准确地接受对方的信息。这一研究也给我们以启发，一个人在表达过程中，只有综合运用口头语言和态势语言（即手势、姿态、表情、修饰等外在形象），才可能推动大脑左、右两半脑的积极性，从而收到最好的交际效果。

本章将就如何塑造表达者良好的自身形象、提高态势语言的运用展开论述。

第一节　形象塑造的基本原则

当口才成为一门艺术时，其本身就应该已经蕴含着美，体现着美，能给人带来美的享受。美，是人类共同向往和追求的目标，它给人以轻松、舒畅、朝气、希望……使人心灵得以净化、陶冶、升华。美在信息传递中具有很强的感染力，它能唤起人的主动性，引发良好情绪，促成人的选择，为信息的传播和情感的沟通营造有利氛围，美的形象成为表达者吸引受众对象、赢得听众好感的重要因素。塑造、强化形象美，是帮助表达的一种手段和形式。但是，只有当表述主体遵循着一定的原则去追求这种形象美时，外在形象才能在表达、交际过程中实现它应有的作用。

关于形象塑造的基本原则，一般有以下几条：

一、自然协调

自然协调是表达者在塑造良好自身形象时必须遵守的最基本原则。所谓自然协调，主要指交际活动主体的形象塑造必须要与传播的思想、交流的内容、沟通的情感相配合、相适应、相一致。只有自然，方可真实，方可平等，方可让人感觉平易、亲切、可信；只有协调，方可让人舒服愉悦，让人产生美感，让人愿意接受。我们知道，相互尊重与地位平等是进行信息交流的基础，是让别人接受信息的前提。保持真实生活中的自然美，避免“表演”，拒绝“做作”，其本身就是把自己放在与听众平等的地位上，表现出一种真诚、平等的态度，使听众在直观的信息交流过程中，感受到真实可信并领略信息本身的价值，从而对表达者给予信任和关注。当然，这里所说的自然并不是就指那些所谓“不修边幅”、邋里邋遢、随意展现，我们讲求的是“自然装饰”或“修饰上的自然”。“修饰”内含着表达者对听众的重视和对传播交流的认真态度。自然装饰能表现出表达主体平易、亲切、真实的朴实情感和把受众对象视为朋友的友好诚意，为信息的传播与接受创造良好开端。

另外，在人际交流的各种场合，由于交流的内容、形式不同和人们为之所产生的心理情感有意无意地流露（服饰、面部表情、环境设置等），往往会形成一种特有的氛围。比如，正式会议具有一种严肃、认真的气氛；联欢会、晚会具有欢乐、活泼、热烈的气氛;学术沙龙则有自由、随意、民主的气氛等。这些不同的氛围又在强烈地感染、影响着置身其中的人们，使人们身不由己地产生附和情绪乃至从众要求，而对与此相反的表现形式则产生异议和抵触。这种通过外在形式的统一来表达情感的方式，是人类共同的精神、情感需求；反之，表现形式脱离环境和内容，随心所欲，则不被人们所认同和接受。因此，这就要求表达者在进行自我形象塑造时要切记协调的原则，努力使自己的外在形象与所表达的内容与当时的场合、氛围、气场等相统一、相和谐、相一致。

二、目的明确

所谓目的明确，就是指表达者的形象塑造要围绕表达的主题、交际的目的进行，既不能游离于交际的目的，胡乱修饰或表里不一；也不能妨碍交际的实现，乱走乱动，令人莫名其妙。表达主体在表达过程中的任何一举一动、一笑一颦都应该有明确的目的性，都应切实起到传情达意或有助于传情达意实现的作用。在实际的交际过程中，我们经常见到这样一种现象：有的人总是下意识地做一些习惯性举动，如双手不断地搓来搓去，眼睛时不时地向上翻看，脚尖有节奏地在下面抖动，等等。这些举动指向不明、含义模糊，令人摸不着头脑，有时连表达者自己也难以说清楚其具体含义，只是长时间养成的一种习惯，一下子难以纠正，在交际过程中，往往自觉不自觉地就表露出来。所有这些不仅不美观，有损于表达者的形象，在许多时候还分散受众对象的注意力，妨害交际目的的实现。对于这些，表达者应给予充分的注意，有目的地予以纠正，养成一种良好习惯，争取让表达、交际过程中任何一个动作、任何一种表情、任何一种修饰都有利于树立自己的良好形象，都有利于信息的传播、情感的沟通，有利于交际目的的最终实现。

三、富有个性

有个性才有特点，有特点才有吸引力，特色和个性是形成魅力的关键。正是由于特色和个性的存在，大千世界才千姿百态，让人产生新奇感，产生探求欲望，充满活力，给人类带来希望和朝气，激励着人们不断去奋斗、拼搏。可以说，特色和个性是社会发展的需要，是旺盛生命力的表现。表达者的个性是其良好自身形象的重要标志；反过来，表达者在塑造自身形象时，一定要突出个性，展示特色。当然这种个性、特色绝非想当然的自我表现，而必须是建立在与表达的内容、与交际的场合、与当时的气氛相协调一致的前提条件下的选择。在这种选择下应注意：

（一）要具有时代特征

不同时代，不同时期，人们的价值取向、追求、社会习惯等，都在随社会的迅速发展而不断发生变化。人们把这些对社会的各种感受，通过服饰、发型、精神状态（面部表情）等表现出来，使其具有了时代的象征意义，成为某一时期或时代的特征标志。其中，有些特征是积极心态的表露，催人奋进，具有很高的审美品位；而有些则带有消极，甚至颓废色彩。表达者在塑造自己的外观形象时，应该有选择地融入高品位的、符合人性的、具有普遍价值的、代表社会进步的、文明积极的、美的时代特征，充分发挥无声语言的魅力，塑造良好的自身形象。

（二）要结合个人基本条件

每个表达者都有自己与众不同的相貌、年龄、身材、气质、性格等，树立富于个性的自身形象，就是要结合自身条件进行。以手势为例，一般来说，就性别而言，男性的手势应该刚劲有力、果断干脆，女性的手势应该柔和、细腻、有亲和力；年轻人的手势应速度快、幅度大、富有气魄。就身材而言，身材高大的人，可多做些中区和下区的手势，就是做上区的手势，也尽量不要超过头顶；身材矮小者，则应多做些上区的手势，使听众的视觉提高一些。就性格而言，外向型性格的人，可多做些幅度较大、干净利索的动作；内向型性格的人，则应少用手势语，或用些节奏缓慢、动作轻柔的手势。总之，展现特色和个性魅力，要注意自身的潜力和实力的开发与利用，唯此方可真正塑造良好的自身形象。

以上所谈，是表达者在塑造良好自身形象时，应注意遵守的几项基本原则。所有原则，都是在概括了大量实例的基础上所进行的理论抽象；反过来，在贯彻遵守这些原则时，每个人又有各自的差别。所以，表达者在具体表达过程中应结合自己的实际情况，灵活地运用这些原则。

第二节　表达者的服饰与仪表

俗话说“人凭衣服马靠鞍”“三分长相，七分打扮”，服饰在一个人整体形象中占据着一定的地位。从某种意义上讲，表达者的服饰也是一种态势语，无声地传递着主体的审美倾向、性格特征等一定的信息，具有自身特有的价值。在许多时候，得体、大方的着装、饰物不仅能够直接遮挡人体外观的某些缺陷，弥补脸型、身材、比例的不佳状态，还可营造、烘托美，增加感染力，提高观赏性、吸引力；同时，它还是一面镜子，从外而内地透射出表达主体一定的修养、文化、品位、追求等，甚至从一个侧面反映出一个国家现实的政治经济状况、时代发展潮流、社会文明开放程度、人们的精神面貌，以及心态、观念、社会习俗等内涵。因此，作为一个追求口才艺术的人，必须给予服饰高度重视，努力把握、调动、发挥服饰这一无声语言的作用。

一、服饰、着装

（一）服饰、着装的一般要求

服饰、着装应遵循国际公认的“TPO”原则。所谓 TPO 原则，是指在不同时间（Time）、不同地点（Place）、不同场合（Occasion），以及面对不同交流对象，着装时要遵守不同的规定和要求，它是当今世界公认的着装礼仪应遵守的基本原则。

具体地说，服饰、着装要遵循以下几点要求：

1. 与年龄特征相符合

人类在长期的历史发展过程中，始终没有停止对美的追求，并把美的愿望和不同年龄特点、需求相结合，设计出童装、青年装、中老年装等几大系列服装。它代表和体现出人们对不同年龄阶段的着装所形成的习惯和要求。尽管经历了不同的时代变化，各种因素也有所发展，但服饰、着装的基本特点约定俗称，并逐渐固定下来，成为人们体现社会文明素养和不同层次精神追求、需要的写照。比如，少年儿童活泼可爱，天真好动，其着装以色彩丰富、活泼美丽为主；青年人富有朝气，活力四射，浪漫而富于幻想，则适宜多姿多彩、个性鲜明的着装；中年人经历丰富，事业有成，理性、成熟，其着装则适宜雅致、大方、得体而不失韵味；老年人沉稳、老练、从容、豁达，适宜穿着舒适、淡雅、合体的老年装。因此，服饰着装一定要符合自己的年龄特征，否则，不顾年龄的实际情况，选择过度跳跃，会给人一种不伦不类、牵强附会的感觉，造成不佳印象，影响交际效果。

2. 与性别特征相符合

性别意识是人类社会中最基本的意识之一，性别意识越明显、越突出，一般情况下，魅力往往也会越大。体现在着装上，自古就有性别的区分。按照男女不同的自然生理特征所具有的差异，人们在对男性的服饰、着装上要求具有阳刚之美，潇洒、大方；而对女性的着装则要求体现阴柔之美，可爱、美丽。尽管现代社会出现男女服装相互融合的潮流，甚至出现所谓“中性”的说法，但从根本上体现男女性别差异的服装是不能混淆的，尤其在一些正式、庄重、严肃的场合，这种要求更为严格。因此，表达主体在选择服饰、进行着装时，应注意符合人类自然的基本性别要求。

3. 与交际的场合、氛围相符合

不同的交际场合，交际内容、环境、气氛、时间等的差异，会不同程度地引起人们心理上的波动，并使人在情感上产生共鸣及认同感，从而形成相应的情感倾向。表达主体的服饰、着装只有符合这种心理意向，才可能使交际过程的主、客双方达到相互认同，收到事半功倍的良好效果。否则，不顾气氛、场合，不管环境、时间，不遵循基本的着装规范和礼仪，一味追求款式新奇、色彩鲜艳，只能成为一种时装的展示，却不适合主体的内容表达、双方的情感交流。

（二）几种不同交际场合对服饰的具体要求

1. 庄重场合

庄重场合一般是指正式会议、谈判、庆典、宴会等，这些场合对说话者、参加者的着装礼仪有着较为严格的要求，一般要求身穿礼服，并遵循较严格的穿着规范。

（1）西装。西装分正规西装和休闲西装两种款式，庄重场合应着正规西装，其着装规范一般包括如下几点：

①西装要内配合适的衬衫。衬衫的领子要挺括；衣袖要比西装衣袖略长一些，系袖扣后可显出两衣间的层次；衬衫的下摆不可外露，需放进裤腰内，以示套装的整体性；西装内着衣要单薄，不可着衣过多，显出臃肿；如果天气寒冷，衬衫外只适宜穿一件无领羊毛衫，以“V”字领款为佳；切忌领口、袖口露出其他内衣。

②庄重场合穿着西装必须系领带。领带的图纹、颜色应与西装相搭配，

领带的款式可按流行时尚选择，领带的长度以到腰间皮带扣处为适宜；如穿着羊毛衫，需将领带放置毛衫领内，但领口需露出领带结；系领带时，内着衬衫的领扣必须扣好；领带夹一般夹在第四、五个衬衫纽扣之间。

③西装与皮鞋相配，这是穿西装时的基本礼仪。不能在身着正规西装的同时，穿布鞋或旅游鞋等。（虽然随着社会发展变化，这种搭配有所灵活，但在正式场合仍然如此）

④穿着西装时，西装扭扣的扣法应正确，以单排两粒扣西装为例：上衣可以敞开不系扣；但正规、庄重场合则要求着装规范，扣好西服上衣上数第一粒纽扣，也称“风度扣”；而两粒纽扣都扣或只扣第二粒纽扣，都是不规范和失当的表现。

⑤西装要合体，形态要平整、挺括，穿着应配套。西装的肩、领、袖长、身长等都要合身、平整；服装要干净、讲究；其袖口、椢边不能卷起；上衣口袋和裤袋内，不能放置过多东西，以保持西服挺括、舒展的线条；作为礼服，西装必须上下同色、同质地，成套穿着。

⑥女性穿着西服套裙时，必须内穿连裤袜或长筒丝袜，颜色与套裙协调。

（2）中山装。中山装是我国传统的礼服。它在西装流入我国之前，就已经成为男子参与正规场合社交时的着装。它挺括而端庄，表现出中国男性的阳刚气质，散发出华夏子孙的洒脱和内敛风格，被孙中山先生所推崇，并以此命名，成为公认的国服，是中华民族的象征。在国家庆典、重大国事活动，以及传统节日时穿着，更能强化和烘托民族的自信与凝聚力，展现一种中华民族特有的习俗、礼仪和风度。中山装的基本穿着礼仪要领如下：

①合体，平整，同色，同质地，成套，挺括。

②领口、领钩、衣扣、兜扣、裤扣必须全部扣好。

③领口边齐边，微露白领衬。

④衬衣下摆必须放入裤内，不能外露；袖口、裤边不能翻卷；套装内不能穿着过多。

（3）职业女套装。职业女套装是现代社会女性在正规场合办公或进行社交活动时的一种公认的女性礼节服装。它分为套裤装和套裙装。其特点：大方、雅致、庄重而具现代感。它的款式、颜色多变而配套，线条简洁而清晰，衬托出现代人的文明意识与时尚追求。

女套装在正规场合穿着时应注意几点：

①上衣领口不宜过低，领款开度较大的套装，可根据情况选择合适的衬衣或丝巾等作为领围装饰。

②一般不宜穿凉鞋，更不能赤脚穿凉鞋。

③裙子不宜过短，穿着时应穿长筒袜或连裤丝袜，不宜将袜口留露在腿外或赤腿。

以上是庄重场合的基本着装规范。

2. 欢庆场合

欢庆场合一般是指节日庆典或宴会庆贺等喜庆场合。如，晚会、庆功会、表彰会、商品交易会等。其特点为氛围热烈、轻松、欢快、激昂。表达主体在着装上应该与此相协调一致，以保证信息传递和情感交流的准确性。根据欢庆内容和程度，在着装上应从以下几个方面去考虑和选择：

（1）颜色适度丰富、明快。不同颜色能使人产生不同情感。用协调、丰富、热烈的颜色来烘托传递信息内容，可以诱发受众产生欢快、激昂、振奋的情绪，并能使之感受到强烈的现场氛围。一般表达主体以柔和、鲜艳或适度对比“跳跃”的色彩系列为宜，有利于烘托、传递欢庆、喜悦的信息。

（2）款式要大方、新颖。根据沟通的内容，表达主体的着装款式应该大方、新颖、具有时代气息。一般室内着装，款式略讲究，趋向正规，装饰品味较重。如女士：套装、中式裙装、旗袍、晚会穿着的晚礼服等；男士：中山装、西服（正规式、休闲式）、时装衬衣等。而外景着装，款式则偏向潇洒、简洁、轻松、自然。如时装式休闲服、套裙、休闲西装、夹克等。

总之，在欢庆场合进行交流、表达，从服装的款式和穿着上都应该体现热烈、轻松、喜庆、新颖的氛围。

3. 休闲场合

休闲场合是指人们在闲暇休息时间出入的各种场合，比如运动场合、旅游场合、娱乐场合等。其总体氛围轻松、愉快而随意。表达主体在着装上应注意体现这种氛围。比如，轻便时尚的休闲服、多姿多彩的运动服、丰富多变的时尚服等，都可以用和谐的搭配来表现轻松、美好的现场氛围。可以根据特点，选择相应着装，如：在运动现场交谈沟通，采用运动装束更能增加对观众的现场感染力；在景点、公园等场所，灵巧、明快的装扮与画面中的大自然浑然一体，更容易把受众引入观赏、畅想的诗境；在娱乐场合如果着装活泼、新颖、时尚，能给受众带来美感、新奇和激情。这些氛围的营造，对烘托气氛、实现有效交流起到了很大的铺垫作用。总之，在休闲场合酌情穿着相应的休闲服装，不仅有利于信息的传递，在一定程度上也体现出表达主体的专业素养。

4. 悲哀场合

悲哀场合一般是指参加吊唁活动或葬礼等悲痛、哀悼的场合。为表达沉痛的悲伤情感和对过世者的悼念，人们对活动参与者的着装等有较严格的要求。其主要要求如下：

（1）着装正规而庄重。在重大悲哀场合，一般男士适宜身着正规深色西装，白色衬衣，系领带；或者穿着深色制服。女士可以选择西服、衬衫（套裤类或套裙类）及简洁稳重的深色职业套装。

（2）遵守民俗的色彩习惯。黑与白属于“无彩”色。这两种颜色被世界大多数国家认定为悼念死者所能采用的颜色。因此在惯例上确定西装颜色宜黑色，衬衫为白色，领带亦同为黑色。

（3）不宜过多装饰点缀。西装、领带、衬衫、领款和袖口，忌花边和图案。如需要，可在西装上衣兜内微露白色方巾（男士）；或在左胸前佩戴白色小花以示哀思。

以上是着装的基本常识和规则。在具体的表达、交际过程中，应该根据不同内容和需要，灵活运用“TPO 原则”设定着装，使着装符合现场氛围，与整体交流过程相融汇，准确地发挥着装这种副语言（无声语言）的表达功能。

（三）服装的选择

1. 款式的选择

为便于掌握，我们把款式分为领款和衣款两部分作简单介绍。

（1）领款

1）领款基本形态与脸型

领款对脸型起修饰、矫正和美化的作用。它是服装烘托形象的点睛之笔。领款的种类繁多，但选择一般应根据具体脸型的形态而确定。特别是领窝、领岔的大小，对脸型有直接影响，是需要重点留意的地方。为使脸型及领款的重要部位形象化，我们把所有不同脸型趋向及相关的领口线条归纳为几种曲线形态，表明领款关键部位与脸型的协调关系。

①圆形脸：一般圆形脸不适合圆领款，而与“V”形领款的服装搭配为最佳，通过领款“V”形曲线，可以使脸型显得修长而秀美。

②长形脸：长形脸一般不适宜过低领尖的款式，宜选择向上的大圆弧形领款，以增加脸部两侧的圆润感。

③倒三角形脸：倒三角形脸型一般不宜选择领款线条向下深垂的服装，而选择方宽向上或向上圆弧形领款服装为佳，使尖垂的脸型下部显得丰盈。

④菱形脸：菱形脸型不可以选择尖心形、上翘领款，否则会增高、加宽额骨；平直领则较为合适，它可使面部产生柔和、稳定的感觉。

⑤三角形脸：三角形脸型一般忌“一”字形领款，而选择小“U”形领款，可以使脸部线条显得轻巧而柔和。

⑥方形脸：一般方形脸适合于领口偏长的“鸡心”领型，以改变方、短的感觉。注意避免“一”字形领款，否则会使脸型更显得方正和死板。

2）领款基本形态与脖颈

脖颈的长短、粗细直接影响头部与身体的比例平衡。利用领款的不同形态，可以帮助协调这种比例关系，达到上下平衡的视觉美感。

①长脖颈：此种脖颈者不宜选择领子偏低的或较高的款型。一般以中高的领款为宜，使脖颈半遮半露，以减弱长感。

②短脖颈：短脖颈者领款的选择，应避开“一”字领和领款线条相对封闭的式样，以选择领款较低和相对敞开式的形态，使脖颈有延长、挺拔的感觉。

③粗脖颈：较粗脖颈者领款的选择，应以“V”形款式为佳，使过粗脖子的线条向下延长收拢。此种脖颈不适合封闭形态的领款。

④细脖颈：细脖颈者的领款线条不宜纵向延伸。一般选择“一”字形领款或带领结及百褶边的领型，可以使细脖颈看起来丰满些。

（2）衣款

衣款指服装整体的款式。随着时代发展，衣款出现时装化、多样化趋势。其类别主要有便服类、套裙类、衬配类、外衣类、夹克类、上装套裤类等。无论怎样变化，一般衣款选择首先要合体，其次才谈到美感、情调等问题。因此衣款选择是否得当，与身材比例的协调状态直接相关。在现实社会中人体状况各异，其比例也自然存在不尽如人意的地方。选择、利用服装来平衡、调整人体比例关系，是提高形象美感的重要手段。这里仅就几个需要注意的方面给予简单提示：

①身高型：个子过高的人在衣款的选择上应避免连身、同色的长款型式样和紧身衣款；以宽松式或上下分开式衣款为宜，适度增加宽度和分段感觉。

②身矮型：个子偏矮者，可选择连身、瘦长的衣款或合体连衣裙、同色分体的短裙（女），可以使较矮的个子显得挺拔、轻巧。

③胖型：身体偏胖的人在选择衣款时，忌挑选紧身和宽松肥大的外衣样式，以选择线条简洁、合体、宽窄适中的衣款为佳，增添秀气、轻盈的感觉。

④瘦型：体型较瘦者，一般选择稍微宽松的款式和上下分体的套装较为合适，使瘦弱的身躯显得丰满而具有活力。

⑤溜肩型：亦称塌肩膀。下滑的肩膀使人上身显得窄小而过于紧凑，着衣时袖笼部易多褶，给人老态、邋遢的感觉。在选择服装时，应挑选有垫肩的衣款，注意垫肩最好是偏硬的直形样式，以助衣型肩部的托起，来弥补肩骨下坠的不足。

⑥窄肩型：人的肩膀偏窄会与头部的比例在整体上产生失调，形成大头小身的状态。选择新衣时，注意挑选肩部较宽并有垫肩的或肩部打褶隆起的样式。通过服装肩部的增宽，形成与头部较好的整体比例关系。

⑦短腿型：短腿型一般是指：人上身的长度明显长于腿的长度。在选择服装时，可挑选短夹克类、上装套裤及格类衣款，用遮盖腿部长度和缩短上身长度的视错觉来达到较佳的比例效果。

⑧缺陷型："X"形腿和"O"形腿是缺陷型腿形的两种主要形式。在选择衣款时，应侧重下装的挑选；长裙、稍宽裤腿的长裤、裙裤均可作为首选。切记不要选择短裙和瘦腿裤，以免暴露缺陷。

2. 颜色的选择

服装面料的颜色对视觉的冲击力极大，由它组合形成的花纹、图案等，对人体外观的形态能产生极大影响。一般情况，全身整体服装的颜色不宜超过三种，而对服装颜色的选择应根据具体身材特征来确定，以充分利用颜色的特点，塑造出和谐、美观的形体外观。下面简单提示不同体态特征的服装颜色选择。

①胖型：身材较胖的人适宜穿着较深、较冷色调颜色的服装，并可选择

纵向、细条纹或不规则图案;颜色不宜过于丰富。忌:大图案、宽条纹、横线条、紧身型的衣款。

②瘦型：较瘦身材者，适宜选择浅色、大图案、横条纹、大方格或颜色较丰富的暖色调服装。应避免偏窄款式和较冷色调的服装。

③高型：个子过高者，适宜选择偏深、横条纹、大图案、较宽松的衣款。最好上装与下装分色穿着，使过高的身躯看上去略显矮些。

④矮型：个子偏矮的人，一般挑选上下同色的浅色调服装为宜。可选择纵向或较窄的条纹图案。忌：横线条、大色块，以及色彩对比强的服装。

较好的着装颜色搭配，除以上与不同体态的协调之外，还要注意在色彩搭配中整体色调的和谐与统一。一般同类色调搭配,服装的颜色会柔和、自然,给人一种亲切、平和、稳定、流畅的感觉;而对比色调搭配,则会使服装颜色“跳跃”、醒目，给人以活跃、动感、强烈、振奋的感觉。表达主体一定要根据交际场合的氛围要求，准确把握服装基本色调的选择，以烘托、表现应该具有的气质。

3. 质地的选择

各种服装面料的质地因其材料的丰富和各自具有的特点会形成很大差异。人们对这种差异的利用,使服装具有了万种风情。如,毛类:柔软、膨松、温暖,制成衣后，暖和、丰盈而具厚度感，成为秋冬保暖衣料的佳品，其质地特点使服装具有了弹性、轻盈、悬垂的感觉；而丝类：光滑、细软、柔和、凉爽，不仅成为人们祛暑的理想衣料，而且这种成衣轻柔、光滑而飘逸。由此可见，不同质地的服装能满足人们不同季节着装的需要，给人一种季节感，同时会给人体外观带来多姿多彩的情趣变化。从日常交际、沟通来看，服装质地的选择一般应注意把握以下两点：

（1）质地适合季节气候

应该按照不同季节、气候特点来选择服装质地。如，夏季穿着丝、麻、绸等凉爽轻柔的服装，春秋穿着呢、毛织类保暖服装等。通过服装来展示相应的气候、季节特征。

（2）质地适合身材特点

身材从外观上主要分为四种：高、矮、胖、瘦。一般身材较高者，适宜穿着偏厚较软质地面料的服装；个子较矮者，可穿质地偏薄、偏硬、较挺的服装；身材较胖的人，以选择质地较细、略具弹性而无光感的面料服装为宜；身材较瘦的人，可以选择质地蓬松，具有一定光滑感的面料服装。

以上所述，是表达主体在服饰、衣着上应给予注意的一些常识和建议。无论如何，让服饰、衣着成为一个人在表达交流时的促进因素，而不是相反，这就是表达者选择服饰的最基本也是最高要求。

二、仪表

仪表是一个人外在形象最重要的组成部分，也是在社会交际、信息交流中最能给交际对象产生直觉印象的决定性因素。好的仪表能给受众对象以美的享受，产生愿意交流的欲望，也是赢得听众对自己尊重、爱戴的重要因素。因此，要想使表达的效果、交际的效果达到最好，表达主体要时刻注意自己的仪表美，用心塑造自己的仪表美。保尔·拉法格在回忆革命导师恩格斯时，曾这样说道："恩格斯非常注重仪表，他总是精神抖擞，衣着整洁，就像在普鲁士军队当志愿兵时准备参加阅兵典礼似的。"可见恩格斯在平时就很注意自己的仪表。平时如此，在聚会、交际场合更是这样，而这无疑为其个人魅力的产生起到了重要作用。

仪表，从广义来讲应包括一个人外在形象的各个方面；从狭义上讲，主要指一个人的身材体形和面表容貌两个方面。

（一）身材体形

身材体形是指一个人身体的自然形状，也有人称之为"静态形体"，即人体处于静态时的形态状况，主要包括身体外形、肢体围度、身高、体重等内容。

自人类出现并开始自我审度以来，体形状况就一直被关注着，但在不同的国家、不同的民族和不同的社会阶层，在不同的时代甚至在不同的社会经济环境中，人们对体形审美规范的认识和评价却有很大差异。

中国古有"燕瘦环肥"之说，汉武帝的皇后赵飞燕体形消瘦，唐玄宗的贵妃杨玉环体态丰腴，她们都是我国历史上有名的美人，从汉朝欣赏赵飞燕的纤弱秀丽到唐代推崇杨玉环的圆润丰满，体现出两种截然不同的审美观。车尔尼雪夫斯基在《生活与美学》中谈到，上流社会与农夫对于少女的美也有不同的看法，农夫认为鲜嫩红润的面色、体格健壮、长得结实是美的特点，而上流社会则认为"纤细的手足，苍白、倩倦，甚至'偏头痛'才是美的条件"。

还有一些社会学家认为，现代社会中的经济状况也会影响人们的体形审美趣味。“二战”后的美国，人们摆脱了战争带来的阴影和压力，经济发展生机勃勃，艳丽、丰满的梦露式美人大受欢迎；而到了20世纪60年代的经济衰退期，伴随着工厂的破产和失业率的急剧上升，瘦骨嶙峋的铅笔体形又成为当年时尚……

虽然体形审美永远不会有绝对的标准，但经过反复的比较、衡量后，越来越多的人终于认定，体形美是与身心的健康、协调密切相关的概念。健康是体形美的基础，体形美是健康的客观反映，“健康、匀称的体形是美的”成为人们的普遍共识，有了这样的认识，人们就不难理解，为什么两千多年前希腊造型艺术（主要是雕塑）的美，可以穿越时空，至今令人欣赏和赞叹；为什么体形饱满、优美、端庄的阿芙罗蒂德•维纳斯会成为女性美的化身；为什么《纽约时报》在1998年迈克尔•乔丹退役时评价说:“如果迈克尔愿意，他可以摆出掷铁饼的姿势，那么，即使在希腊时代，他也是个美男子，也是个最伟大的运动员。”

健康、匀称、发育良好的体形是什么样的呢？下面我们提供一些直观量化的标准以供参考。大家会注意到，这些量化标准以一定的比例为基础，并且有一定的弹性，正如达•芬奇说过的：“美感完全建立在各部分之间神圣的比例关系上。”人们都渴望着拥有良好的身材，而天生完美的体形在大千世界毕竟是凤毛麟角。被体形问题困扰的人往往犯这样一个错误：认为完美的体形只属于专业模特，只有接近这类体形才算美好。其实对于大多数人来说，这种完美体形只是一个可望而不可即的梦想。完美是相对的，匀称就是美，我们每个人都可以根据自己个人情况，按照适当的比例来创造属于自己的完美。虽然受到身体类型的限制，骨骼的宽窄长短无法改变，但体重、体脂比、身体围度、视觉重心都是可以通过后天努力适当改变、加以美化的。

1. 体重

目前国际常用的衡量人体胖瘦程度的一个标准为BMI指数，简称BMI。BMI计算方法很简单，体重（千克）÷[身高（米）]^2=BMI。

我国以18.5～24之间为标准BMI范围。按照这一标准，一个身高1.65米的人的标准体重在50～65千克之间。

另外还有一个公式可以计算肥胖度：

肥胖度（%）=（实际体重－标准体重）÷标准体重×100%

超过标准体重 10% 的为超重。

超过标准体重 20% 的为肥胖。

要说明的是，体重并不是衡量人体胖瘦的唯一标准。体重决定于骨骼、肌肉、脂肪和内脏的重量，肌肉和脂肪是可变的，二者的比重是不一样的，肌肉比脂肪的比重要高。因此很多运动员或体力劳动者会因肌肉发达而超重，却并无臃肿之感，有的人即便不超重，但体内脂肪百分比大于正常范围，而脂肪又分布不均，也会显得肥胖。因此，要科学衡量一个人的胖或瘦，还需参照另一个指标——体脂比。

2. 体脂比

体脂比是体内脂肪与体重的百分比，理想的体脂比应为 18% ～ 30%，超过 30% 则为肥胖。

确定体脂比有个简单的测量方法，即体育科研中的皮脂测定法：自然站立姿势，用二指提拉起皮肤，然后用圆规或外长钳测出双折皮肤的厚度。

测皮脂量的部位，通常情况下选择上臂背侧中部、背部的肩胛骨下面处以及大腿的上端内侧部位。上臂背侧中部应为 9 ～ 14 毫米；背部肩胛骨下角应为 10 ～ 17 毫米；大腿上端内侧应为 13 ～ 21 毫米。如果皮肤双折的厚度分别为：上臂 10 毫米、背部 11 毫米、大腿 15 毫米，则是最佳的体脂比。

曾经有人以腹部，即肚脐周围作为皮脂测量的部位。这个方法现在被认为是不科学的。因为在日常生活中，上臂、背部、腿部的运动量是较均衡的，而腹部肌肉却很少参与，这会造成普遍的腰腹部皮脂超标，因此以状况特殊的局部测量数据来衡量整体体脂比，当然是不够准确的。说到腹部局部的皮脂厚度，以 28 毫米以下为好。

3. 肢体长度

（1）以肚脐为界，肚脐到头顶与肚脐到脚跟的比例应为 5 ∶ 8。

（2）平伸双臂，两中指指尖之间的距离应等于身高。

（3）头高应等于身长的 1/8。

（4）人跪下，上身直立的高度应等于身高的 3/4。

（5）肩宽应等于身高的 1/4。

4. 肢体围度

人体各肢体围度间的比例中，最重要的是腰臀比，即腰围与臀围的比例，男性理想腰臀比的范围是 0.85 ～ 0.9；女性理想腰臀比为 0.67 ～ 0.8。

另外还有以下比例可供参考：

（1）胸围约等于腰围 +20 厘米；

（2）大腿围约等于腰围 –10 厘米；

（3）小腿围约等于大腿围 –20 厘米

（4）大臂围约等于 1/2 大腿围；

（5）大腿正面的宽度约等于脸宽。

（二）面表容貌

根据心理学研究，在面表容貌中，皮肤、眼睛、嘴唇是视觉传神的主要器官，也是在交际过程中给人影响较大的外表因素。因此，在这里我们重点谈谈这几个因素的有关内容。

1. 皮肤

皮肤按其具体情况不同，大致可划分为干性皮肤、中性皮肤、油性皮肤、混合性皮肤和过敏性皮肤五种类型。干性皮肤的特点是白细、小皱纹多、干燥、易脱屑，对这种皮肤应注意补充水分和油脂，补充含有维生素 A 的食品、瓜果、蔬菜和蛋白质等；中性皮肤是较为理想的皮肤，光滑、红润、毛孔较细、富有弹性，只要按季节和年龄变化相应保养即可；油性皮肤一般光亮油腻，易皮脂堵塞、产生粉刺等，这种皮肤的人应注意补充维生素 B 类食品，多食瓜果、蔬菜，忌食脂类过多食物，宜食清淡的食品；混合性皮肤的人注意多补充水和营养;过敏性皮肤其特点是皮肤细嫩，比较敏感，容易发痒，出现红肿、起疱等过敏性反应。因此，这样的人应注意少用化妆品，尽量减少外界刺激，减少过敏源。

2. 眼睛

眼睛是心灵的窗户，是听众目光集中的焦点。眼睛的形态在造型中无论对审美，还是塑造形象及透视人物内心世界，都具有重要意义，其表情达意的功能在面表各组成部分中也是最典型、最出色的。从某种角度上说，它可以成为面部表情中最为常用也最不容易用好的表情器官。因此，了解和掌握眼睛在表达、交际中的作用，并恰当运用，是每一个表达者必须重视的课题。可以说，学会了眼睛的运用，就等于掌握了面部表情的大半。下面我们详细谈谈眼睛的作用以及在交际中如何运用。

意大利艺术大师达·芬奇在《笔记》中曾说:"眼睛是心灵的窗户。"意思是,透过一个人的眼睛,可以看到他的内心深处。英国生物学家达尔文在《人和动物的表情》一书中,也曾把眼睛的活动变化作为人类情绪的表征。20世纪60年代,美国芝加哥大学的赫斯博士,用瞳孔变化的大小和规律,来测定一个人对事物的兴趣、爱好、动机以及对异性爱慕等心理变化。我国古代的孟子在《离娄上》中也说过:"存乎人者,莫良于眸子。眸子不能掩其恶。胸中正,则眸子了焉;胸中不正,则眸子眊焉。听其言也,观其眸子:人焉廋(藏匿)哉?"他们的上述论断告诉我们,人的眼睛不仅能够表达思想情感,甚至在多数情况下可以表达用言语难以表达的、极其微妙的思想情感。人们内心的隐衷、胸中的秘密,总是不自觉地流露于多变的眼神中。

在整个表达过程中,表达者眼睛的表情达意起着举足轻重的作用。富有经验的表达者总是恰当而巧妙地运用自己的眼睛,表达出丰富而多变的思想情感,以影响和感染听众,增强表达的效果。他的思想感情、心理变化、学识品德、性格趣味、审美观点等,都会通过眼睛这个媒介传示给听众。而聪明的听众也总是善于通过表达者瞬间变化的眼神,窥视其丰富的思想和情感内容,并展开广阔的联想,受到深刻的启迪。可以说,眼睛是表达者在表达中与听众交流的一个重要手段或渠道。

人的思想感情是复杂的,因而眼神也多种多样。各种不同的眼神表现着各种不同的思想情感:眼神明澈、坦荡,表现为人正直,心怀博大;眼神狡黠、阴诈,表现为人虚伪,心胸狭窄;眼光执着,表现了志怀高远;眼光浮动,表现了为人轻薄浅陋;眼光如匣剑出鞘,表现了正义凛然;眼光如蛇蝎蛰伏,表现着邪恶刁钻;眼光坚毅则表现着自强自信;眼神晦衰则表现着自毁自堕……凡是亲耳聆听过周恩来总理演讲的人,无不为他那刚毅、睿智的眼神所吸引,并从中得到激励;凡是亲耳聆听过陈毅同志讲话的人,无不为他那英灼、敏锐的眼神所慑服,从中受到鼓舞。

不仅如此,眼睛还能说话。表达时,表达者的情感一般气势如流,不可中断。如果在表达过程中出现听众窃窃私语、交头接耳的现象,表达者不可能也无须去高喊一声"请大家静一下"或"请大家注意听"之类的话,而只要你投过一束目光,在这一刹那,温柔的责备、恳切的祈求、诚挚的愿望便会通过眼神传示给听众,使他们心领神会、集中精神、注意听讲。听者可以在表达者用眼睛“说”出的“话”中，体察出表达者内心的语言、精神的世界，从中受到潜移默化的教育和启示。一个熟练、高明的表达者，总是善于运用自己的眼睛这一“无声的语言”来辅助有声语言，“说”出有声语言所不便说出或不好说出的“话”，从而增强表达的魅力。

另外，表达者的眼睛还有“侦察兵”的作用。表达是一种双向交流的活动，在表达过程中，表达者要用自己敏锐的眼睛，时刻注意听众的情绪变化，通过察言观色，随时掌握听众的情绪、心理的反应以及听讲的兴趣，力争发现听众对自己所讲内容的微妙反应。一旦发现问题，表达者即可随机应变，采取应急措施，调整和改变自己表达的内容和方法，使那些态度冷淡的人热心起来，使那些不专心的人能注意听讲。反之，不善于用眼睛观察听众的反应，或对会场的混乱视而不见、一意孤行地讲下去的表达者，等待他的则只能是失败。

既然眼睛有这么重要的作用，那么表达者应该怎样适时、恰当、准确地运用自己的眼睛，发挥其独特的作用呢？

第一，要注意用眼睛充分表达自己的情感。在表达过程中，表达者的思想情感犹如浩瀚的大海，时而风平浪静，时而狂涛翻滚。表达者的诸种感情如喜、怒、哀、乐等，在随着语言表达宣泄的同时，要尽可能在眼睛中明显地表露出来，以收到最佳效果。有些表达者不管内容如何转折变化，不管情感多么起伏跌宕，始终都是一种无动于衷的眼神，以不变应万变，显得麻木、呆滞、平板，不仅吸引和打动不了听众，也影响了思想情感的传达。表达者必须使自己眼神的变化跟上思想情感的变化，两者协调一致，让听众从这丰富多彩的眼神变化中，体验到情感的变化，从中受到思想的教育和启迪，这是每个口才艺术者都应刻意研究和追求的。

第二，眼睛的视线要注意向前而流转。表达者除特殊需要外，眼睛应始终向前，自然流动，注视受众对象，这不仅使每个听众感到“他是在向我进行表达”，从而引起听众的注意，而且也可观察到听众的心理变化。如果一个表达者总是漫无目的地四处张望，或回头看台上的主席团成员，或者总是专注某一部分听众，那就不但抓不住全体听众的注意力，而且还会给听众留下不礼貌、不庄重以致怠慢某些听众的印象。有的表达者，或经常仰视于天棚，或经常俯视于地板，或一会儿顾左一会儿顾右，这都是不妥当的。因为每一种视线都有它固定的意义，例如：视线向上，是思索和傲慢的表示；视线向下，则是忧伤、懊悔、羞怯的表示；环顾左右则是神情慌张、心绪不宁的表示……当然，我们既反对一动不动的直视，也反对眼珠滴溜儿乱转；前者会使听众感到滑稽可笑，后者会使听众不知其意。我们提倡的是得体、自然、活泼的眼睛。只有这样，才能既准确地表达思想感情，又能给听众以美的享受。

随着表达者思想情感的千变万化，其眼神的变化也必定是多种多样的，不可能机械地硬性规定，需要表达者的体察和研究。除了以上的两个基本方法外，在运用眼睛时还应注意以下四点：

（1）眼睛的变化要有一定的目的，没有目的的变化，往往会破坏原来的意图和情感。我们尤其反对那种故弄玄虚、神秘莫测的眼神，这些眼神不仅使听众反感，也令听众难以理解你究竟在表现什么。

（2）眼神变化之后，即完成了一个意图的表述后要马上恢复正常，否则就会产生形不达意的后果。

（3）眼神的运用要和有声语言、手势、姿态等密切配合、协调和谐，既不能“单打独斗”，又不能各顾一头，两相分离。

（4）把握“闭目”这一特殊眼神的运用。“闭目”就是眼神或视线的瞬间消失，它有着特定的意义和作用，有时表示极度悲哀、极度兴奋之意，有时表示怀念、敬慕之意。比如讲到一个英雄为人民利益牺牲了的时候，表达者可以暂短闭目，以表示深切地哀悼和怀念，这会使听众精力高度集中，沉浸在怀念和敬慕之中。但要特别注意，闭目一定要适当，适可而止，切不可乱用、常用。

程砚秋先生在谈到京剧艺术中的“四功五法”时，曾说过这样一句话：“上台全凭眼。”这是对京剧表演艺术家的要求，但他却道出了眼神的重要作用。一个优秀的表达者也应该努力发挥好自己眼睛的作用，注意观察生活中人们由于思想情感的不同而表现出迥异的眼神变化，在你进入表达过程的时候，就可以把眼睛运用得自如，运用得准确而传神，给受众以丰富的联想和启迪。

眼睛被誉为“心灵的窗户”，表明它具有反映深层心理的功能；眼睛的动作一向被认为是最明确的情感表现。一般说来，你越喜欢的人或物，就越爱用眼睛来同他接触。我们可以从注视的时间、方式和方向，以及视线交流的角度等方面去读解眼神的信息。

（1）注视

①直视与长时间的凝视可理解为对私人占有空间或势力圈的侵犯，所以是不礼貌的。

②与人交谈时，视线接触对方脸部的时间应占全部谈话时间的30%～60%；超过这一平均值者，可认为对谈话者本人比谈话内容更感兴趣；低于此平均值者，则表示对谈话内容和谈话者本人都不怎么感兴趣。

③眼神闪烁不定反映出精神上的不稳定或性格上的不诚实。

④不愿双目交接者，或者是自卑，或者是由于心中隐藏着某件事而有所愧疚。

⑤回避对方的视线，是不愿被对方看到自己的心理活动。

⑥瞪大眼睛看人，是对对方感到极大兴趣的表示。

⑦眨眼也属于注视方式之一，眨眼一般每分钟 5～8 次。

⑧在一秒钟之内连续几次眨眼，是神情活跃、对某事物感兴趣的表现；有时也可理解为由于个性怯懦或羞涩，不敢正眼直视而做出的回避表示。

⑨视线停留在两眼与胸部之间的区域，叫作近亲密注视；视线停留在两眼与腹部之间的区域，叫作远亲密注视。这两种注视都表示对对方感兴趣。

⑩视线停留在双眼与嘴部之间的区域为社交注视，是社交场合常见的视线交流位置。

⑪视线停留在对方前额的一个假定的区域，为严肃注视。这种注视方式能造成严肃气氛，使对方感觉到你有正经事要谈，并使自己保持主动。

（2）视线交流

①视线向下，表现出父母对子女或长者对后辈爱护、宽容的心理状态。

②保持平视，是基于理性、平等，显示冷静思考的成人心理状态。

③视线向上，表现出尊敬、倾慕等心理状态。

3. 瞳孔

瞳孔的放大与缩小属于微身体动作。一般说来，瞳孔的放大传达出正面的信息，缩小则传达出负面的信息。表示喜欢或兴奋时，瞳孔就会放大，而表示消极、戒备时，瞳孔就会缩小。然而，瞳孔的信息是无法用意志来控制的。在古代，人们已经认识到瞳孔的放大与缩小的含义。古希腊和古代威尼斯的女性懂得用扩瞳药使自己的眼睛变得更加明亮。现代的有些企业家、政治家以及职业赌徒为了不使对方觉察到自己瞳孔的变化，往往喜欢戴有色眼镜。

4. 眉毛

眉毛一般是配合眼的动作来表达自己的含义的，但它对于一个人的表情来说，同样非常重要。

（1）眉毛上耸，表示惊讶、强调、欣喜、惊恐等感情。

（2）眉毛皱起，表示困窘、不赞成、不愉快等感情。

（3）眉毛倒竖，表示气恼、愤怒等感情。

（4）单眉上挑，有表示询问的意味。

以上所讲是针对自然状态下，对眼睛的运用，另外，我们还可以通过一些化妆造型，在自然基础上适当对眼睛修饰，从而得到更好的效果。影响眼睛传情达意效果的主要因素有睫毛线、眼影和眉型等。

（1）睫毛线。睫毛线整体形状近似一条弧线，强化睫毛线，深色睫毛与眼白形成或强或弱的对比，造成黑白反衬效果，使眼睛清晰度增强，从而使眼神深邃而富有活力；另外，还有根据需要，将睫毛线画成长短、粗细、虚实的变化，或上扬和下挂的不同，使眼睛形成所需要的基本形态，从而更好地塑造主体的形象。

（2）眼影。眼影可以增强眼部的整体感，另外利用眼影的深浅、虚实、颜色等变化，可以在视觉上改变眼睛的原来形态，比如，自然鼓凸的眼睛经过眼影修饰，可以变得平缓而柔和；眼睑肥厚、小而无光的眼睛，经过恰当的眼影修饰，会使其增大而且神采奕奕；眼距较远而呆涩的双眼经眼影处理，会变得明亮而神凝。总之，眼影所带来的眼型变化，对于表现主体的气质非常重要。

（3）眉型。眉型在外部特征上，可以表现人的不同性别、年龄等状况，如男性的基本眉型是前细后粗，女性的基本眉型则是前粗后细，年纪小的人眉型短粗等。不仅如此，眉型还可以表现人的某些内部特征，如不同的性格、心态和追求等。比如：高扬、细长的眉型使人感觉妖媚、尖刻；较平缓的眉型使人感觉平和或柔弱；八字眉型使人感觉忧郁或阴沉；双眉距离过近，使人感觉小气而拘谨。另外，眉毛还可以表现人的身体状态和年龄情况。比如：小孩子的肌体还未开始发育时，眉毛浅淡，呈绒毛感觉；青年人正处于新陈代谢的旺盛时期，其眉毛颜色偏重而形态清晰；中年女性由于生理机能逐渐衰退，眉毛开始变浅脱落；老年女性眉毛稀少，眉型模糊不清，甚至呈无眉状态；而中年男性正处于身体成熟期，眉毛会逐渐加硬而浓重，老年男性由于体格和遗传因素，一部分人会如女性一样出现脱眉，眉色减淡，另一些男性则继续增长，变得更浓重、粗硬，成为“寿眉”。从身体状况的角度看，一般体质较强的人，眉毛较重；体质弱的人，眉色较淡。

总之，眉毛及其造型在揭示表达主体的外在形象以及内在的精神状态上都起着很大的作用，具有较强的表现力。因此，在表达过程中，表达主体应注意修饰眉型，不能过于随意、追潮，应努力表现出一种自然、青春、健康的色调、形态和感觉。

5.嘴唇

据心理学研究，在人的面部，除眼睛外，嘴唇是表情达意最富动感的地方，因此也是吸引听众视线的焦点。不同的嘴部细微变动，能表达较复杂的心理情感，比如平时爱紧紧地抿住嘴唇的人，多半有坚强的意志；说话过程中抿上嘴，是闭嘴不说话的表示，有谈话告一段落的意味；噘起嘴是不满意和准备攻击对方的表示；咬嘴唇多出现于遭到失败时，有时也可解释为自我嘲解和内省的心情；注意倾听对方谈话时，嘴角会稍稍向后拉或向上拉；嘴角向下是不满和固执的表现。的确，嘴唇的略一变化，即可表达出主体不同的内心世界，其含义之丰富常常是语言所不能描述和形容的。

在人的化妆过程中，我们常常有这样的感觉，修饰后的整个面表如果只有嘴唇未经修饰，整个人显得上下失衡，无精打采；而当唇部一经修饰，马上使人面目生辉、光彩照人。可见唇部的色彩是面部整体色彩活力的核心。在日常交际过程中，人们对男女嘴唇有不同的美学要求，一般女性嘴唇宜丰满、润泽、柔和、亮丽;而对男性嘴唇则要求有自然、稳重的色感，线条明朗，能给人硬一些的感觉较好。唇部形态和色感较好的男性，可以充分利用自然唇部的条件，不必画蛇添足进行过多修饰，以保持最佳的自然状态。

总之，表达主体在进入表达过程之前，可以从修饰性化妆的要求出发，利用画唇改变或修正不理想嘴唇的形态及颜色，使嘴唇更生动、更具表现力，增强唇部的视觉魅力，增强交际的吸引力，也从一定程度上增强表达的效果。

6.发型

除了上面所讲的皮肤、眼睛、嘴唇外，头发也是塑造一个人外在仪表的重要因素。良好的发型具有弥补面部形态不足及身体缺陷，展现、烘托气质，提高表达主体个性、品位的重要作用。

下面简要介绍一下发型与不同外形、不同内在气质的人的搭配，读者可根据自己的实际情况进行选择、变化，以求在交际、表达过程中塑造良好自身形象。

（1）发型与头颅形

东方人的头颅形从顶部的俯视图看，一般呈现较方宽形状。这种形态使得面型正面横幅较宽，容易给人留下扁平的印象。被造型者根据自身的头颅条件，可适当调整前后发量，利用发型来增加头部的纵向感，从而使较宽的脸型形成缩小、立体的视错觉。

头颅形态因人而异。对于后枕骨扁平的头颅形应选择丰盈发量的发型。可取后颈分层修剪的短发、大波浪的中长发，以及向后集中梳盘或卷烫的长发，以使平直的后头颅骨处具有丰隆、圆润的感觉。

（2）发型与脸型

发型与脸型的关系是发型造型的重要依据。东方人的脸型从整体大致形态划分，一般可以分为六至七种脸型。不同脸型以其不同的形态会给人留下各不相同的感受和印象。而发型的配合、调整可以使头部造型在整体上达到所需要的相对协调，从而使脸型变得趋于完美。发型与脸型的最佳配合，主要取决于发型大轮廓的基本形态。下面简单介绍几种常见的脸型与发型搭配的基本规律。

1）三角形脸型

三角形的脸型主要是指脸部左右下颌骨较宽大，而上半部略窄所形成的下大上小的形态。采用的基本发型，应以扩大额部宽度，适当收拢下部头发的基本形态为佳。一般头发的分路宜采用由中向外的斜线分法，不宜向后梳分。无论中分或侧分发，都需要把额头两边头发向左右两侧适当展开。特别是沿面两颊侧发可酌情向外蓬出，以协调、减弱下脸角宽大的视觉印象。根据具体脸型情况，也可以适当采用上发掩盖，下发垂挡领角的发型，使脸型下方偏大的趋向得到调整。

2）菱形脸型

菱形脸型是指脸部额头较窄而在颧骨较高、下部颌骨角偏小的一种形态。

适宜采用上下横扩、中部遮掩的基本发型进行调整。一般头发的分路宜采用侧分，前额头发不宜后梳，可适当斜向侧面，额头两侧和两颊侧头发蓬松一些，可在两额处呈环形作遮盖式处理，以消除尖锐的棱角感，使脸型整体效果变得柔和。

3）倒三角形脸型

倒三角形脸型一般是指脸部左右两额角之间的距离较宽，而两颧骨、两下颌骨之间的距离依次明显递减，呈上宽下窄的形态。这类脸型适宜采用的基本发型，应以增加下部发量，使其蓬松、丰满的形态为佳。可以采用全部下垂的前发遮挡过宽的额头，利用前发际线及额角周围的头发斜向梳垂的线条，隐藏额角及平直的额头，这样处理会使脸型看起来显得柔和些。同时，适当蓬松侧发，以增加侧面头发的量感，使偏窄的下部脸型显得较为丰满，从而整体上改变上大下小的不协调状态。

4）大脸型

大脸型一般是指面型较平而过大的一类脸型，其中以方形为多。这类脸型适宜采用遮掩式或包盖式、增加纵向长度的发型。一般头发的分路以中分为宜；如果侧分则不可过偏；可以把头发沿脸部周围自然垂下，盖住双耳至两侧下颌骨，发尾略向内扣，使脸型看起来窄而长些。也可以采用削层式短发，用错落有致的发梢包盖脸周，使脸部感觉缩小。如果采用卷烫发式，注意前额处头发宜作平直处理，两侧及周围可做成波纹状，但不适宜过于蓬松。

5）长形脸型

长形脸型是指面部纵向比例偏长的一类脸型，一般长方形偏多。这类脸型适宜采用的发型，应以掩盖前额或整体较为圆润、蓬松，特别是丰隆侧发的发型为佳。一般头发的分路应偏向一侧并向外斜分，头发不宜高梳。脸部左右侧发可蓬松呈波环状，以增加横向宽度，使脸部变得丰满而柔和。额前发可采取掩盖额头的下垂式处理。也可以根据具体情况，不盖额头而使前发斜向一侧，与侧发构成脸部横拓的圆润效果，从而使过长的脸型得以修正。

6）短形脸型

短形脸型主要是指面型偏短的一类脸型。其中小方形和小圆形脸型较多。这类脸型选择搭配的发型，应以增高顶部头发而两侧头发较为收拢的发型为宜。一般头发的分路适合中分或无分路向高梳。也可以吹耸前发，增加脸部长度，同时可以利用侧发在脸旁遮盖或呈自然垂落状，使面型显得较长而秀美。注意：圆脸型的人，应侧重考虑发梢和顶发上下线条的延伸。而方形脸的人，要侧重考虑利用发梢形态的变化，掩盖或削弱上额角与下颌角方大、过硬的形态。

以上仅以各种脸型中较为常见的几种脸型为例，简要说明发型选择的要点。在现实生活中，人们的脸型形态交错而复杂，因此，在造型中，被造型者具体的发型选择要在基本要点的基础上，根据个人实际情况，结合表达内容及场合、气氛等，因人而异地灵活对待，才能发挥发型的最佳修饰作用。

（3）发型与脖颈

人的颈部长短一般较理想的标准是占头颅长度的 1/3 左右，而颈部宽一般为头颅长度的 1/2。比例上较短和过长，以及过细或粗壮的颈部，都会使人在视觉上产生不和谐的感觉。利用发型来调整和掩饰脖颈的不理想状态，是整体比例调节的一种手段。下面简要介绍基本要点：

1）女性

①长脖颈。一般长脖颈的人发型不适宜剪、梳成过短的发型或留垂直长发，以中长短发，发梢呈内扣或外翻形态为佳，减弱颈部过长直的印象。

②短脖颈。短脖颈的人适宜剪短发或将头发高梳露出脖颈，也可以留短长发，在颈项两侧发梢处作分层修剪处理，用头发动态的线条营造颈部修长的错觉。

③粗脖颈。颈部较粗的人，适宜选择能够起到遮掩作用的发型。如：脖颈处内侧分层修剪的中长发、长短发等发型。利用内扣或内弯的发梢线条，掩饰较粗宽的颈部。尤须注意脖颈周围的侧发不宜蓬松。

④细脖颈。脖颈细长在生活中被称为“得天独厚”的优势，可与任何发型相配，但较适宜采用颈部发量较丰满而蓬松的发型。如：向外翻翘的长短发、波纹式长发等。一般不宜将头发高梳或留过短短发，把脖颈完全暴露在外。

2）男性

男性发型基本形态一般是在短发基础上进行变化。因而耳上侧发与脖颈关系较密切。脖颈较细，可考虑侧发适当贴靠头部而不宜蓬出。脖颈粗者，可适当酌情横拉侧发，略蓬松些，以在视觉上减小对比感，使较粗的脖颈感觉细些。

以上是利用发型与脖颈的协调关系来达到相对平衡的基本方法。在实际造型中要根据具体情况，综合考虑，灵活处理。

（4）发型与身材比例

由于头发的生长位置，使得它与头颅和脸部构成了一个关系紧密的视觉整体。发型的外轮廓在人体比例的整体观察中，被视为头部的象征。因此它的形态变化对身体的比例、平衡有很大影响。在发型的选择上要注意按照人体比例的基本关系综合自身条件把握。下面简单介绍发型与身材的基本协调要点。

1）身材高大型

凡属于个子偏高、体型较魁梧者，一般情况不适宜留过短的短发或留过于膨胀的发型。而采取较为蓬松的长短发、中长发，发梢略微后扬的发型为宜，以防止厚笨，增加轻盈感。

2）身材矮小型

一般个子偏矮的人，在发型的选择上应尽量挑选向后高梳或较短清爽的发型，以增加轻巧、高拔的感觉。不适宜留长发或顶发过厚、侧发蓬松的发型。

3）胖型

体型较胖者，其发型的轮廓线应尽量避免呈现圆形状态，不适宜采用长发，应选择直线条的包盖式短发，以简洁的线条给人留下可爱、干练的印象。此外也可以采用微蓬的卷烫式中发型，适当扩大头部比例，使身体上下比差相对减小，从而形成较和谐的视觉感受。

4）瘦型

体形较瘦的人，其发型不宜过大、蓬松，否则容易给人留下“大头小身”的印象。一般选择包盖式形态为佳，特别是利用沿面头发的遮挡，可以使脸部相对变小，从而与较瘦的形体构成协调的整体。

以上简明地指出了形体与发型配合的基本要点。在形象的整体造型中，因综合因素的影响，它并不是绝对不变的。因此必须在实际造型中根据具体情况，全面、灵活地把握。

（5）发型与气质

头发造型是一门艺术，是发型师根据人对颜色、线条等形态的感受和联想，利用头发的物理、化学变化等手段对其塑造来表情达意的结果。造型使头发具有了人的情感色彩。因此在造型领域里利用其特有的信息传递，能够起到烘托和改变气质的作用。这其中，发型所具有的基本意向能否与所需气质相协调，是发型选择成功与否的关键。

发型千姿百态地变化着，但就其女性发型的长短、基本形态大致可以分为几种：长发型、中发型、短发型、直发型、波状发型、盘发型、辫发型等。不同发型具有各自特有的基本个性。下面简单分类归纳：

①长发型——青春活力的象征。

特点：飘逸、活泼、动感、流畅，适宜年轻女性及相貌年轻的中年女性。

②中发型——成熟魅力的象征。

特点：端庄、大方、稳重、潇洒、优雅，适宜中年女性及年轻女性。

③短发型——清爽、干练的象征。

短发型一般可以分为超短型和短型两种，各具特点：

超短型：时髦、清新、活泼、有个性。

短型：简洁、精干、秀雅、成熟。

通常情况，超短型短发适宜年轻女性及相貌略偏小的中年女性，普通短型适宜老、中、青三个不同年龄阶段的女性。

④直发型——简练、清纯、舒展、自然，具有纯洁、大方、静雅的格调。

⑤波状型——浪漫、活泼、柔和、丰满，具有成熟、洒脱、富于情趣变化的格调。

⑥盘发型——含蓄、雅典、清秀、高贵，具有高雅、成熟、端庄、静艳的格调。

⑦辫发型——单纯、传统、乡土气息，具有淳朴、怀旧、保守的乡俗感。

男性发型随时代变迁，也开始打破以往单一模式而变得丰富多彩。但正式场合容易被人们接受的发型还是在传统具有男性特征的短发基础上变化的发型。其基本发式有：分头、背头、寸头、短头等。下面简要对其表现特征给予提示：

①分头式——分头有侧分和中分的不同式样。

侧分式：文雅、大方、灵气、精干型。

中分式：稳重、修饰型。

②背头式——背头式分长背和短背两种式样。

长背式：成熟、老练。

短背式：轻盈、活力、奔放。

③寸头式——寸头式分板寸、普通寸头、革寸等式样。

板寸式：年轻、刚硬、个性。

普通式：自然、朴实、憨厚。

草寸式：青春、活泼、时髦。

④短头式——朝气、干练、清丽、青春、时尚型。

以上是基本发型的大致特点和个性趋向。在实际运用中，应根据自身气质特征及表达内容的需要，准确、灵活地选择发型，使发型能够充分发挥烘托、强化气质的作用。

（6）发型与年龄

一般年轻人性情开朗、活泼，思维敏捷开放，易于接受新鲜事物，身体、五官、皮肤、头发等整体条件正处于人生的最佳时期。因此，年轻的表达主体可以在适合自身特点和信息传递要求的范围内，挑选具有时代气息的多种发型（但也不可太前卫）。

人到中年，身体、肌肤、头发等功能大都开始出现微衰的不利状况，但阅历的丰富会促进人的稳重与成熟。因此，中年的表达主体在发型的选择上，应根据具体情况去把握适度的亮丽和青春，追求成熟、潇洒、大方、秀丽、高雅、具有品位和美的浪漫气息。适合女士的发型如：波状发、短发、中长发、盘发、发髻等，男士的发型可结合自身情况和个性风格，留分头、背头等。总之，应避免沉闷和过于活泼的发型。

步入老年，人的身体机能开始明显衰退，呈现出脂肪、肌肉、骨骼萎缩，皮肤松弛、下垂，脸部轮廓改变，头发明显有变白、脱落等特征。生理条件的不利变化，无疑给自然形象美的展现带来更多局限。此时发型塑造应避其短而扬其长，利用老年人丰富的人生阅历、经验、知识所融汇出的独特气质，去展现他们所具有的成熟、平和、从容、欢乐的个性。一般老年表达者应选择简洁、大方的短发发型，女性还可以选择中型发、波状短发等。干练的短发，不仅能传递出适宜的个性，还能使老年人下垂、萎缩的面容显得丰润，洋溢出生命的活力。

第三节　表达者的手势

简而言之，交际的过程其实就是一个出面、出口、出手的过程。“面”即为面表、容貌、仪表；“口”即口语表达，言辞、话语；“手”就是我们这节将要探讨的内容——手势。有位叫瓦帕江的演员曾说过这样的话：“手势语本身就像文字一样地富有表现力，特别是在言词少于思想、三两句话中蕴藏着丰富哲理的时候，尤其是这样。手势语不仅能强调或解释台词的含义，而且能生动地表达台词里所没有的东西……”这位演员从表演的角度，深有体会地看到了手势的巨大作用。其实，在任何一种表达过程中，手势的作用都是不能忽视的。美国心理学家詹姆斯认为，在身体的各部分中，手的表达能力仅次于脸，就连讲话中的冲动，也往往可以从手的动作、位置、紧张程度等方面表现出来。

手势，概括地说，大致包括手指、手掌、手臂等几个部分的运作变化。按照手势所表达的基本含义，可以把手势大致分为以下几种类型：

一种是情意手势。这是在表达过程中最常用的一种手势，主要用来传达表达者的内心情感，使其形象化、具体化。比如高兴时，手舞足蹈；愤怒时，双拳紧握；赞美时，拇指伸出；胜利时，双臂上伸，等等。这些手势的运用，加上面部表情的变化，即使没有言词，也能恰当地表现主体的情感。

一种是象征手势。这种手势一般是辅助语言表达一种抽象的内容，比如说到时间，多少年以前，可以边用手略微向身后一指，给人一种形象的回顾的感觉；说到未来，可以手掌向上，往前上方伸出，引起受众心理上的联想。这种手势本身表达较抽象的内容，但如果运用恰当，同样可以收到较好的效果。

一种是指示手势。这种手势一般用来指示具体可感的事物，而且这种事物是说、听双方视力可及的，使用这种手势可以强化所表达的内容，增加表达者自身形象的美感，比如说到你、我、他、我们大家等这些内容时，表达者可边说，边用手指给以指示、强调。这种手势，只能指示听、说双方都能看得到的事物；视觉不及，不宜使用。

一种是象形手势。所谓象形，就是用手势描摹事物的形状，给听众一种形象的感觉。比如，当说到“弹丸之地”时，表达者可以用拇指和食指组成一个圆圈形，以增加受众对所表达内容的感性认识，从而更好地理解主体所传播的思想。

手势的变化多种多样，所表达的信息也丰富多彩，但大致不出以上四种类型。

除了这四种手势类型外，关于手势，还可以根据其活动范围分为上区手势、中区手势和下区手势三种。

上区是指肩部以上，手势在这个范围活动，大多表示积极、肯定、赞扬、喜悦的内容和情感。

中区指肩部以下、腹部以上的区域，在这一活动范围的手势多用来表达平淡的内容和情感，内容没有太大起伏，情感也不浓烈，多是叙述事物和说明事理。

下区则指腰部以下的活动范围。手势在这一区域运用较少，如果用，也往往用来表达反对、鄙视、批判、鞭挞等内容和情感。

区域的划分和其所表达的情感内容一般是这样，但也不能局限于此，表达主体可在实际的表达过程中灵活掌握，巧妙使用。总之，只要能给交际对象留下美好印象，有利于表达效果的实现即可。

关于手势在具体表达、交际过程中的运用，情况非常复杂，这里简单介绍几种常见情况，以供学习者参考运用。

（一）握手

握手是最常用的体态语，它不仅表示问候，也表示一种保证、信赖。

标准的握手方式，又称“平等式”，是意义比较单纯的、礼节性的、表示友好合作的一种握手方式。握手时用手指稍稍用力握住对方的手掌，对方也应该用手指稍稍用力回握对方，用力握的时间约 1 ～ 3 秒。

在握手时，用力回握，表示此人具有好动、热情的性格，凡事比较主动。反之不用力握手的人，或者个性懦弱、缺乏气魄，或者傲慢矜持、摆架子。

在社交场合，主动跟陌生人轻松自在地握手，表明此人具有旺盛的自我表现欲。

先凝视对方再握手，是想将对方置于心理上的劣势地位。握手时手背向上，是谓“控制式”，表示想取得主动、优势或支配地位。

握手时手背向下，是谓“乞讨式”，是性格软弱，处于被动、劣势或受人支配地位的表现。

用两只手握住对方的一只手并上下摇动，是谓“手套式”。手套式握手往往表示热情欢迎、感激、有求于人、肯定契约关系等意义。

（二）手的小动作

在交谈中或在开会等场合，用手指或铅笔敲打桌面，或在纸上乱涂乱画，都是利用小幅度的手指动作来表示对对方的话题不感兴趣、不同意或不耐烦的意思。有时候，有的人还手脚并用，手指在上面做各种小动作（包括敲桌子、乱涂鸦或不停地摆弄身边的物品），下面抖腿或用脚尖拍打地面，除了表示上面的意思外，这些小动作还表示情绪上的烦躁不安，想阻挠对方把话题继续下去。如果想听取对方的意见或谈话的内容，就不能做出上面的动作，否则会带来反效果。

（三）“尖塔行为”和“倒尖塔行为”

两手指尖并拢或交叉置于颌下的动作是向对方传达自己充满自信的信号，被称作“尖塔行为”。这个动作多见于西方人，有表示权力与高傲的意味，在谈话中用这样的手势是自信、独断的表示。也有人把“尖塔”倒过来向下，手的位置移向腰部以下，这叫作“倒尖塔行为”，这时就有了完全不同的意思。这个动作往往产生于心情比较平静、愿意虚心听取别人的意见或谈话内容的时候。

（四）开放和封闭的手势

当你想有效地向对方传达自己的信息，或使对方在较短的时间内对自己产生信任感，务必在谈话时使对方多看见你的手心，而不是手背。因为手心意味着坦率和开放，手背意味着控制和封闭。与人谈话时，将手插入口袋，也有为了隐藏手的语言，不让对方看出自己内心活动的意味，同样是一种封闭手势，是不信任对方的表现。

（五）谦逊、矜持、略带不安的手势

手与手连接放在胸腹部位置，是歌唱家、获奖者、等待被人介绍者常有的姿势，显得谦逊、矜持，略带不安。如果两手交握得比较松弛，还算自然，如果两手握得紧紧的，则会显得非常紧张。

（六）双臂交叉

双臂交叉是一种最常见、最引人注目的双臂动作。

两臂交叉的第一个意义，是借此在自己的身体面前筑起“围墙”，不让他人侵入自己的势力圈。如果在谈判桌上，双方面对面两臂交叉地坐着，是表示彼此互不让步的意思。

交叉着双臂听人谈话，上身略为向前倾斜，这是下意识地流露出正以批判的态度听对方说话的意思。

话至中途，一方交叉起双臂，同时带有点头、附和的笑容，这个动作反而表示对话题深感兴趣，正在注意地倾听。

两臂交叉所表述的意义，与上身倾斜的角度有密切的关系。正面的两臂交叉，不论本人意识到与否，都会给对方留下“表示拒绝”的印象。上身向前倾斜的两臂交叉具有一定的合作性；上身向后倾斜的两臂交叉则完全是傲慢、不合作的表现。侧身向前倾斜的两臂交叉意义较灵活，可攻可守，可进可退，是一种很有效果的动作语言。

（七）手插腰间

手插腰间表示胸有成竹，对自己面临的事物已作好精神上的准备，或采取行动上的准备。

手插腰间，两只拇指露在外面，除包含前述意义外，更流露出某种优越感或支配欲。

手势的运用多种多样，千变万化，绝不止以上我们所述的几种，也不是手势就应该如此这般的模式，而关键看表达者的临场运用。但不管怎样运用，必须有助于表达者的表情达意，有助于加深听众对表达内容的理解。

为了达到上述目的，在运用手势时还应做到如下几点：

第一，适合。所谓适合，在这里有两种意思：一是内容与形式要适合，也就是表达的意思要与手势所表示的意义适合，这是质的适合。如果说的和做的手势意义不适合，就会使听众坠入五里云雾。比方说，“我们一定要前进！”这本应用冲击式手势，可你却把手掌横扫，或者向下按，或者向后摆，这三种手势不符合表达的意义，听众就难以理解，不但无助于表情达意，反而使听众愈发糊涂。二是手势的多少要适合，这是量的适合。即在表达中，手势既不要过多，也不要过少。过多了，一两句话就做个手势，不仅没实际意义，而且也喧宾夺主，分散听众的注意力。手势过少了，需要着重表达的意义不用手势加重，给予辅助，往往失掉了表达的感染力，不能使听众加深理解。总之，该用手势的地方就用，不太需用或根本不需用的地方就不用。应当让富有哲理和深情的语言与必要的手势有机地结合在一起，力求用最精当的手势，获得最鲜明的表现力。

第二，简练。每做一个手势，都力求简单、精练、清楚、明了，要做得干净利索，优美诱人，切不可琐碎、拖泥带水。但也有的个别表达者，往往出于哗众取宠的心理，经常做一些奇怪的手势，甚至加一些“花样”，反倒使听众茫然不解。因为这种个人杜撰出来的手势，除了自己明白外，对他人毫无意义。

第三，自然。做手势贵在自然，自然才是感情的真实流露，自然才能真实地表情达意，才能给人以美感。有些表达者在表达过程中，手势僵硬、呆板，甚至做作。其结果不但没起到积极的作用，反而使听众感到不舒服，甚至反感。所以，表达者的手势要做得舒展、大方，不动则已，动就令听众悦目赏心。在此基础上，努力使自己的手势富于变化。同时，不过于张狂，失去控制，以免给听众一种做作和粗野之感。如果注意了这些，就会增强手势的自然美。

第四，协调。表达者的手势从来不是单独进行的。它的一举一式，总是和声音、姿态、表情等密切配合进行的。只有将一切表演手段都调动起来，共同为总目标服务，才能产生巨大的感染力。在各种表演手段的配合中，协调就显得极其重要了。只有协调的动作才是美的动作，离开了协调就谈不上美。比如，表达者边走动边做手势就不大协调。只有做完手势再走动，才能使听众感到自然、协调。又如，手势的起落应该和话音的出没是同时的，不可互为先后。如果话说出去了，手势还没有做；或者话已经讲完了，手势还在继续，不仅失去了原有的意义，而且会使听众感到滑稽可笑。手势固然重要，但只有和其他表演手段配合好、协调好，才能收到预期的最佳效果。

人们常说，文无定法。手势的使用也一样，从来就没有固定的模式。要想在表达中准确、恰当、自然地运用好手势，需要表达者从具体的、表达思想情感的需要出发，因人、因时、因事制宜，思考和摸索各种各样适合自己的手势方法，虚心地向有经验的口才艺术家学习、借鉴，并融会贯通，付诸实践，就一定会恰如其分地掌握手势的运用，让手势在你的表达中发挥出更大的作用。

第四节　表达者的姿态

所谓姿态，是指人们在表达过程中所表现出来的站立、行走、坐卧、举止等身体的姿势状态。培养正确优美的姿态，不仅是健康所需，也蕴含着做人之道，体现出一个人的礼貌修养和精神境界。

对于身体姿态来说，一定的控制首先意味着身体某些部位合理的紧张和某些部位合理的松弛，以及它们之间的一种协调关系；其次意味着肢体状态合理的、富于美感的位置和角度。下面以几个基本的身体姿态为例加以分析：

一、站姿

站是人体最基本的体态，正确站立的基本姿态是：脚腕关节和膝关节感觉往上拉开，头正直、向上顶，下颌收回、两肩自然下沉，挺胸、收腹、立腰，两臂自然下垂，目视前方。

具体来说，头要端正，下颌与地面保持水平，不要前仰或下压。颈部与地面保持垂直，并有从颈部后面往上拔起顶天的感觉，这种感觉有人称作“悬顶感”，好像头皮被一根绳索悬吊着似的。也可以在头上顶一本书，挺直脖颈使书本稳定不掉落，借以体会悬顶感。

躯干直立，脊柱也有向上拔起的感觉（这是悬顶感向下延伸的结果），胸部自然适度地向前上方挺起，腹肌、腰背肌肉均适当收缩使躯干直立，收腹的同时体会后背舒展，即“阔背”的感觉。

两肩下沉，在下垂的同时往两旁展开，此时，后背是平的，既不向前扣肩，也不向后挟肩。两臂自然下垂。

两胯也要提起来，臀部肌肉收缩上引，往里收的同时往上拔。

两腿并拢自然伸直，两脚脚跟靠拢，脚尖分开成 60 ～ 70 度夹角，两膝并拢伸直，并与脚尖相对。此时脚腕关节和膝关节感觉往上提升，整个腿部肌肉向上收紧，膝关节并不突出，基本是平的。

两脚平展踩地，大拇趾、小拇趾、脚后跟三点同时往下用力踩住。

这样，身体有了一种收紧、向上的整体挺拔感，并且在一种矛盾、对抗的状态中稳健直立，即肢体力量一部分往上，一部分往下，一部分紧张，一部分松弛。具体来说，应注意协调全身肌肉工作中的三组对抗力量：

（1）脊柱上伸、头顶上悬的力量（向上）和两肩下沉、双臂下垂（向下）力量的适度对抗。

（2）适度的收腹（向后）和腰、背肌肉收缩（向前）的对抗，形成对躯干的夹力。

（3）适度收臀提髋，膝关节、踝关节往上拉开（向上）和两脚掌有力地压地（向下）的对抗力量。

任何一组对抗力量的大小，均以能保持身体直立的最佳状态为准，切忌肌肉过度用力、造成站立的呆板、僵硬或出现某个部位的歪斜。

正确立姿还须配合正确的呼吸方式。胸式呼吸会造成气短、端肩的紧张，腹式呼吸不能建立腹部与腰背肌肉互相抗拮的关系，不利于肌肉控制，且下腹会随呼吸凸出，因此，胸、腹联合式呼吸才是正确的方式。

以上我们介绍的是正确站立的基本姿势，即立正的姿势。我们不妨借鉴以下方法来进一步分析站立的姿势：设想在两耳之间连一根线，此为头轴；在两肩之间连一横线，此为肩轴；在两髋之间连一横线，此为髋轴。头轴、肩轴、髋轴统称“三轴”，脊椎垂直轴称为“主轴”，三轴和主轴相交成为一个整体。

军人在拔军姿立正时，三轴完全平行，姿态是最端庄挺拔不过的了。不过如果在生活中也保持三轴平行，这会让人觉得很僵、很板。为什么呢？因为三轴平行时会因身体两侧肌肉群处于同等用力的状态过于均衡对称而缺乏生动灵活的变化。在生理上会使肌肉没有轮换休息的余地，身体的灵活性大大下降，在造型上也会造成呆板、僵硬、没有活力的感觉。因此，只会使用单一的基本站立姿势还难以成就优美的立姿，只有在基本立姿基础上有所变化才算真正掌握了正确站立的真谛。这种变化原则是，在保持身体状态整体挺拔向上的情况下，有控制地打破完全对称的形体格局，打破三轴完全平行的状态使站立姿态既稳定集中，又不失变化，静中有动、生动灵活。

我国传统的戏曲艺术中，就很讲究形体的身韵变化，有所谓“子午相”的要求，即人物亮相时，要求头、胸、腹不完全在一个平面上，往往是头朝舞台的旁侧，身体朝舞台的正面。另外，还有藏三露七（或藏二露八）的说法，即头朝前面，胸肩微侧，这都是为了打破三轴平行、平板一块似的呆板立姿。

在照相馆里，摄影师总是把你的头搬过来，肩扭过去，来回摆弄，其目的也是不自觉地为你调整三轴的角度。在生活中，一些形体感觉比较好，所谓较有风度的人往往不自觉地调整着身体的角度。而年迈体弱、老态龙钟的人，或行为比较木讷、精神比较紧张的人常由于机体活力下降，调节能力有限而形成头、肩、髋成一平面三轴平行的样子，正常人在突然震惊的刹那间或特别紧张的时刻也会如此——惊呆了或吓傻了。电影艺术大师卓别林创造的一系列形象，突出了人物形体完全对称的特点，使人物动作显得呆而僵，造成了一种滑稽的喜剧效果。

现实生活中，人们灵活调整立姿的余地很大。站立时身体稍侧或头稍侧，手臂位置不完全对称、双脚位置作一些变化或双脚重心变成一虚一实都是可以的。

美国前总统克林顿的形象顾问给他设计的经典的站姿是：重心落在左脚上，右脚脚跟抬起，脚尖置于左脚左侧，单手或双手扶讲台。这种姿势在室外非正式演讲中非常适宜，身体富于变化，显得随和，洒脱，富有亲和力。

立姿的调整形式是多种多样的，但在调整变化中也要有一定原则：

（1）无论如何调整，身体始终要保持整体向上的挺拔感，特别要保持腰部直立拔起的感觉，否则身体就会松懈。

（2）无论如何调整，身体始终要保持肌肉有对抗力量，也就是有控制的感觉。如果身体重心落在左脚上，不能整个身体重量都“坐”在左边，在左腿有往上顶的力量的同时，右腿也应有随时成为主力腿的准备；如果手臂向上扬起或向外伸出，也不能只有向上、向外的力量，同时还应有向下、向内拉回的力量感，这就是有抗拮、有控制。

（3）双肩可一前一后有所变化，但不能一高一低（手臂有动作除外），两肩应尽可能保持与地面的水平。

（4）所有的调整都应自然协调，不要做作地玩“帅”“摆造型”。

站立是人体最基本的体态，良好的站立姿态是培养好姿态、好习惯的基础，端庄优美的坐姿和步态中都有正确立姿的影子和痕迹。

二、坐姿

坐姿与站姿的最大不同在于双腿没有了体重的负担，身体重心落在臀部，而臀部又有椅子之类的令人舒适的外界支撑物依靠，因此与立姿相比，坐姿是一种较轻松的体态，也正因为如此，此时身体很容易全面松弛，但在主流社会的社交场合，良好的坐姿依然意味着适度的控制，所以“瘫坐”的松懈和四肢摆放得过分随意仍是不可取的。

先来看看起座和落座，起座和落座即是所谓的“举止”，以轻、稳、准为宜。动作应轻巧、从容、有控制，不能猛起猛坐，慌不择座或过于拘谨。起座、落座时的表现常常清楚地呈现出一个人的行为养成和特定情况下的情绪情感，给人留下先入为主的第一印象，值得高度重视。

落座后，端庄优美的坐姿的上半身其实与立姿的要求是基本一致的，也需要头颈上提的悬顶感和挺胸、收腹、立腰的身体中部控制，但控制力度要小一些。千万不能让腰背鼓大包、下巴紧贴胸部地缩在椅子上，或只用尾骨为支点，而让腰部悬空。如果在椅子或沙发里坐得比较深，可以用背去靠沙发，但腰部却不应向前弯，在坐姿中保持腰部的控制是防止身体松懈的关键。

三、步态

步态即行走姿态。正确的步态是在正确站立姿态基础上形成的。在行进中除了要保持立姿的挺拔、端正外，还要注意步履轻捷和移动正直平稳。要使两腿在一条直线的左右侧并排交替前移，膝关节正对前方，不能紧张僵直。两臂自然下垂，以肩为轴前后协调摆动，肩部下沉，挺胸抬头，两眼平视前方。

北京电影学院的形体老师侯寄南教授把行走时身体的用力原则概括为两条：一是“大关节带动小关节”；二是“小关节最后用力”。行走时躯干首先发力，上体微前倾带动四肢关节依次产生动作，步幅越大，上体前倾动作越明显。在上体前倾过程中，身体重心控制支撑主力腿，然后动力腿（即运动用力的腿）先提髋，再提膝，随着小腿自然前伸，脚跟先着地，最后用力的是脚趾。

行走不仅仅是腿部用力、双臂协调摆动的局部运动，而是全身积极、协调动作的结果。

行走中摆臂应以肩关节为轴，大臂带小臂，自然地前后摆动，前摆时勿甩前臂，后摆时勿甩手腕。小臂于体前自然弯曲，手应不超腹中线，否则，会有手和手臂在腹前左右扭摆的不良观感。

行进间的步幅可根据各人身高体重的不同，适度调整。如果步幅过大，会使身体不稳定而产生左右晃动；如果步幅过小，则会出现扭摆的现象。一般来说，个子越高、体形越壮的人，步幅也相对加大，男性步幅不宜过小，女性步幅不宜过大。

四、蹲姿

在站立的基础上屈腿，把腰部放低，就形成了蹲姿。文化水平较高的人在日常生活中很少采取蹲姿，因为蹲姿位置低，在意义上比较消极。但也有一些场合需要你把位置放低并有一个稳定的姿势，这时用蹲姿是合适的。比如：和比你矮得多的小孩子交流时，拍集体照时，采访正在地里弯腰劳作的农民时，等等。

蹲姿的控制要领主要在腿和腰上。

蹲姿需屈腿，腿后重心最好不要平均地放在两只脚上，而是让两只脚一前一后，分开约一脚掌的距离，前脚全掌着地，后脚前掌着地，脚跟抬起，重心落在后脚掌上。同时腰部要有控制地向上用力，而不要不控制地塌腰。随着腰部向上的力量，胸和头也会自然抬起。

这样，虽然身体整体位置放低了，但仍然保持着脚往下蹬地和腰往上用力的对抗力量，整体状态仍不失积极。

如果腰松了，整个身体的重量都落在脚上，全身便只有往下的力量了。如果脚跟不抬起，重心会落在脚跟上，全身也会往后、往下“坐”。蹲本来是一种较消极的姿势，让人想起疲惫的老年人或病人，如果既要采取蹲姿又不希望给人以消极松懈的感觉，就特别需要强调正确的控制。

一个人的体态由站、坐、行、蹲等多种姿态有机组合而成。要养成好的体态习惯，首先要有明确、健康的体态审美观念，并在身体发展和针对性的训练中进行全面培养，只有把正确的观念、必要的行为指导和自觉的控制结合起来，才能产生实际的效果。

五、身体姿态中常见问题

在表达过程中，有的表达者不注重身体姿态的纠正，时间长了，形成一些自己意识不到的毛病和问题，不但不利于身体健康，也在一定程度上损害了自身的形象。

就整体而言，体态问题主要集中在三个方面：

（1）过度松懈。站无站相，坐无坐相，整体松垮，缺乏控制。

（2）过度僵板。引起过度僵板的直接原因是精神紧张，心理紧张会导致身体肌肉紧张，使整个身体变得直挺挺、硬邦邦的难于控制。

（3）协调性差。体态控制不协调，表现在静态时，不能做到一部分肌肉合理地紧张，一部分肌肉合理地放松；动态时不能做到关节运动程序合理，重心调节控制合理。比如站姿，挺胸抬头的同时（头颈肌肉力量纵向往上），应沉肩阔背（肩背肌肉力量横向往下），但协调性不好的人往往既挺胸又端肩膀，甚至连肚子都挺起来了。又如行走时重心在两腿间调节变换时应轻捷、有控制，左腿前伸，身体重心落在左脚的同时右腿不能完全松懈毫不承重。而身体协调性不好的人往往在行进时，要么全身重量都落在左脚上，要么全身重量都落在右脚上，造成身体发横，一左一右摇晃着前行的样子。

下面我们就不同体态中存在的具体问题进行分析：

1. 站立中的问题

（1）上身松懈，扣肩引背，颈部前伸而胸部不能自然地向前上方挺起，身体松散下坠。

原因：缺乏脊柱至头顶上伸、拉开的悬顶感。

（2）侧歪，肩膀一高一低，身体倾斜，头部不正直。

原因：脊柱不与地面垂直。

（3）端肩缩脖。

原因：没掌握好脊柱至头顶的悬顶感和沉肩阔背的关系，肩部紧张上提。

（4）凸肚。

原因：没掌握好腰背肌肉收缩向前和腹部肌肉收缩向后的对抗力量，腹肌松。

（5）两腿打弯。

原因：没有适度收臀、提髋、立膝。

（6）松腰、坐髋，既不美又站不稳。

原因：重心落在脚跟上，而不是两脚平展踩地，三点（拇趾、小趾、脚跟）同时着力。

（7）穿高跟鞋时身体紧张、前倾，严重时还伴有代偿性的屈膝动作。

原因：重心落在了脚前掌。穿高跟鞋时脚跟着力不多，宜将身体重心垂直落在脚尖和前脚掌上，两脚平均支撑身体重量。

（8）调整三轴打破完全对称的站姿时容易出现的问题有两个：

一是调整动作太大，显得做作、不自然，仿佛不分场合地处处“玩帅”“摆造型”。应切记三轴的调整以无痕而有效为佳，一定要自然而然，在这方面前人给我们留下了好的榜样。

李小玢是20世纪80年代活跃在我国舞台和屏幕上的女司仪，主持过许多大型文艺晚会。当时“主持人”这种称谓还很不普遍，她工作的方式也远不及现在的文艺主持人那么活泼多变。在舞台上，她形体动作的自由度很小，除了上台下台的几步走，就只有直立的姿势了，既没有什么手势，也没有对手与她进行交流。再加上她总是穿传统民族服装——及地长旗袍，旗袍合体、对称的式样也不允许她有更大的形体动作。但即使是这样，她还是想尽办法在十分局限的情况下，打破了完全对称的形体格局。

李小玢通常左手自然下垂，右手持话筒横置于腰前，微微地成丁字步站立，使身体自然略侧，头正身直，平视前方。她妆容明净，额前没有流海，却在左侧胸前垂下一条粗直黑亮的发辫，或将长发在脑后挽成发髻而在发髻左侧插上一朵大花。在静态站姿中，她通过简单而巧妙的手臂位置变化、身体姿态的微调和发型变化，非常自然地打破了形体左右完全对称、整体只有垂直线条的单调局面，姿态端美、娴雅，令人难忘。

调整三轴时容易出的第二个问题是调整后不加控制。标准站立姿势是重心平均地落在双脚上，调整后可以变成双脚重心一虚一实，但不能完全“坐”在一侧，造成一侧顶胯，身体不直的情况。

站立是人最基本的体态，也是最值得重视的体态。影响站立姿态最关键的地方是脊柱状态是否正确。从身体的正面或背面看，脊柱应该是垂直的，从身体侧面看，脊柱微呈“S”形。

我们可以分别用镜前检查法和墙前检查法进行自查。

镜前检查法可检查脊柱的正面是否正直。

具体方法是：赤脚，穿着能凸显身体曲线的紧身衣服，立正于镜前。此时，可注意观察头颈位置是否端正、自然下垂的双臂与躯干之间两侧的空隙是否对称，如果脊柱出现侧弯，手间隙（如手臂与腰间的间隙）会一侧大、一侧小。脊柱侧歪还会造成一肩高一肩低，或身体左（右）倾斜。

墙前检查法可检查脊柱弯曲正确与否及身体是否直立。

选择一面垂直的墙面，背朝墙站，双脚跟顶住墙脚，将后脑勺、肩背部、臀部和小腿部轻贴于墙面。这时，身体是不可能前倾驼背的。我们要检查的是在身体直立时脊柱弯曲是否适当。

将左手掌手心向墙，横插入后腰空隙；将右手掌手背向墙，横插入颈后空隙；如果两手刚好通过，表示脊柱弯曲适当，如果颈后空隙过大，可能是过于向后弓背、前伸脖子、仰头；如果腰后空隙过大，可能是塌腰挺腹造成的。发现问题，及时调整，找到正确形体感觉后，再移前一步，离开墙面保持姿势。

2. 坐姿中的问题

（1）瘫坐：腰向前弯，脖子向前伸，四肢无控制地摊开。这种坐姿显得人因极为疲劳而对自己的形象毫不在乎。

原因：缺乏身体控制，特别是腰部控制。如果想在椅子或沙发里坐得比较舒服、比较深，可以用背去靠椅背或沙发背，但腰不应前弯，腰挺起来之后自然会收敛手、脚。

（2）过于对称的坐姿，多见于拘束、紧张的时候。坐的时候挺直腰和脖子，端正地浅坐着，双手放在两膝上，或双手相叠搭在小腹，像肚子痛似的紧紧捂着。这样的姿势显得紧张而充满戒备，不利于平等地沟通。

原因：因拘束紧张而导致坐姿中的三轴平行，即头轴、肩轴、腰轴平行。应自然地松弛身心调开三轴。如女性可以上体微向侧转，两臂自然放松，扶于腿处，两腿弯曲并拢，双膝稍移向一边，靠外侧的脚略放在前面，也可两脚一前一后地着地。双手可手心相向随意地合放在一起置于腿上，这样的姿势显得既有控制，又不过分拘谨、封闭，同时也比较优美。

（3）过于前倾或过于后仰的坐姿。交谈时身体微微前倾，是积极倾听的表示，但若身体过于前倾，就有急于打断对方或与之争辩的倾向。若身体过于后仰，则有躲避谈话或过于傲慢的倾向，这些都不利于平等交流。

原因：未控制好与谈话空间区域的关系。

3. 行走中的问题

（1）弯腰驼背，脖颈前伸地向前走，显得既不挺拔，又不协调。

原因：基本的站立姿态不好，正确的步态是在正确站立的基础上形成的，即要保持腰、胸、头颈的悬顶感，保持挺拔、端正的基本姿态。

（2）内八字脚，步态显得琐碎、小气；外八字脚，步态显得松懈、痞气，全脚掌着地走路的情况。

原因：膝关节、踝关节位置不对。走路时应注意适当收胯，双足移动正直、平稳。膝、踝关节正对前方，使两腿紧靠一条直线的左右两侧并排交替前移。同时膝关节不能紧张僵直，否则容易造成踝、足动作不协调，全脚掌着地的情况。

（3）挺胸凸肚，身体后仰地走路，显得步态笨拙。

原因：没掌握好“大关节带动小关节”的原则。行走时应躯干首先发力，上体微前倾而带动四肢关节依次产生动作。另外，腹肌无控制。

（4）行走时身体上下蹿动，跳跃不稳。

原因：行走中后脚蹬地推送时，不应向上蹬送，而应向前推送。

（5）全脚掌着地或脚尖先着地。

原因：没掌握好脚跟—脚掌—脚趾着地的过程。

（6）行走摆臂时显得拘谨小气，或显得故作有力。

原因：内心拘谨，不敢甩臂。行走时应两臂自然下垂，以肩为轴前后协调摆动，两臂既不宜紧紧地夹着身体，也不宜横向夸张其运动幅度。另外，前摆时勿甩前臂，后摆时勿甩手腕，要有所控制。

（7）手和手臂在小腹前左右摆动。

原因：小臂摆动位置不当。小臂应于体前自然弯曲，手应不超过腹中线。

（8）行走时身体左右摇晃，重心不稳。

原因：左脚着地时，重心完全放在左边，右脚着地时，重心又完全放在右边。行走时重心的确是左右来回移动的，但重心置于某一侧时，另一侧不能完全松懈，宜有所控制。

（9）行走中扭摆、扣膝、晃身、松懈。

原因：可检查两肩关节、两髋关节、两膝关节、两踝关节这八点是否“八点朝前成一面”，若不是，则可造成上述问题。

（10）屈膝行走，动作沉而滞。

原因：腿部无控制，膝关节无收紧、上拔的感觉。

（11）脚擦地行走，步履疲沓、无神。

原因：走路不抬脚，步子沉重、拖沓无弹性。

4.蹲姿中的问题

（1）重心平均放在两脚上，全脚掌着地。

原因：腰松，重心不合理。取蹲姿时重心宜落在单腿上。

（2）弯腰蹲，显得特别疲惫。

原因：腰部无控制，整个身体的重量都落在脚上，全身只有往下的力量了，显得消极松懈。应注意立腰、提臀感，身体不宜过于前倾。

第五章 努力提高心理素质

这里所谈的心理素质，主要指表达主体在实现顺畅地交流、表达过程中应该具备的心理素质。我们知道，表达、交流的过程，既是一种信息交流的过程，更是一种心理沟通的过程，在这种过程中，表达主体心理素质的高低、情绪的好坏、自信心的强弱、对一些突发情况应变的快慢等，都是影响沟通过程能否顺利进行的重要因素，在许多情况下甚至成为主要因素。因此，追求拥有口才艺术的人，必须要努力提高自己的心理素质，通过自觉的训练和锻炼，克服先天的不足，培养心理上的优势，为实现良好的表达效果做好心理上的准备。

第一节 什么是心理素质

心理素质是一个人整体素质的重要组成部分。在一个人的整体素质构成中，包括身体素质、道德素质、文化素质、能力素质和心理素质等。心理素质在以前并未引起人们重视，随着社会的发展，随着我们进入一个交流越来越频繁的社会，人们对心理素质的探讨、研究越来越重视，在大学，乃至在中小学，心理咨询中心如雨后春笋般纷纷出现，医院等医疗机构也大多建立了心理治疗科室，社会上各种各样的心理热线更是层出不穷……

那么到底什么是心理素质呢？在正确了解其基本内涵之前，有必要对有关的概念作出界定和解释。

一、素质

素质又称天资、天赋、禀赋、天分、资质等，是指人的感觉器官和神经系统方面的先天的生理特征，是有机体以遗传信息为基础的解剖性生理—心理特点，主要指人的神经系统、感觉器官、运动器官所具有的特性，其中尤以脑的特性最为重要。它为人的能力及其他心理特性的发展提供了自然前提和可能性。

二、心理

心理是人脑的机能，是由感知、记忆、思维、意志、情绪、个性心理特征等组成的整体，属于与客观现实相对立的精神生活领域。人的心理是客观现实在人脑中的主观印象，脑是心理活动的主要器官，是产生心理的主要物质基础。心理产生于反射的中间环节，由外界事物所引起，又对反射终端的活动具有调节作用。客观现实是心理的源泉和内容，无论简单或复杂的心理现象，都依存于客观现实，并通过个人所具有的心理状态的折射而变成人的内在精神世界。

三、心理素质

心理素质指在社会环境和社会实践中形成和发展起来的，通过主体行为所表现出来的稳定的、本质的个性心理特征，其中包括情绪、性格、意志、信心、兴趣、信念等。心理素质的形成有着先天遗传的因素，人与人之间在心理素质上存在先天的差异，但决定人的心理素质的主导因素是客观的环境和后天的实践，主体通过自觉的训练和锻炼，完全可以弥补先天的不足，使自身的心理素质得到不断的改善和提高，成为一个具有较高心理素质的人。

任何一种交往、沟通都离不开对心理素质的运用。在我国古代的国家交往、军事战争中，大多数军事家均主张：善战者以攻心为上。强调：两军相交，心战为上，兵战为下；善用兵者，先服其心，次屈其力，则兵易解而功易成。口语表达过程、语言的交际过程其实也如同两军对垒一样，一方要把自己的思想、信息、情感等传播给另一方，让对方接受，而另一方则尽可能先坚持自己的观点、信念、情感。经过双方或温和或激烈的思想交锋和言语争胜，最后达到共同认可、接受的结果（当然这种接受有被动的，也有自愿的）。古今中外的口才艺术家，无不重视对“攻心战”的运用，我们在第三章《全面了解受众对象》中，已经涉及了许多如何了解交际对象心理的内容。本章则单从如何提高表达主体的心理素质的角度展开论述。

第二节　口才艺术者应具备的心理素质

从理论上讲，一个拥有口才艺术的人，一个能在各种场合应付自如、纵横捭阖的人就应该是一个各种心理素质都具备的人。这里，我们不再就心理素质的各个要素一一展开论述，单就几项和人际交往与表达交流关系较大、比较重要的内容作一阐释。

一、情绪（情感）

情绪和情感都是人们对客观事物所持态度的体验，它们统称为“感情”。两者有联系也有区别。情绪一般由具体的原因引起，具有情境性、外在性、短暂性，强度较大；情感则是积淀于人脑的习惯性体验，具有稳定性、深刻性、含蓄性，比较深沉。情绪是情感的外在表现，它可以用不同的方式表现同一种情感；情感是情绪的内在依据，不同的情绪都可以找到情感方面的原因。

例如，一个工作责任感很强的人，会经常为工作上的事情兴奋、苦恼、烦躁，甚至有的时候会发怒。他的情绪是很容易被别人感知的，所以情绪是外在的；他的情绪是经常在变化的，所以是短暂的；他的情绪是随着工作上的顺利与否变化的，所以是有情境性的。而他的工作责任感，是在为工作而产生的各种情绪中反映出来的，是稳定的、深刻的、含蓄的，不容易变化，也不能够直观。工作责任感通过为工作而产生的各种情绪来表现，表面上情绪和工作相关，实际上产生情绪的更深刻的原因是责任感，所以情绪和情感有联系也有区别。

情绪分为心境和激情两种：

一个人在心境良好的情况下，往往表现得和气、热情、宽容、耐心，这是实现沟通的良好机会；相反，一个人在心境不好的情况下，往往表现得急躁、厌烦、粗鲁、冷淡、缺乏耐心，这时进行交流，往往收不到较好的效果。因此，作为表达的主体，追求口才艺术的人，一方面应抓住自身心境良好且交流的对象心境也良好的时机进行沟通，另一方面要学会在自身心境不好的情况下及时地进行自我调节，消除不良心境带来的消极影响；另外，表达主体还要有一种心理准备，即在受众对象心境不好的情况下进行沟通，很可能会“引火烧身”。我们应力避这种场面的出现，因为它不但不能实现有效交流沟通，有时反而会起到相反的作用。

人人都有心情不好的时候，但作为一名追求口才艺术的人，应努力学会自我调节、自我克制，能主动、迅速地缓解自己的不良情绪，不至于让这种负面的情绪来影响表达，影响交流沟通过程的进行。

下面介绍几种方法，用以使一个人感受到快乐，保持良好的心境：

（1）振奋精神。如果你感到不快乐，那么唯一能找到快乐的方法就是振奋精神，使你的行动和言辞好像已经感觉到快乐的样子。比如高昂起头，长啸一声；对着镜子痛快地笑上一笑；挺起胸，抖擞一下身子；哼唱一首自己最得意的曲子；讲一个逗人捧腹大笑的故事，等等。

（2）自得其乐。常言道，知足者常乐，能够为自己所有而高兴，不为自己所无而苦恼，更不为无谓的未来而忧虑，抱着一种感恩的态度生活，心存感激地对待别人，哪怕是你的敌人。

（3）爱好广泛。培养一种或几种能使自己沉浸其中的业余爱好，以增添生活乐趣，比如书法、音乐、棋类、球类等，在心情不好的时候，让自己玩个痛快。

（4）乐于交往。广泛交友是保持快乐不可缺少的一环，遇到心情不好时，到信得过的老朋友那里去聊天、“诉苦”，倾吐郁积在心中的不快，或帮助朋友干点体力活等。

（5）找出不快乐的原因并加以分析。一旦这样去做，你就会发现，其实让你心情不愉快的事，真的不值一提，这样心情就会逐渐恢复正常。

（6）为自己制订一份快乐计划。比如写了一篇好文章，做完了一件家务事，买一件新衣服，完成一道数学题等，都是值得自己庆祝一下的“事”，能使自己感到快乐，经常这样，自然就能保持一种良好的心境。

激情的发生一般是有先兆的，表达主体要了解激情产生的原因，以防患于未然，避免这种激动的情绪影响沟通的效果。激情一般容易在下述几种情况下产生：

（1）渴望发生的事情终于发生。

（2）最怕发生的事情终于发生。

（3）毫无准备，但与自己有直接关系的事情发生。

（4）与自己预料的恰恰相反的事情发生。

（5）能激发公众强烈爱憎的事件发生；

（6）意外发生的重大事故或变故。

表达主体一旦遇到以上这些情况，一定要保持头脑的冷静，学会克制自己，学会换位思考，让理智梳理激情，这样才可能做到喜怒不形于色，任凭风浪起，稳坐钓鱼台，以平和的心态实现有效的沟通。

情感是在情绪的基础上形成和发展起来的、与人的社会性需要相联系的一种态度体验，稳定持久，具有习惯性，诸如信任感、亲切感、责任感、道德感、美感等。作为一种动力性的因素，情感在口才实践中有着广泛而深刻的影响。

口才交际是带有强烈的自我意愿和主观情感色彩的智能化社会实践活动，有情才能感人，白居易说："感人心者，莫先乎情。"列宁也曾指出："没有人的情感，就从来没有，也不可能有人对真理的追求。"因此，表达主体要注意冶炼情感，善于将自己的主张和观点寓于丰富、强烈的情感之中，既以理服人，又以情动人，努力做到情理相融，才能达到折服受众对象的目的。情感有积极和消极之分，积极的情感可以提高、增强表达主体的内在驱动力，有助于口才技能的超水平发挥；消极的情感则会降低表达主体的内在驱动力，导致口语交际的失败。因此，表达主体在交流、沟通过程中要善于发挥情感的优势，克服和纠正消极的情感。调节情感可以从以下三个方面着手：

（1）注意调节情感的倾向性，使自己的情感倾向总的来说与社会进步方向相吻合，克服不良倾向，保持身心的健康。

（2）注意提高情感的稳固性，有意识地克服心绪不宁和情感波动，保持良好的稳定的情感状态，以提高情感的稳固性。

（3）注意培养情感的深度，朋友间相交很深的友谊，对工作较强的责任感，对亲人的深深依恋，以及思想行为中体验的深刻，等等，都为培养深刻持久的情感创造条件。

二、意志

心理学认为，所谓意志，是主体自觉地确立目的，并根据目的调节行为，克服困难以实现预定目的的心理状态。意志是主体意识的能动方面，其本质特点表现为根据预定目的直接支配、调节主体的各种行动，并在克服困难中表现出来。意志一般具有自觉性、果断性、坚持性、自制性等积极的品质，也具有盲目性、疑虑性、动摇性、冲动性等消极的品质。主体必须善于根据目的自觉、能动地加以判断、选择和调节，发扬前者而克服后者。

口语交际过程能否顺利进行，表达、沟通的效果能否实现，与表达主体是否具有坚强的意志有着直接的关系。表达主体如果具有坚强的意志，就必然有着实现交际目的的坚定信念，以及由此产生的顽强的抗争精神、临危不惧的气概和坚韧不拔的耐力，在表达过程中主动地寻找各种有效手段，自觉地克服种种困难，努力排除主、客观的各种消极因素的干扰，在表达顺利时保持头脑清醒，不给对方以任何可乘之机；在处于劣势时，临危不惧，锲而不舍，挽狂澜于既倒，以确保表达目的圆满实现。相反，如果表达主体意志脆弱，优柔寡断，患得患失，望难却步，即使沟通的机遇再好，也往往失之交臂，难以把握。

意志与认识有着极为密切的关系，认识是意志行动的前提，因此，表达主体要培养坚强的意志，必须拓展自己的知识面，丰富自己的阅历，以提高自己的认识，尤其是对口才艺术重要性的认识。我们生活在一个日益开放、日益活跃的社会里，任何一个人想在社会中谋得一席之地，取得生活、事业上的成功，没有一副好的口才恐怕难以实现。因此，无论自己的先天条件如何不足，也要努力克服，通过后天的勤奋、刻苦加以弥补，想尽办法让自己拥有一副好口才。

另外，意志也与情感有着极为密切的关系。情感可以成为意志的动力，也可以成为意志的阻力，积极的情感总是推动或支持人的意志行动，坚强的意志行动始终伴随着火热的情感而存在；而消极的情感则会阻碍或削弱人的意志活动，一个对目标抱着冷漠态度、缺乏行动热情的人，在困难面前就会困惑、犹豫、彷徨、退缩，甚至半途而废，放弃既定的目标，销蚀自己的意志。因此，表达主体应努力培养自己高尚的情感，诸如热爱祖国、对工作的负责任、对他人的关心、对世界的审美意识等，为磨炼坚强的意志打好基础。

三、自信心

所谓自信心，是指充分地相信自己，并根据预定目的来支配、调节自己的言行，克服困难走向成功的一种心理素质，它是主体的能力、热情、力量、信念等相结合的一种自我意识，使主体神经系统的兴奋与抑制过程处于最佳状态。在表达过程中，表达主体只有对信息内容有着充分的理解，对自己的实力、技能充满信心，对交际对方有着充分的了解和把握，在表达过程中才能感觉灵敏、思维活跃、镇定从容、坦然自若、精神振奋、感情充沛，才能思路清晰、措辞准确、语言犀利、语气坚定、掷地有声，才能灵活自如地支配和控制自己，使口才艺术完美地发挥作用，产生极强的冲击力、感染力和说服力，为表达的成功奠定坚实的基础。

自信心是在任何一种表达过程中都不可缺少的心理素质，无论演讲、交谈，还是谈判、辩论等。

美国口才训练大师卡耐基曾与某公司推销员进行过一次辩论。在这次辩论中，那位推销员认为在没有种子也没有根的条件下，却可以生长出植物来。他说将山胡桃树烧成灰撒在犁过的土地上，便能长出绿油油的牧草来。卡耐基从正反两个方面举出事件反驳对方的论点和论据，指出这是不可能的。尽管他态度诚恳，语气温和，以为对方和听（观）众一定会心悦诚服，不会再提出异议，然而情况并非如此，对方仍然坚定不移地认定那完全不可能的事实，跳起来大声疾呼“我是绝对正确的，并非空想，因为这是经过实验证明了的客观存在”。接着这个推销员列举了一系列可供参考的资料，证实自己的说法正确无误，声音和态度充满热情和自信，一切仿佛都是真的一样，令人不得不相信他，卡耐基又站起来反驳，可这时对手则提出以 5 美元打赌，并要求政府检验局来验证，看到底是谁正确。真是虔诚能征服人心，感动上帝：辩论的结果，全体听（观）众居然都站在这位推销员一边，相信这是可能的。卡耐基对此大惑不解，他询问听（观）众这是什么缘故，听（观）众异口同声地回答，因为推销员激情澎湃，充满自信，由不得你不相信他。这次辩论对卡耐基来说是终生难忘的，他由此得出这样的结论：坚定的自信是辩论成功的第一秘诀，只有辩论主体态度极其认真，有着坚定的自信心，才能赢得对方和听（观）众的依赖，最终获得辩论的胜利。

相反，如果在表达中缺乏自信，必然紧张、焦虑、恐惧、怯场，在这种心态下是不可能说服对方和听（观）众的。有一个大家熟知的历史故事从反面说明自信在表达中的重要作用：春秋时期，有个跟曾参同姓同名的鲁国人杀了人，有人告诉曾参的母亲。他母亲说：“我的儿子不会杀人。”毫不在意，仍然织布。过了一会儿，又有人来说：“曾参杀了人。”她仍然安然地织布。再过一会，又有人来向她说：“曾参杀了人。”由于她缺乏坚定的自信，听信了谣言，连忙丢下织布的梭子爬墙逃跑了。由此可见，自信是表达主体必须具有的心理素质。

关于自信心的培养，有各种各样的方法。从大的方面来说，一个人只有具有渊博的知识和丰富的阅历，才可能在面对各种场面时临危不惧、应对自如；从小的方面来说，人们积累了各种各样应付紧张、克服不自信的小技巧，如：

（1）找自己熟悉的场合进行交流。中国有句俗语，“强龙压不过地头蛇”；西方有句谚语，“在森林里怕狼的狗，在自己的家门口连老虎来了都不怕”。两句话说的其实是一个意思，在自己熟悉的场合进行交际在客观上能增强主体的自信心。正因为如此，各种球赛都有主场、客场之分，重要的谈判一般要把谈判地点设在没有较大利益关系的第三方。

（2）想象交流沟通的效果实现后的情景：掌声响起来，鲜花献上来，人们用崇敬的眼光注视着你……俗话说得好：你想成为什么人就会成为什么人，只要你肯努力！的确这样，如果你相信自己能成功，你肯定会成功；相反，如果总是患得患失，前怕狼后怕虎，唯恐交流失败，带着这样的心理去交流，其结果可能真的就是失败。

（3）身着高价而得体的衣服也可以在某种程度上增加一个人的自信。高价而得体的衣服不仅是保护皮肤的工具，同时也是保护心灵的工具，因此，在条件允许的情况下，穿上一身质地考究、做工精细的名牌服装可以适当增加良好的感觉和一定程度的自信。

（4）如果采取了以上方法，在临进入交流场合之前，还有点紧张、不自信，可以尝试几次深呼吸、用脚使劲踏一踏地，或者伸伸胳膊、打几下拳等，利用外在力量平稳快速跳动的心脏，让自己平静下来，镇定下来，自信上场。

第三节　应掌握的应变技能

所谓应变，就是应付各种突发事件和意外情况。表达、交流过程是一个情况复杂、瞬息变化的人际交往过程，在这个过程中，表达主体必须能够坦然面对突发事件和意外情况，敏锐、及时、准确地做出反应，并采取有效的应对措施加以迅速、果断、机智地排除各种阻碍和干扰，从而使表达、交流能够顺利地继续进行下去。应对来自主、客观的各种变化情况，是拥有口才艺术的人必须具备的心理素质之一。

一、内容忘记怎么办

在表达过程中，经常会遇到这种情况，即由于主、客观等各方面的原因，表达主体突然将下面要表达的内容忘却了，思维出现断裂，表达出现卡壳，听、讲双方都陷入一种十分尴尬的境地。这对表达者来说最为遗憾了：不但没有实现交流、沟通的目的，反而影响了受众对自己的印象。作为一个追求口才艺术的人应极力避免这种情况的出现。应付这种情况可以从以下几个方面着手：首先要克服紧张、充满自信；其次要熟悉内容，准备充分；再次在表达过程中做到精力集中、思想统一，不想与表达无关的内容；最后，如果真的出现忘记的现象，也不必神经紧张，惊慌失措，完全可以采用一些巧妙的方法应付过去。

口才艺术专家邵守义先生在其《演讲学》一书中，曾提供了三种对付忘记的方法：

一种叫插话衔接法。当你一旦忘却的时候，立即插入一两句与表达内容关系不大的问话，利用短暂的时间，加速回忆起下面要讲的内容。比如讲着讲着忘词了，这时切不可停顿，你可以面向广大听众，问一句："同志们，前面这一部分我不知道大家是否听清楚了？"话音落后，你就可以扫视全场，而在这扫视的瞬间，就完全可以想起下面应当讲的内容了。一旦想起，你就可以说："好，既然大家听清楚了，我就继续讲下去。"

一种叫重复衔接法。所谓重复衔接法，就是一旦忘却的时候，可把最后这句话再加重语气重复一遍。这样，往往能使断了的思维链条再衔接起来，使表达顺畅地继续下去。比如前段内容最后一句话是:"我理解了他们的爱吗？我懂得爱他们吗？"而后段前句话是："从那以后我变了。"一旦前段讲完了，而后一段的前句话你又忘了，这时，你可以有意地加重语气，重复讲一遍前段的最后的那句话"我懂得爱他们吗"，往往就在重复的这一瞬间，便想起了后段的第一句话"从那以后我变了"。这样，表达就可以继续下去了。

一种叫跳跃衔接法。表达者常常出现的忘却，并不是把后面的内容全部忘了，而仅是把下段的第一句或整段忘记了。这时只好随方就圆，忘却就忘却吧，哪里没忘，就从哪里接着讲下去。这就是跳跃衔接法。用这种方法虽然丢掉了几句话，甚至一个段落，但它总不至于因中断而破坏了表达的气氛，涣散了听众的注意力，影响整个表达的效果。如果这几句话或这段比较重要，表达期间又想起来了，可采取在收尾前补充的办法。比如可以这样说："这里值得一提的是……"就可以把忘掉的重要段落补充进去了。

上述这些亡羊补牢的办法虽然有一定的效果，但总是被动的，是不得已而为之的。所以，还是希望每位表达者做好充分的准备，未雨绸缪，使自己的表达一气呵成最好。

二、出现失误怎么办

任何人，即使再高明的口才艺术家，也难免不在表达、交流过程中出现失误。出现失误后如何应对？笔者以为可以分情况采用以下不同的方法应对：首先对较小的失误，如一个字读错了，一个词丢落了，一句话不合规范了……因为不影响主要内容的表达，也不大影响受众对象对表达的接受，这样的小失误可以放弃不管；其次对那些重要的、明显的失误，要给予关注，比如数字、人名、年代、地点等。如果讲错不予纠正，必将谬种流传、贻误他人。对这样的失误，最好的方法是啥也别说，只将正确的重复一遍即可。

三、听众冷漠怎么办

在表达过程中，由于表达主体所采用的方法、技巧等原因，或由于表达的时间、场合不恰当原因，造成受众对象对交流沟通不感兴趣，或旁顾左右，或困倦没精神，等等，一旦出现这种情况怎么办？表达主体可利用情感传染的规律，来改变受众冷漠的状况，比如提高讲话的声音，加大手势的力度，增强表达的情感，或讲一些幽默风趣的故事等，以此来激发受众的兴趣，调动受众的情绪。

四、出现反对怎么办

在表达、沟通过程中，我们不可能要求每位受众对象都接受自己的思想，正因为有不同，我们才进行沟通，所以在交流过程中，出现反对的情况是经常发生的。出现这种情况怎么办呢？一方面表达者应有坚强的意志，越有反对者，越要庄重、沉稳、心胸豁达；另一方面要认真思考反对的原因，找出症结，对症下药：或用婉转的语言慢慢开导转变受众的态度；或用坚定的信念、凛然正气服众；或用人格的魅力、幽默的性格影响受众，总之灵活应对、机智多变，只要具有较高的心理素质，就一定能收到较好的表达效果。

第四节 克服自身的心理定势

所谓心理定势，也就是心理上的“定向趋势”，它是由一定的心理活动所形成的准备状态，对以后的感知、记忆、思维、情感等心理活动和行为活动起正向或反向的推动作用。心理定势犹如物理学中所讲的“惯性运动”，使人不自觉地沿着一定的方向去感知事物、记忆事物，去思考问题和寻找解决问题的方法；它既起定向、约束作用，又是一种动力。

在表达交际过程中，表达主体常常有意无意地受到这种心理定势的影响，因此，提高表达者的心理素质，就必须了解心理定势，发挥其在表达交际过程中积极的一面，克服其消极的影响。

心理定势从大的方面考虑，可分为微观心理定势和宏观心理定势。宏观心理定势一般人数众多，作用广阔，有更大的社会意义，如民族文化心理、地域文化心理、社会意识形态等。在这里，对研究表达主体的心理素质意义不是很大，略去不讲。

最明显的一类心理定势也即普通心理学中研究的心理定势是微观的心理定势。微观心理定势是在具体事件中表现出来的、综合反映当事人心理素养的心理定势，它的特点是易受暗示、情感性强，理智往往被情感所抑制。一般说来，微观心理定势表现为个体的心理定势，但在群体特别是非正式群体中也能经常见到。常见的微观心理定势主要包括首因效应、近因效应、晕轮效应、经验效应、移情效应、体貌效应、自己人效应和异性效应。

一、首因效应

第一次进入一个新环境、第一次和某个人接触、第一次品尝一种新的食品等，留下了深刻的印象，成为一种心理定势而难以改变，这种现象称为首因效应，又叫第一印象。因为和从来没有接触过的人或事第一次打交道，人们总是给予更多的注意，所以印象也往往特别深刻。以后如果还有机会继续接触，第一印象会先入为主，像是戴上了“有色眼镜”，所以总会有意无意地把以后的印象同第一印象相联系，把以后的印象当作第一印象的补充。第一印象良好，以后的不良印象相对来说也不那么使人反感；而第一印象不良，以后的良好印象也会相形失色、不那么令人感动。这种心理现象非常普遍。

第一印象是有层次的。例如：当人们第一次和一个美国人或是日本人接触的时候，得到的第一印象不仅仅是对这个人的印象，也是对所有美国人或是所有日本人的第一印象；当人们在某个商店受到某个营业员的热情服务的时候，他们所得到的第一印象也不仅仅是对这个营业员，还包括对这个商店；当人们千挑万选地购回一台洗衣机而发现一使用就有毛病的时候，他对这台洗衣机、这一品牌、这一生产厂家的不良印象也许就再也无法挽回了。第一印象具有层次性、广泛性、推延性，因此它难免以偏概全，妨碍人们准确地全面地认识事物。

第一印象不仅来自于直接的接触，也可能来自于传播媒介的间接介绍。没有去过黄山、桂林的人总想有机会能去那些地方游览一次，这种愿望来自于传播媒介的影响，来自于别人对黄山、桂林的良好印象；有了去黄山、桂林旅游的愿望，又听某个传播媒介介绍某旅行社收费低、服务好，又会产生对该旅行社的良好印象，就有可能找时间随该旅行社去黄山、桂林旅游。所以第一印象不一定是第一次直接接触的印象，而是指第一次形成的对某事物的印象。因为通过间接接触也可以让公众产生第一印象，所以才有了近代开始的、愈演愈烈的"广告战"。

第一印象是第一次接触留下的深刻印象，因而它又不等于第一次接触。印象的产生和三个要素的状况有关：第一，印象的产生和公众当时的情绪、兴趣、智力状况、注意力等有关；第二，印象的产生和当时的情境有关；第三，印象的产生和对象的表现范围及表现程度有关。因此，有时候留下深刻印象，产生"首因效应"的并不是"第一次接触"而是以后的某一次接触；"第一印象"是因人而异、因时而异的。

首因效应或称第一印象的表现形式具有多样性，这增加了人们认识自身这种心理定势的难度，使之常常无意识地表现出来被人利用。在表达过程中，表达主体一方面应学会利用首因效应，给受众对象留下良好的第一印象，为后面交流、沟通的实现创造条件；另一方面要学会克服第一印象，准确地了解受众对象，以便有针对性地采取恰当的表达手段，收到较好的表达效果。

二、近因效应

所谓近因效应，是指当人们识记或评价事物时，往往对最近部分或末尾部分的内容记忆效果优于中间部分的一种心理现象。

根据心理学研究，在多种刺激一次出现的时候，印象的形成主要取决于后来出现的刺激，即交往过程中，人们对他人最新的认识占了主体地位，掩盖了以往形成的对他人的评价，这种心理现象也被称为“新颖效应”。如，多年不见的朋友，在自己的脑海中的印象最深的，其实就是临别时的情景。

在人与人的交往中，交往的初期，即在延续期和生疏阶段，首因效应的影响重要；而在交往的后期，就是在彼此已经相当熟悉时期，近因效应的影响也同样重要。现实生活中，近因效应的心理现象相当普遍。小张与小李是小学同学也是一同长大的发小，从小就是好朋友，彼此非常了解，可是近一段时间小李因家中闹矛盾，心情十分不快，有时小张与他说话，他动不动就发火，碰巧这段时间，小李被卷入了一宗盗窃案。小张便认为小李过去一直在欺骗自己，于是与他断绝了友谊。其实这就是近因效应在起负作用。最后的印象，往往是最强烈的，可以冲淡在此之前产生的各种印象，这就是近因效应。

有这样一个例子：面试过程中，主考官告诉应聘者可以走了，可当应聘者要离开考场时，主考官又叫住他，对他说，你已回答了我们所提出的问题，评委觉得不怎么样，你对此怎么看？其实，考官做出这么一种设置，是对应聘者的最后一考，想借此考查一下应聘者的心理素质和临场应变能力。如果这一道题回答得精彩，大可弥补此前面试中的缺憾；如果回答得不好，可能会由于这最后的关键性试题而使应聘者前功尽弃。再比如，某人突然出现了异常言行，使别人印象非常深刻，以致推翻了根据过去此人一贯表现所形成的看法，从而导致一定的偏见。

同首因效应相反，近因效应使人们更看重新近信息，并以此为依据对问题作出判断，忽略了以往信息的参考价值，从而不能全面、客观、历史、公正地看待问题。近因效应是存在的，首因效应也是存在的，那么，怎么样去解释这种矛盾的现象呢？大量的实验证实，首因效应和近因效应依附于人的主体价值选择和价值评价。在主体价值系统作用下形成的印象，被赋予了某种意义，被称为加重印象。一般而言，认知结构简单的人更容易出现近因效应，认知结构复杂的人更容易出现首因效应。

三、晕轮效应

所谓“晕轮效应”，指的是从对象的某种特征推及对象的总体特征，从而产生美化或丑化对象的印象这样一种心理定势。把它称为“晕轮效应”，是说它像月晕一样，会在真实的现象面前产生一个更大的假象。人们隔着云雾看月亮时，在月亮外面有时还能看到一个光环，它是光通过云层中的冰晶时折射出的光现象，事实上并不存在这样一个物质光环。晕轮效应的产生也是幻化的总体印象，尽管这种幻化印象对某种特征的感知可能是真实的，但其本质却和月亮外面的光环一样不真实。

晕轮效应也和首因效应一样普遍。例如：人们走进礼品店，选购的往往是包装精美、价格偏高的物品，因为精美的包装、偏高的价格往往使人产生晕轮效应：认为里面的东西会像精美的包装一样好，会和偏高的价格相一致；文化程度较高的青年择偶标准往往偏重于学历，因为他们假想学历高的对象一定会和自己有广泛的共同语言、会和自己情趣一致；人们想不到老实巴交的人会是作奸犯科的老手；人们想不到简陋的工棚和简单的工具生产出的产品会畅销欧美。所以晕轮效应不但和首因效应一样普遍，同时也和首因效应一样带着强烈的主观色彩，往往一叶障目，只见树木不见森林。

晕轮效应和首因效应主要的区别在于：首因效应是从时间上来说的，由于前面的印象深刻，后面的印象往往成为前面印象的补充；而晕轮效应是从内容上来说的，由于对对象的部分特征印象深刻，使这部分印象泛化为全部印象。所以，这两种心理定势是不一样的，是不能混同的。但是在有些情况下，晕轮效应和首因效应也会互相交叉、交织在一起，因为这两种心理定势尽管表现的方式不一样，其实质是相同的，都是以主观代替客观。首因效应妨碍人们正确认识某事物，产生一种固执的认识上的偏见和情感上的偏心，必然连带地产生“晕轮效应”，所以首因效应往往是晕轮效应的前奏；但晕轮效应本身不等于首因效应，它也不一定以首因效应为前提，甚至有的时候它还是首因效应的“前效应”——例如，通常认为简陋的工棚和简单的工具生产出的产品必然粗劣，因而一接触某个乡办企业，看到简陋的工棚和简单的工具就产生“这企业不行”的首因效应。从这个意义上来说，晕轮效应和首因效应相比，是心理定势中更深层次的东西，因而它也更难以克服和纠正。

晕轮效应既是无意识的，又是固执的。因此，在进行表达、交流时，表达主体应有意识地克服这种心理定势，不被受众对象的表面所迷惑，切实了解受众的真实情况，提高自己的认知素质。

四、经验效应

经验效应是指主体凭借以往的经验对客体对象进行认识、判断，并影响主体决策、行动的心理活动方式，它也属于微观心理定势的范畴。

经验既是一种财富，也是一种包袱。经验越丰富，人也越老练，为人处世往往得心应手，但经验总有局限性，不顾时间、地点地照搬套用，有时也会出洋相。特别是在现代社会中，由于科技发展日新月异，封闭思想日益被打破，人们的思想、观念在许多方面不断更新，单靠老经验行事就越来越行不通了。举例来讲，以前人们买东西总相信国营商店的，认为质量可靠、价格公道、品种齐全，但现在这种观念被打破了，国营商店也有劣、次、假货，也有价格不合理的，好多东西在国营商店买不到但在个体户那里或许一应俱全。所以，自恃有经验，照搬老经验是不行的。

对经验当然也不能一概否定，什么经验也没有，更加一事无成。问题在于不能迷信经验，要充实经验、更新经验、发展经验。上海的公交路线经常变换，有些人就有了新经验：看看站牌，问一声售票员。商店里卖的东西价格、质量不一样，有些人也有了新经验：多看看、多问问，货比三家。以前是青年人要向老年人讨教经验，现在老年人也要向青年人讨教经验，因为对于社会上的种种变化，青年人要比老年人适应起来更快。经验是从实践中得来的，实践在发展，经验也在发展，老经验也会碰到新问题。

涉及表达、交流过程，经验效应有两种情况，一种情况是表达主体凭借以往经验进行交流，以不变应万变，不问受众对象，不问时间、场合，不问表达的内容，这样的表达效果只会事倍功半，甚至沟通失败。另一种情况是受众对象凭借以往经验或对交流认可、赞同，或对接受沟通心存反感，无论哪种情况，表达主体均应给予重视，否则，光凭良好的愿望是达不到交流的预期效果的。

五、移情效应

“爱人者，兼其屋上之乌”，意思是说，因为爱一个人而连带爱他屋上的乌鸦。后人以“爱屋及乌”形容人们爱某人之深，以至于情及和这人相关的人、事、物。心理学中把这种对特定对象的情感迁移到与该对象相关的人或事物上来的现象称为“移情效应”。

移情效应首先表现为“人情效应”，即以人为情感对象而迁移到相关事物的效应。喜欢交际的人常说“朋友的朋友也是我的朋友”，这是把对朋友的情感迁移到相关的人身上；仗义行侠的“勇士”表示“为朋友两肋插刀”，这是把对朋友的情感迁移到相关的事上；人们珍藏去世的亲朋好友的遗物，这是把对去世者的情感迁移到相关的物品上。不仅爱的情感会产生“移情效应”，恨的情感、嫌恶的情感、嫉妒的情感等也会产生移情效应，这在成语中又叫“恨乌及屋”。古时候中国的皇帝可以因一人犯罪而株连九族，其恨可谓泛；战国时的庞涓因嫉妒孙膑的才华而设计剜去孙膑的膝盖骨，其妒可谓深。人都是有所谓“七情六欲”的，所以人和人之间最容易产生情感方面的好恶，并由此产生移情效应。

移情效应还表现为“物情效应”和“事情效应”。据说足球是高俅发明的，他的球踢得很好，皇帝从喜爱足球到喜爱高俅，最后高俅成了皇帝的宠臣；在中国历史上，“以酒会友”“以文会友”都是美谈，因为有相同的喜好，不相识的人以酒、以文为桥梁建立了友谊；喜欢喝茶的人会对别人送来的茶具感兴趣，也许以后自己也会去收集各种茶具，成为茶具收藏家甚至茶具制作家；有些女同志对抽烟的行为深恶痛绝，因而对一切抽烟的男子都抱有成见，甚至仅仅是听说某人抽过烟也会对这人的品行妄加评说。所以人们有时会感叹“做人难，难做人”：自己从不认识这个人，也没有得罪过这个人，而这个人却在背后说自己的坏话。产生这种现象，一般来说是因为说别人坏话的人不自觉地把自己嫌恶的情感迁移到了某个具体的人身上。

移情效应是一种重要的微观心理定势，在现实生活中司空见惯，许多人利用移情效应，投其所好，以使对方喜欢自己、信任自己、帮助自己，这固然不符合传统道德上的要求，但在表达过程中，往往能收到较好的沟通效果，因此表达主体应在遵守一定道德的基础上，学会利用移情效应，以增强表达效果的实现。

六、体貌效应

身材、容貌对人的影响力很大。一般情况下，身材姣好、面容靓丽、皮肤白嫩的人，更有魅力，人们大多爱接近、交往；相反，则容易受冷遇。有心理学家做过实验，让大学生们男女结伴，每两人一对进行两个半小时的舞会。舞会后询问每一位学生，是否希望再次同对方跳舞。结果被再次选择的人大多是有魅力、长得漂亮或长得帅的人。该实验证明了体貌效应的存在。

之所以会产生体貌效应，是因为在长时间的历史进化中，人们形成了一种基本生活经验和选择倾向，即①漂亮的人看着舒服，让人心情愉悦，是一种美的享受，爱美之心人皆有之；②同漂亮的人在一起，自己也显得光彩，这是一种光环效应；③漂亮的人，其他方面应该也好，这又是一种光环效应；④漂亮的人才可爱，这是从生活中，从电影、电视等艺术形式中学到的。

美丽给人以好感，让人感觉舒服，这是客观存在；拥有美丽的外表，却有丑陋的心灵，也是一种客观存在；虽有丑陋的体貌，却有美丽的心灵，同样也是一种客观存在；既有美丽的外表，也有美丽的心灵，更是一种客观存在。人们总愿意和美的事物、美的人交往，当然最好的是既有美的外表，更有美的心灵，这样的人，其吸引力才更持久、更让人愉悦。

七、自己人效应

在人际交往中，如果双方关系良好，一方就更容易接受另一方的某些观点、立场，甚至面对对方提出的难为情的要求也不太容易拒绝。这在心理学上叫作“自己人效应”。例如，同样一个观点，如果是自己喜欢的人说的，接受起来就比较快也比较容易。如果是自己讨厌的人说的，就可能本能地加以抵制。有道是：“是自己人，什么都好说；不是自己人，一切按规矩来。”表达者无论在年龄、性别、籍贯、职业、地位、经历、兴趣等任何方面与交际对象存在相似性，都会使对方对表达者产生亲切感与信任感，从而把表达者与自己视为一体。这就是“自己人效应”。

巧用“自己人效应”对表达话题的引出和切入，具有事半功倍的效果：

1858年，林肯在竞选美国上议院议员的时候，在伊利诺伊州南部进行演说。那时蓄养黑奴的奴隶主平时对废奴主义者就非常仇恨，当然对林肯到这里做反对奴隶制的演说恨之入骨，并发誓只要他来就置他于死地。演说之前，林肯说：“南伊利诺伊州的同乡们，肯特基的同乡们，听说在场的人群中有些人要和我作对，我实在不明白为什么要这样做，因为我也是一个和你们一样爽直的平民，那我为什么不能和你们一样有着发表意见的权利呢？好朋友，我并不是来干涉你们的人，我也是你们中间的一人，我生于肯特基州，长于伊利诺伊州，正和你们一样是从艰苦的环境中挣扎出来的，我认识南伊利诺伊州的人和肯特基州的人，也想认识密苏里的人，因为我是他们中的一个……”

林肯根据听众的情况，简明扼要地把自己与听众相关的情况、经历加以介绍，使听众形成“认同感”。他的话竟把可能面对的敌对怒视变为大声喝彩，据说还有打算与他作对的听众成了他的好朋友。

每一种表达都是一种信息交流活动，表达者所阐述出来的观点，传递出的信息相当于表达者与听众之间的桥梁。桥梁架得好，就能把听众吸引到交流内容的范围中来，创造讲与听的同步效应。在传递信息、观点时，运用“自己人效应”能更有吸引力，更易实现与听众的沟通。

加里宁是苏联深受广大青年学子爱戴的演讲家。一次，加里宁被一家学校邀请做即席演讲。加里宁的演讲是这样开头的：“亲爱的同学们，我曾经也经历过像今天的你们这样的学生时代，我深知作为一名在校学生的追求和梦想。我的想法跟你们现在的想法一样，唯一的希望就是你们能好好学习，取得优异的成绩。这不但是你、我的希望，也是家长的愿望，更是政府、社会，以及老一辈人对你们的共同期望！”加里宁的演讲，一开始就从自己的经历切入，言明自己也经历过“像今天的你们”一样的学生时代，而且理解作为一名学生的所思所想，以此与听众达成一种“自己人效应”，吸引听众的注意力，缩短了彼此间的心理距离。

用“自己人效应”激发共鸣，要找到与听众心灵沟通的连接点，寻找出与听众心心相印的共鸣区。情感、地位、目的、经历等都能在听众中间产生“自己人效应”，引起听众的共鸣。 英国首相丘吉尔在第二次世界大战期间对美国做圣诞演说时曾这样讲道：“ 我今天虽然远离家庭和祖国，在这里过节，但我一点也没有异乡的感觉。我不知道，这是由于本人的母亲血统和你们相同，抑或是由于本人多年来在此所得的友谊……在美国的中心和最高权力的所在地，我根本不觉得自己是个外来者，我们的人民讲着共同的语言，有着同样的宗教信仰，还在很大程度上追求着同样的理想。我所能感觉到的是一种和谐的兄弟间亲密无间的气氛……”

丘吉尔从友谊、情感等角度导出了“本人的母亲血统和你们相同”“一种和谐的兄弟间亲密无间的气氛”，这样的演讲就产生了很强的“自己人效应”，激发了听众强烈的共鸣，获得了极大的成功。

演讲的听众往往是各式各样的，从对听演讲的态度上说，有愿意听的，有持无所谓态度的，也有不愿意听的；从对观点、感情的接受程度上讲，有极力赞同的，有将信将疑的，也有抵触、反对的。在演讲中利用“自己人效应”

消除听众的逆反心理，拉近与听众的心理距离，使他们更容易接受你的观点、你的情感。

林肯出身于一个平民家庭，在参加总统竞选时，他的一个非常富有的竞争对手曾对其贫寒的出身进行攻击。然而，林肯却以巧妙的回击争取了主动，赢得了人心。他在一次演讲中说："有人问我有多少财产。我告诉大家，我有一位妻子和一个儿子，都是无价之宝。此外，也租了一个办公室，室内有一张桌子，三把椅子，墙角还有一个大书架，架上的书值得每个人一读。我本人既高又瘦，脸蛋很长，不会发福。我实在没有什么可依靠的，唯一可依靠的就是你们。"这番话是林肯对对手攻击的答复，尤其最后一句话"我实在没有什么可依靠的，唯一可依靠的就是你们"，就是利用了"自己人效应"来传情达意，选民们听了之后，自然会体会到林肯热爱民众的深厚情感。

要使对方接受你的观点、情感，你就必须把听众视为与自己一体，或把自己视为听众中的一员，这样双方的心理距离就近，演讲效果就容易事半功倍。强化"自己人效应"，从你这个角度而言，就是要使他人确认你是他们的"自己人"。100 多年前，林肯引用一句古老的格言，说过一段颇为精彩的话，他说："一滴蜜比一加仑胆汁能够捕到更多的苍蝇，人心也是如此。假如你要别人同意你的原则，就先使他相信你是他的忠实朋友，即自己人。用一滴蜜去赢得他的心，你就能使他走在理智的大道上。"

实现人际交往中"自己人效应"的基本前提，是在阶级地位、政治态度、原则立场、价值追求等这些根本问题上的类似性、一致性。除此之外，还应当具体注意以下原则：

第一，平等观念。要想取得交际对方的信任，先得和对方缩短距离，与之处于平等地位。人际交往的过程，是角色的不断互动过程，如果动辄就摆出一副居高临下的架势，以领导、师长的态度教训别人，那就互动不起来，很难叫人接受、喜欢你。法国大革命时期最出色的宣传家马拉，就是因为被群众称为"人民之友"、具有"自己人"的平等地位，才赢得人民的喜欢和拥戴，因而他的见解也就容易被群众所接受。平等观念还体现在交往中的用语上。交往中的用语不仅仅是一个形式问题。比如，如果说"希望诸位朋友献计献策"，这就是以领导者的身份居高临下来说话，而不是平等的态度；如果改成"群策群力"或"我们一起商量"，这就承认大家都具有平等地位了。

第二，要对别人感兴趣。卡耐基曾说过一段发人深省的话："你要是真心地对别人感兴趣，两个月内你就能比一个光要别人对他感兴趣的人两年内所交的朋友还要多。"纽约电话公司曾经作过有趣的调查：在电话中哪一个词出现得最多。结果，他们吃惊地发现，在500通电话中，使用了3950次的词竟是第一人称的"我"。这说明在一般社交中，人们总有一种"想使别人对我感兴趣"的心理趋向，这也基本符合人的自私本性。但是，一个有理智、会交往的人，应当用"自己人效应"去调节这一心理趋向，并牢记：要想使别人对你感兴趣，首先要对别人感兴趣。

第三，给人以信任感。提高说话的可信度，在人际交往中，你的话语必须使人感到你说得在行、说得中肯、说得动听，才能增强信息传递的效力。但在这三者之间，起根本作用的还在于你是否说得中肯。一旦了解到他不是公正的观察者，他的可信度就会大打折扣，他说的话也就会没有多少作用了。这种现象说明，在影响可信度的因素中，存在着一个"隐藏动机"，即他人对你言行动机的理解。如果他人知道你在人际交往中的言行是出自高尚的目的，就会愈加信服你的言行，相反，如果了解到这种言行是为了个人从中获得难登大雅之堂的好处，那就会使你给人的可信度大为降低，于是也就产生不了"自己人效应"。要通过客观实践让他人了解你的主张，是出于高尚的动机，是为了大众，而绝不是别有用心、贪图私利。

第四，要有才华。当其他条件都相等时，一个人越有才华，越有能力，人们就越喜爱他。人们有一种要使自己正确的需要，如果与他打交道的你是一个有能力、有才华的人，他就会感到有利于他不犯错误、有利于得到提高而不至于退步。因此，你在能力、才华方面如果比较突出，又具有魅力，就会产生一种人际吸引力，使他人对你发生钦佩感并欣赏你的才能，愿意把你作为"自己人"而与你接近。这就是"自己人效应"中的"能力吸引"因素。

第五，优化你的个性品质。社会心理学家指出，人的内在品质是产生持久吸引力的关键，而有些个人的性格特征会阻碍人与人之间的吸引，不利于"自己人效应"的产生与发展。人们一般都喜欢真诚、热情、友好的人，讨厌自私、奸诈、冷酷的人。国外有位学者曾列出555个描绘人的个性品质的词汇，然后让众人说出他们喜欢哪些个性品质，并说明喜欢的程度。结果发现，评价最高的是"真诚"，评价最低的是"虚伪"。我国的社会心理学者也作了一些关于个性品质同人际吸引的关系的研究，研究发现，人们在进行哪种人可以成为“自己人”的人际选择时，主要考虑的个性品质因素包括：①具有较好的合作性，能谦让、懂得体谅；②能够就思想观点方面的问题敞开讨论而不是主观固执；③思想比较成熟，可以给自己帮助；④热情坦率，愿与别人谈心里话；⑤性格活泼，爱好活动；⑥考虑问题经常以大局利益为重，而不是自私自利；⑦对自己应完成的工作有责任感，能善始善终；⑧能正确认识自己；⑨思维活跃，有思想，有创新精神等。

八、异性效应

在个体间关系中，异性接触会产生一种特殊的相互吸引力和激发力，并能从中体验到难以言传的情感过程，对人们的活动和学习通常起积极的影响，这种现象称为异性效应，也叫“磁铁效应”，即“同性相斥、异性相吸”，俗话说的“男女搭配，干活不累”也是这个意思。异性效应是一种普遍存在的心理现象，这种效应尤以亚成年个体为甚，其表现是有两性共同参加的活动，较之只有同性参加的活动，参加者一般会感到更愉快，干得也更起劲、更出色。这是由于当有异性参加活动时，异性间心理接近的需要得到了满足，因而会使人获得程度不同的愉悦感，并激发起内在的积极性和创造力。

异性效应有自己发生的条件，在一个集体中，异性个体数的构成，无论哪一方，不能少于所需要的最低比例——20%，而且年龄要相差不大。随着亚成年个体身心走向成熟，会特别注意异性对自己的评价，寻求机会表现自己。在异性面前，常常重视个体的容貌和装束，更强烈地维护自己的自尊心。

在日常生活中，我们经常可以看到男营业员接待女顾客，一般要比接待男顾客热情些。如今的社会还是一个男性主导的社会，外出办事多数要和男性打交道，由女性出面常常较为顺利，这便是心理学上所谓的异性效应。适当运用异性效应，可以提高我们的表达交流效果。

除了以上几种较常见的心理定势类型外，在表达过程中可能涉及的微观心理定势还有很多，这里不再一一详谈。

第六章　巧妙运用口才技巧

马克思说，人从本质上讲是各种社会关系的综合。千百年来，人们在社会生活中，为了协调好各自的社会关系，实现与别人的有效沟通，运用自己的智慧，创造了许许多多巧妙的沟通技巧和方法。这些技巧和方法，有的侧重于宏观谋略，有的侧重于逻辑推理，有的侧重于语言技巧，等等。在本章，我们将这些技巧、方法大致从运用场合进行归纳，着重从生活中的沟通技巧、辩论中的说理技巧、谈判中的制胜技巧，以及演讲中的宣传技巧等几个方面展开介绍。

第一节　生活中的沟通技巧

在日常生活中，经常见到这样的情况：同样是找人办一件事，有的人去了，费尽九牛二虎之力，不但办不下来，有时还会越办越糟；而有的人去了，短短几句话，就把事情办妥了。这里面固然有能力的差别，但最主要的是会不会使用沟通的技巧。在日常生活中，常用的沟通技巧有以下几条：

一、步步登高法

所谓步步登高法，就是在日常交往中，不是一下子将自己的要求全盘托出，而是将这个要求分为几个小要求，让对方先同意一个很小的要求，然后逐步同意表达主体的大要求。这种沟通方法在有的书中，又叫作“登门槛法”。

美国社会心理学家理德曼曾对这种沟通方法进行过实验研究。他和他的合作者们挨家挨户去拜访各家主妇，说他们正在为“安全驾驶委员会”工作，希望得到主妇们对这一工作的支持，并请主妇们在一个请愿书上签名。几乎所有接触到的主妇都同意签名。几星期后，实验者再一次来到这些主妇家，同时也到那些未曾拜访过的主妇家。这次要求所有主妇都同意在自己院子前面立一块不太美观的大牌子，上面写着“谨慎驾驶”。结果很明显：以前在请愿书上签名的主妇中，55% 以上同意立那块牌子，而以前未曾拜访过的主妇只有 17% 同意立那块牌子，前者的比例是后者的三倍多。

这种步步登高的沟通方法在日常交际中经常见到。比如在学校组织的募捐活动中，募捐的学生可能会向路过的人说：“先生，能为那些可怜的失学儿童哪怕捐上一分钱，也代表您的一份心意吗？”然而，当路人真的从口袋里面掏钱时，恐怕就不会是一分钱。当一位精明的推销员向一位不耐烦的女士推销化妆品时，他会说：“小姐，请别生气，我只耽误您一分钟的时间！”一旦对方作出让步，就不是一分钟，很可能是五分钟、十分钟，最后的可能就是那位女士不得不掏出口袋里的钱买下化妆品。

步步登高法作为一种沟通技巧，有它必然的心理成因。从心理上分析，一个人一旦同意一个小的要求，那就意味着他实际上已被卷入了一种责任情境，在这种责任情境的影响下，他同样会对和小要求相关联的以后的事负责任。因此，当表达主体的那项大要求提出来时，交际对象很自然地会表现出较大顺应。另外，一个人一旦同意了某一项实际很难拒绝的小要求，那就意味着他已成了做这件事的人，而每个人都有一种自我肯定的倾向性，于是，他会尽量从好的方面去理解这一行为，以求心安理得，所以当大的要求提出以后，他也会保持前后一致，继续同意下去，所谓“好人做到底”就是这个道理。

二、情感求同法

所谓情感求同法，就是说，在日常交往中，表达主体主动寻找与交际对象的共同之处，以寻求产生情感共鸣，从而收到最好的交际效果。比如，在旅行途中，如果见到一个和自己年龄相仿的人，会有一种自然的亲近感，如果在攀谈中能找到共同感兴趣的话题，如共同的爱好、共同的经历、共同的学历、共同的生活环境等，会更有一种亲切感，交往起来，就颇顺利。一路旅行下来，两人极可能就成为很好的朋友。这样的例子，在生活中屡见不鲜，如强调“我们都有过类似的经历”“咱们都是学新闻专业的”“咱们都从小就过惯了节俭的生活”等，或者所谓“你也是河北的？老乡啊”“咱们是当学生的”“咱们都是一个系统的”等，用尽量扩大双方共同点、相似点的办法，以求建立一种“统一体”或“自己人”的亲密气氛，而在这种气氛下，双方存在的相异之处就显得微不足道，沟通起来，也就更容易。

其实，这种“情感求同”的沟通方法，也有心理学上的根据。人是一种社会性的动物，内心深处都有一种群体感、归属感，而且一个人只有在和别人有共同之处、获得别人支持时，才觉得自己安全、有力量。任何个人，再有能力、再“伟大”，如果得不到别人的赞同，和别人没有共鸣，失去别人的支持，也是渺小的、软弱的、缺乏安全感的。因此，寻求和别人一样，是人类一种普遍存在的心理。发现这种心理，适应这种心理，在表达、沟通中利用这种心理，就能收到很好的表达效果。

三、高抬低就法

所谓高抬低就法，是与步步登高法正好相反的一种沟通方法，即先向交际对方提出一个较大的、难以实现的要求，然后再提出一个较小的、容易被对方接受的要求，而这个较小的要求才是表达主体所要追求的目标、想要达到的结果，这样沟通的成功率会大大提高。比如在集贸市场买衣服，本来 50 元一件的衣服，商贩漫天要价，卖 100 元甚至 150 元，经过讨价还价，最后 70 元、80 元成交。本来商贩大赚了一笔，临末了，还扯着嗓子说：“得了，今天算是碰到一个砍价高手，一分钱没赚，只卖个保本！”而顾客也可能觉得商贩已经让出不少，心理上感觉轻松许多，于是“不失时机”地买下这件衣服。

这种方法反映了现实生活中普遍存在的一个现象，即“会哭的孩子有奶吃”，要求越多，得到的越多。其实这种心理就是典型利用了人们的恻隐之心，如果在交流中能激起人们的怜爱、同情、保护欲望、关怀之情，自然会极易获得交际成功。虽然不太合理，但却是一种见怪不怪的心理常态。因此，在交际表达过程中，表达主体应了解这种心理，使用这种心理，为实现良好的沟通创造条件。

四、跨越前提法

所谓跨越前提法，是指在交往、表达过程中，不直接询问对方“要不要”“是不是”“有没有”“买不买”等这样的问题，而是跨越这个前提，避免提供不利于自己的多样性选择，直接去问后面的问题，让对方直接进入更具体的内容，从而收到更好的沟通效果。

比如，有这样一个故事：饭店的两个窗口同样卖早点，一个窗口的服务员在顾客买了油条和豆浆后，便问顾客：“要不要鸡蛋？”而另一个窗口的服务员在顾客买完油条和豆浆后，问："先生，您要一个鸡蛋还是两个鸡蛋？"过了一段时间后，两个窗口卖出鸡蛋的数量大不一样，第二个窗口卖出的鸡蛋数量远远超过第一个窗口的。其中的奥妙之处，就在于第二个窗口的服务员在无意之中，使用了我们这里提到的"跨越前提法"。

"跨越前提"的沟通方法在许多场合可以使用，往往能收到奇妙的交流效果。比如公安机关在预审犯罪嫌疑人的过程中，预审员不是问犯罪嫌疑人："你杀人了没有""你偷东西没有""那天你外出没有"等，而是跨过这一前提，直接审问这一前提后面的具体细节问题，如："你到底在死者身上砍了几刀""用的是什么凶器""在什么部位捅的刀""你是从什么地方钻进屋子的""那天你什么时间出去的"等。这样审问，让嫌疑人直接进入"圈套"，不得不老实交代问题，这样就缩短了审问的过程，大大提高了办案效率。

五、亲切称呼法

所谓亲切称呼法，是说在交往过程中，对相交较深、相互熟悉的受众对象，不过分讲些客套的话，尤其在称呼其名字的时候，可以略去其姓，直呼其名，这样可以让对方产生一种亲切感，为相互交往创造更好条件。

不轻易向我们敞开心扉的对象，往往是因为觉得同我们有一定心理距离，这时如果我们以较亲切的称呼方式称呼对方，主动拉近彼此的心理距离，常常能收到较好的交际效果。调查研究认为，随着交际双方心理距离的缩短，称呼也往往由称头衔、姓氏，逐渐改称名字，最后如果再深入交往下去，则会专用昵称。日本著名心理学家多湖辉曾介绍过这样一个生活实例："有一对学生要结婚了，请我当他们的证婚人。我问他们结识的经历，女方说：'有一天，我忽然被叫了一声阿珠，从此便无可救药了。'原来男同学过去一直以姓名称呼她，一天突然叫了她的昵称，两人的距离一下子拉近了许多，并逐渐发展成了恋人。"以前不过是普通朋友，就因叫了声昵称便成为情侣，可见亲切称呼对心理的影响有多大！

亲切称呼法一般在比较熟悉的朋友、同学、同事间使用较多；相交不深，或初次相识，最好别用这种方法，否则，效果会适得其反。

六、抬举戴帽法

所谓抬举戴帽法，是指在交往中，先给交际对象戴个"高帽"，标定一个较好的形象，使之为了维护你给他（她）的这个形象，而不得不顺应你的意思，改变原有的态度。

这种方法也经常在交际过程中被使用。例如，在商场购买东西时，我们常常会遇到这样的情形：刚开始，售货员同购买者在商品质量、款式或价格上争论得很厉害，但后来聪明的售货员话锋一转，开始夸奖顾客在购物方面所具有的丰富经验和知识："先生看起来是一个特别内行的人，对 ×× 了解得这么多，我真得请教请教！""即使您不买这个 ××，我也感觉收获很大！"……一旦售货员说出这样给顾客戴高帽、抬举顾客的话，刚才的争论很快就会停止，甚至有些顾客在被售货员抬举之后，会心情愉快地买下那件商品。这就是抬举戴帽沟通法的奇妙效果。

这种沟通法也有心理学上的依据：其实在我们每个人的心灵深处，都有一种渴望接受别人肯定、夸赞的愿望也可以说是虚荣心，这种愿望或虚荣心一旦得到满足，就会心甘情愿地被人役使——既然人家这样高看自己，为自己标定了一个这样的好形象，我就应该作出有利的反应，改变态度，维护这个形象。

七、请君入瓮法

请君入瓮，来自于中国历史上一个有名的故事：武则天命令来俊臣审问周兴，周兴还不知道。来俊臣假意问周兴："犯人不肯认罪怎么办？"周兴说："拿个大瓮，把犯人装进去，周围用炭火烤，什么事他会不承认呢？"来俊臣于是叫人搬来一个大瓮，四面加火，对周兴说："奉令审问老兄，请老兄入瓮！"周兴吓得连忙磕头认罪。（见于《资治通鉴•唐纪》二十）。人们用这个成语比喻拿某人整治别人的法子来整治他自己。用在表达、沟通过程中，是说故意设置一个陷阱，让交际对方不自觉陷入被动的境地，从而认可表达主体的观点，接受表达主体的意见。

例如，在 20 世纪 30 年代中期，香港有一起出名的诉讼案：

英国商人威尔斯向中方茂隆皮箱行订购了 3000 只皮箱，等到取货时，威尔斯却声称，皮箱内层设置了木板，不能称是皮箱，并据此向法院提起诉讼，要求赔偿 50% 的损失。在威尔斯强词夺理、法官偏袒威尔斯的不利情况下，律师罗文锦出庭为被告辩护。

罗文锦站在律师席上取出了一块金怀表，问法官："请问法官先生，这是一块什么表？""这是一块伦敦名牌金表。可是，这与本案没有关系。"法官答道。

罗文锦坚持说与本案有关，他继续说道："这是金表，没有人怀疑，没有人否认。但是，请问这块表的内部机件都是金制的吗？"

法官这才预感到中了罗文锦的圈套。只见罗律师接着说："既然没有否定金表的内部机件可以不是金制的，那么茂隆行的皮箱案，显然是原告无理取闹、存心敲诈而已！"法官无言以对，只得宣判原告败诉。

使用请君入瓮法，关键在于不能让对方察觉"埋伏"，看出"圈套"，这样才能出其不意，攻其不备，令其自甘上钩，从而完全陷入被动挨打的境地。另外还应注意，两件事必须具有本质上的相似，这样合理类推，恰如其分，让对方心悦诚服，才会甘愿接受表达主体的观点、主张。

八、换位思考法

所谓换位思考法，是说在交流、沟通过程中，不只是一味地强调自己的观点和主张，而是在必要的情况下，尝试从对方的角度出发，让对方感觉你站在了他的立场上，替他考虑，为他着想，从而刺激其情感，引起其共鸣，实现心理认同，最终接受表达主体的意见。这种方法其实就是大家平常所说的"心中有他人"。

在我们的日常生活中，许多矛盾之所以产生，主要原因就在于未能进行换位思考；起码，在感觉上未能让矛盾双方以为对方在为自己着想。因此，解决这些矛盾、实现良好沟通的一个有效办法，就是换位思考，从语言上给对方造成"他这是在为我好"的错觉，有了这样的心理认同，沟通起来就会顺利、畅通。

比如，几年前笔者曾应一家出版商所求，主持编写一套全国秘书专业自学考试辅导教材。但由于各种原因，书稿虽已编写完毕，出版商却不想出版了，初稿费也不想再按约定给付。于是笔者前去交涉："王经理，我知道你现在为出版其他教材已投入了大量资金，手头是有点紧张，而且整天这样忙忙碌碌，几乎没有休息的时候，甚至连孩子也顾不上，的确不容易。另外，作为书商，出书的目的就是为了产生效益，如果感觉没有什么钱赚，硬逼着你把这套书出版，也有点不近人情。不过，你是否也该为我们考虑一下：整个暑假，大热的天，哪也不敢去，就闷在家里完成你的任务，有的老师甚至连老家也没回去一趟！都挺不容易的，还是相互理解一下吧！"最后，王经理答应除每本书交付一定的辛苦费外，再给点儿文艺、学术类书籍以作补偿——事情算是"圆满”解决了，写稿的老师也都通情达理地接受了这个结果。

再比如，随着现在生活的日益个性化，离婚事件在我们身边已屡见不鲜，这也为我们在可能的情况下劝说离婚者、挽救濒临解体但尚未完全破裂的家庭，提供了运用口才艺术的机会。有这样一对夫妻，两口子都是笔者的好朋友，但由于各种原因，感情一度出现危机，于是在劝说的过程中，我对男方说：“×××，千万别意气用事，想想你们的从前，想想你们刚刚开始恋爱时候的甜蜜，想想你们的孩子，尤其想想人家 ××× 独自一人远在异地，又上班，又看孩子，能过到现在有多么的不容易！无论如何，不能置气，还是好好地过日子吧！况且对方也不是让你难以忍受，只不过两地分居时间有些长，感情淡了些。不能因为这个就轻易离婚呀！”我对女方说：“金无足赤，人无完人。谁也不是道德完人、圣人，一个人生活几十年，难免不犯个错误，得饶人处且饶人。假如我是你，决不会轻言分手，一定会再给他一次机会！况且话又说回来，你仔细想想，人家 ××× 也还算是个称职的丈夫吧？工作很出色，在单位受人尊敬；又疼爱孩子，很会顾家，这样的男人不好找，还是好好珍惜吧。冷静下来，动动脑筋，两人好好深谈一次，相信凭你的智慧一定会把这场危机处理好的。”这里，笔者就是用的换位思考法来劝说朋友的，当然，也收到了较好的效果。

在我们的实际生活中，很多矛盾产生的一个主要原因，就是一些人说话、做事往往过多从自己角度考虑问题，不顾及或者较少顾及交际对方的感受。而且很多情况下，自以为真理在手，说话理直气壮，得理不饶人，从情感上、道理上都很难让人接受，于是矛盾自然产生，交流难以顺畅实现。

九、反向激将法

所谓反向激将法，是指在面对很难沟通或自以为是的交往对象时，不直接从正面进行说服沟通，而是反其道而行之，从他所认为的反面着手，激发他的自尊，丧失他认为正确的判断，从而达到表达主体的沟通目的。从心理学上分析，当一个人的自尊心受到较强烈的刺激时，往往会引起人的激情爆发，一个人一旦处于激情状态下，就会失去理智，意识范围变得狭窄，很难再全面地、客观地分析情况，在不自觉中误入“歧途”。

比如，有这样一个故事：

某化工厂要建一幢大楼，许多工程队竞相承包，但经筛选只剩甲、乙两个工程队。双方势均力敌,都想赢得承包权。究竟包给哪一方?厂家不好决定,只好约请双方各来三人以面商。

甲、乙双方都清楚:谁能赢得这场舌战,谁就能获得承包权。于是双方积极备战、厉兵秣马。甲队探知:乙队中三人,有二人才识平平,而另外一人是技术员,他不仅具有深厚的建筑知识和施工经验,而且很有口才且相当自负。要取胜这样一个人,正面强论显然不妥,于是甲队采取了一些策略。

双方一见面,甲队三人都颇为热情地向乙队中那两位才识平平的人致意和问候,而对那位欲显示其锋芒的技术员有意忽视、冷落。果然,这一举动令那位技术员十分不快。接着他们又恭敬地对那二人说:"二位的大名,我们是久仰了。知道你们在咱们建筑行业都是独当一面、多才多艺的大能人。今天二位来参加,我们真有点诚惶诚恐,还望二位高抬贵手啊!"站在一边的技术员,听了这些话,自尊心受到极大损伤,心中的怒气直往上冒。

当"面商"开始,甲队又抢先谦恭地对那二人说:"我们早就想听听二位的高见,今天正是一个好机会,还是请二位先指教吧。"

不等二位开口,那位愤怒至极的技术员呼地一下站起,说:"好,你们有本事!你们谈!"随即拂袖而去。那二位一时语塞,不知如何是好。厂家见此,说道:"这样的技术员,我们怎能信赖呢?"于是厂家同甲队签订了承包协议。

协议刚一签罢,那技术员便气喘吁吁地跑了回来,连呼:"我们上当了!"然而,一切都晚了。

反向激将法在我们日常的生活交往中经常被使用,比如说:"这件事,告诉你你也完成不了,最好还是别告诉你""你这么小气的人,什么时候吃饭也不想掏钱""反正你也不去,说也白说"……这些话其实都是用的反向激将法。这是一种很奇妙的沟通方法,尤其在面对那些心气较高、自以为是的人时,如果巧妙运用,往往可以收到"反弹琵琶出新意"的效果。

十、利益诱引法

一提到"诱引",容易使人联想到勾引、诱骗、引诱等这一类贬义词,让人产生反感,其实,"诱引"这个概念在不同的使用领域有不同的含义。在心理学中,它是一个中性词,是指外部因素诱发和引导内部意向的作用方式和作用方法。诱引在人际交往中是一种较普遍的社会现象,它不仅是一种钓鱼式的逗引方法,也是促进交际对象心理内部矛盾斗争的方法。追求拥有口才艺术的人应了解这种心理现象，并有意识地学会正确运用这种人际沟通的方法。

诱引包括兴趣方面的诱引和情绪、情感方面的诱引等，而所有这些诱引中经常产生明显作用的是利益诱引。比如美国行销顾问爱尔玛·费勒，曾经针对引诱顾客欲望的沟通法，举了这样一个例子：当公共汽车门口站满了人，上上下下都不方便时，司机如果大喊“请往里面走”，一定没有什么用，但如果改说“请大家往里面动一动，里面有空座”，大家一定拼命往里去挤。爱尔玛·费勒以这个例子说明，不管事情多么麻烦，只要有利可图，人们大多不会抱怨。例如，一单位领导欲让一位新分配来的大学生到基层挂职锻炼一年，可这位大学生并不乐意，因为他知道基层艰苦。于是这位领导采取了“利诱”开导的战术。他对这位大学生说：“我建议你还是去吧，基层能锻炼人，你在基层会受到重视。从实际情况看，只有经过基层锻炼，才会有更好发展，回来后才会发挥你的才干。”结果这位大学生很爽快地答应了领导的建议。

又如一位服装推销员，向一商场采购员推销新式服装时，诱之以利地说：“吴小姐，这种男式衬衣，样式是请专家设计的，目前已在流行。每卖一件，您能够获得四成的利润，而您销售的其他衬衣，最多只有二成的赚头。这种新款式，目前正在广告期间，卖起来非常容易。一个月下来，少说可以脱手500件，仅卖这种衬衣，你就可以净赚4000多元！重要的是，资金回笼要快得多啊！”这种推销方式，就是以利润诱使对方成交。

还有一种利益诱引法，是尽量将产品的价格进行单位缩小，让对方感觉产品不贵，很实惠。例如：

“这种新式纽扣，每颗才卖5毛。”

“这套房子5年分期付款，每月只花2000元即可住进去。”

“这种进口太妃糖100克仅仅30元。”

……

这样进行交流，可以使顾客避免直观的“昂贵感”，从反面对顾客进行利益诱引，也能收到较好的表达效果。人人都是避害趋利的，在交往、交流过程中，只要能恰当找到对方的利益需求，并适当加以诱导，就一定会使表达、沟通顺利进行。

十一、曲径通幽法

所谓曲径通幽法，是指不直接表明自己的观点，而是通过含蓄委婉的或迂回曲折的方式来表达自己的观点、思想，以实现良好沟通的目的。这种方法一般有以下几种形式：

（1）釜底抽薪式，即通过抽去大前提赖以成立的依据，以使对方自己否定自己。例如，东汉时，光武帝曾与他的一位大臣有过一次闲聊，光武帝问："听说你做小吏时，曾经鞭打过自己的岳父，有这回事吗？"这位大臣平时为人处世很有分寸，确无此类无礼之事。但他没有直接正面回答光武帝的询问，而是很幽默地采用了釜底抽薪式回答方法，说："臣娶过三个妻子，她们都没有父亲。"这样回答，既否定了对方，又给足了皇帝的面子，很有趣味，而且符合君臣闲聊的气氛。

（2）自揽责任式，即通过自己承揽责任，为对方寻找台阶下的否定法。有一对老年夫妇逛乐器商店。丈夫看见一只小号说："我一直想吹小号，我要是现在开始学是不是太老了？"妻子真心不愿丈夫买这影响安静的玩意，但又不好直接否定，便回答："不，你吹小号一点都不老，只是我太老，受不了你吹小号的声音。"这种回答委婉含蓄、顺理成章，从而使丈夫放弃了购买小号的念头。

（3）妥协式，即通过适当让步的办法避免争执不下和激烈冲突的局面，然后寻机达到沟通的目的。在双方激烈争辩、相持不下的情况下，采取暂时妥协、让步的方式，反而能够引导对方冷静地去分析自己观点的不足，客观地对待问题，从而为否定对方观点提供了有利条件。

（4）类比式，即根据两种事物在某些特征上的相似之处进行类比，由否定一种事物进而达到否定相似事物的目的。这种例子很多，像典故"揠苗助长"，用以批评一些家长望子成龙心切而滥施"教育"的不良现象就十分有力；典故"刻舟求剑"，用以批评那些具有形而上学思维的人就十分贴切。还有《战国策》中的《邹忌讽齐王纳谏》《触龙说赵太后》等名篇，都是用了类似的劝说技巧，从而达到进谏的目的。

十二、矛盾转移法

在日常交往中，如果遇到自己难以回答的问题，或碰上穷追不舍的质问，正面直接回答极容易出现纰漏或给对方以把柄，这时候可以采用矛盾转移的办法，将问题巧妙绕过去，以转移对方关注的视线，或者正问歪答、偷换概念，以收到让对方无言以对的效果。

例如，俄国著名诗人普希金，年轻时在彼得堡参加了一个公爵的家庭舞会。他邀请一位小姐跳舞，这位小姐傲慢地说："我不能和小孩子一起跳舞！"普希金听了此话，突然一怔，很是吃惊，但大诗人灵机一动，微笑着说："对不起，我亲爱的小姐，我不知道你正怀着孩子！"说完，很有礼貌地向小姐鞠了一躬，然后离开了。而这位漂亮的小姐怒目圆睁、咬牙切齿地瞪着离去的普希金，想发作却又无言以对。

这里，这位小姐所说的"我不能和小孩子一起跳舞"，本来意思是说"你是个小孩子，我不能（或不愿）和你跳舞"，但普希金却巧妙地将这句话别解为"我腹中有孩子，我跳舞，腹中的小孩也跟着跳，这样对我们母子不利"，用矛盾转移法嘲笑了对方的傲慢与无礼。

再比如，有一位学生在学校组织的征文比赛中获得了第一名，当老师在班上宣读这篇作文时，突然听到有人说："哼，那篇作文，是抄的！"班里一下乱了起来，在一片交头接耳的议论声中，那位学生突然站起来，大声地说："是的，是抄的，文章当然都是'抄'出来的，这毋庸置疑。我说的'抄'是经过自己的深思熟虑，打好腹稿之后，再抄到草稿纸加以润色，最后定稿再抄到规定的稿纸上，我'抄'的正是我自己独特的思想，难道，这种'抄'不对吗？"

在这特定的场合中，这位学生利用"抄"的多义性，进行一番奇特别致的解释，巧妙地将矛盾进行转移，使自己从困窘的状态中解脱出来，收到了比直接辩白胜过百倍的效果。

英国著名作家萧伯纳先生身材瘦高，有一次出席一场酒会，正好坐在一个身材肥胖的商人旁边。这个肥胖商人看到萧伯纳先生身材消瘦，就想揶揄一下萧伯纳："萧伯纳先生，我一看到你就知道世界在闹饥荒啊！"说完，得意地笑着。萧伯纳先生不紧不慢地回答道："是啊，先生，我一看到您，就明白了世界闹饥荒的原因了！"商人听完，不知如何应对，只有尴尬地讪笑一下。

使用这种偷梁换柱式的矛盾转移法，应注意以下几点：首先，转移的矛盾要和原来的矛盾有联系，否则，会让交际对方很容易发现逻辑上的谬误，最后"偷鸡未成反蚀一把米"；其次，矛盾转移应有针对性，要符合自己的观点，有利于自己的表达，为阐述自己的思想服务；最后，使用矛盾转移法，无论巧释也好，别解也罢，均可谈笑风生成文章，既不可过于死板，也不要太随意。

十三、开门见山法

写文章时，有一种开头的方式，叫开门见山，即文章一开始，不绕弯子，不兜圈子，直接破题，亮明观点，给人一种主题鲜明、先入为主的感觉。在我们口语表达中，也可采用这种方法，给交际对方以措手不及之感，在慌乱之中只好接受我们的主张。

当年日本著名的电影演员三浦友和与山口百惠谈恋爱时，曾遭到山口一家人的极力反对，三浦决定去山口家直接提亲。在三浦到来之前，山口的母亲召集了亲戚朋友组成一支强大的“反对团”严阵以待。三浦一进屋，刚行过礼便对山口父母亲脱口而出：“把百惠给我吧，你们不给，我也要和百惠结婚！”突如其来的话，使山口百惠的父母乃至亲友们都愣了，原来想好的各种理由全部失去了用场，山口母亲无奈地问：“这是你完全了解我们家的情况才说出来的话吗？”三浦友和作了肯定的回答。于是山口一家只好答应了。

在现实生活中，使用开门见山的表达方法，可以晓畅明白地向别人表明自己的信心、信念和不可动摇的意愿，并以坚定的语气使交际对象改变原来的注意，不再怀疑你的决心，不再因考虑细枝末节的小事而对关键性的问题与你争辩、抗衡。

在使用开门见山法时，也要注意两点：第一，语言要适度，不要因为说得太过直白而无意中伤人；第二，要考虑时机，分清场合、对象，不可随意乱用，否则效果反而适得其反。古语有云：“逢人且说三分话，未可全抛一片心。”两种观点都考虑进去，才可将开门见山法运用得恰如其分。

十四、旁敲侧击法

所谓旁敲侧击，是指在表达、交流过程中，不将意思说透，而是点到即止，通过向对象送出间接性的信息，使对方领悟“弦外之音”“言外之意”，也就是心理学上所讲的暗示法。

使用旁敲侧击法进行沟通的形式很多，如运用历史典故、进行事物类比、榜样示范、指桑骂槐、说反话、说半截话等。但无论哪一种都应注意以下两点：

首先，表达主体所要真实表达的信息含义，一定要能够被交际对象理解、知晓。如果隐含的信息含义不能被对方理解，或理解失误，那么旁敲侧击法就失去了它应有的作用。

其次，表达主体所要表达的信息含义应与交际对象的心理相容，否则，交际对象就会心存抵触，不接受这种暗示。

使用旁敲侧击法，一般是出于以下几种考虑：

（1）所要表达、交流的内容其性质属于不宜直接点明的：如劝说一位在生活作风上不太检点的同事、朋友；或者劝说一位平时爱占小便宜的同学、朋友等。

（2）受众对象一般属于内倾型性格或抑郁质气质类型的人，自尊心强，比较敏感，具有较强的防卫心理。另外，对身份、地位、文化层次较高的受众对象，也宜采用这种旁敲侧击的暗示方法。

（3）旁敲侧击法一般是在有第三人或多人在场的情况下运用。在这种情况下，如果采用直接公开的说劝方式，会使对方自尊心受到伤害，甚至还可能激起对方的强烈反抗，因此采用旁敲侧击式的暗示方法，在一定程度上维护了对方的自尊心和良好形象，为其转变态度、接受意见提供了有利条件，沟通起来效果可能更好。

举个例子，有一次，在一项高档服装交易的商谈中，买方知道卖方所报价格高出谈判底线很多。买方要求卖方将价格降低40%，而卖方则始终强调其服装为名牌、畅销货，不肯将价格降低40%，只答应降低20%。买方经过分析认为：仅仅同卖方直接讨论价格问题难以达到目的，不如采用一些暗示性技巧。于是他们在第二轮谈判前，悄悄地对卖方的几个主要客户进行了调查，得知其成交价是卖方所报价格的55%。第二轮谈判开始后，卖方仍然较强硬地坚持较高的价格，买方对此却不与争辩，只是和颜悦色地说："其实，我们今天能凑在一起，都是由于张先生、李先生和高女士的介绍，你们公司的这几位客户，我们都有一些接触。我的意思是说，从长计议很重要，您说呢？"

在这里，买方虽然没有明说要求对方大幅度降低价格，但其言外之意就是：我们已经从卖方的几个客户那里了解了底细，卖方应意识到这一点，将要价降到一个合理范围。

果然，在接下来的讨还价中，受到暗示的卖方加快了让步的速度，并很快接近了那个合理范围，谈判取得了成功。

十五、沉默是金法

所谓沉默是金法，是说在日常交际中，如果遇到絮絮叨叨、说个没完，或者胡搅蛮缠、咬住歪理不放，或者正在气头、情绪激动的人，干脆将其搁置一旁，置之不理。过一段时间，前一种人会自觉没趣悻悻走开；后一种人则情绪平静下来，恢复理智，这时再进行沟通，就会收到较好的效果。

比如，在日常的家庭生活中，有时常常会碰到这样的情况，本来家中已有不少玩具，可每当孩子看到新的玩具，还要哭闹着买，如果你过多地对孩子讲道理，他不但不听，反而会更大声哭闹，这时父母不妨用沉默是金的方法对待。因为你越是劝说，孩子哭闹得可能越厉害——他越想以此来获得你的同意；如果你干脆不理睬他，过一段时间他又会发现新的兴奋点而将这件事忘了。

所谓口才好，并不永远都是口若悬河，滔滔不绝地表达、交流，并不都是妙语连珠、口吐莲花；有时候，无技巧或许就是最高技巧，在适当情况下，不说话，往往却能收到“此时无声胜有声”“于无声处听惊雷”的奇妙效果。这或许就是古人所说“大音希声”的绝佳状态。

以上，讲述了 15 种在日常生活中比较常用的沟通方法。当然，在我们平常的交往中还有许多行之有效的沟通手段、沟通技巧。相信只要我们注意观察、善于总结、用心思考，就一定能找到更好的沟通方法，提高自己的沟通、表达能力，提升自己的生活质量。

第二节　辩论中的说理技巧

辩论是一个批驳错误、探求真理的过程。人类总是在不停的辩论中求得生存之道和发展之计。辩论是一种推进器，从小里看，在通过辩论而达成最佳认同的过程中，我们的表达、沟通、交际能力得以养成；往大里说，社会制度的变革、经济生活的进步、民主政体的建立等，通过辩论而找到可循的依据、实现的方案和共同的目标。由此看来，辩论于我们自身发展乃至对整个社会的进步都起着巨大的作用，把它上升到艺术的高度上讲是确有必要的。

辩论看似“口辩”，实际上更多的是“思辨”，这是一种真正的智慧较量。由此产生的思想创造效应也是难以估量的。从东汉清议到“五四”演讲，从新文化运动浪潮至 1978 年的真理标准大讨论，各种辩论无不与思想创新、社会变革相联系。当这种语言的运用唤起庄严的意象，体现民族上进的高贵时，我们领略到“不会思想的民族只能退化”的深刻含义。人只有明亮的双眸、苏格拉底式的前额是远远不够的，一个辩手，没有思想，徒具尖锐的唇舌，巧言善辩所显示的也不过是思想的苍白。没有一个丰富的大脑，没有一颗真诚求善的心灵，语言终究是过山之风，无影无踪。辩论的真正财富没法炫耀是因为它思想的沉实，辩论的震撼人心是因为它不可估量的真理价值。通过针锋相对的辩论，我们可以领略在辩手们不断闪现的智慧光芒的“锋面”和“洞见”，也可以感受到对思想与智慧的启迪。他们吞“云”吐“雾”，唇枪舌剑，时而让我们如坠茫茫云海，时而又将我们托出云间，眼前出现晴空一片。辩论过程中的话锋所指，常有令人拨雾解谜，开拓新视野、新思路、新景观的意外的力量。辩论，激励人们去汲取知识，启迪人们学会思辨，促使人们去驾驭语言，引导人们去砥砺心理，驱动人们去完善人格，启发人们去增长智慧。

总之，辩论启发和引导人们去追求真善美，启发和引导人们完善自我、超越自我。

正因为如此，辩论在青年中成为热门话题，“辩论热”在高校如火如荼，荧屏上“辩论大赛”屡见不鲜，书架上《辩论的艺术》《唇枪与舌剑》等畅销不衰。

不妨说，在某种意义上，辩论已成为现代人的一种学习手段，一种精神享受，一种生活需要，今天我们学习辩论的目的就在于为明天的成功铺路架桥。

一、辩论的含义

从古到今对辩论的理解、阐释不尽相同。《墨子·经说上》指出：“辩，争彼也；辩胜，当也。”意思是说：辩论就是人们对一个论点相互之间的争论，谁正确，谁就获胜。《墨子·经说下》作了进一步的说明:“俱无胜，是不辩也。辩也者，或谓之是，或谓之非；当者，胜也。”意思是说：如果没有是非的区别，双方分不出胜负，那无所谓辩论，之所以有辩论，就是因为有人认为正确，有人认为错误，辩论的结果应是“当”的获得胜利。这里的“当”按我们今天的理解，就是要符合客观事实、客观真理，也就是个人的认识要与客观事物、事理的发展变化规律相一致。

以上对“辩”的诠释只是基于古人对“辩”的认识，至于什么叫“辩论”，并未进行文字释义和界定。所谓辩论，是人们针对某一具体话题，以公开对立的立场对对方的观点进行驳斥和否定，同时确立和强化本方观点的一种语言交流形式。

准确理解辩论，有以下几点需要把握：

其一，双方的语言交流必须是针对某一具体的话题进行的。

其二，双方的立场必须是公开对立的，并且双方在拥有发言权这点上机会是均等的。

其三，双方的语言内容必须是对对方观点的反驳和否定，同时对本方观点具有确立和强化的作用。

这三个要点是构成辩论的必要条件。不论说话人情绪多么慷慨激昂、言辞多么针锋相对，如果不具有以上要点，都不能称之为辩论。

二、辩论的分类

从特性上来讲，辩论可分为两种：一种是应用性辩论，即为坚持真理、明辨是非而进行的辩论；另一种则是竞技性辩论，以提高辩论能力、说理技巧为主，如辩论赛。

应用性辩论，如法庭辩论、议会辩论、政策辩论、商务辩论等。它的特性是应用性。它的目的在于辩明一种现象的真与假，一种政策的优与劣，一种行为的善与恶，一种认识的是与非，一种理由的曲与直，一种措施的利与弊。一句话，这种辩论追求的是要消除分歧取得共识。而竞技性的辩论则不同。它具有鲜明的竞技性，它的目的在于展示辩论者语言表达能力，分析与反驳能力，机智应变能力，立论的逻辑性，证明的折服性，表情动作的恰当性，以及风度的得体、幽默的适度，等等。一句话，这种辩论在于通过比赛，促进辩论艺术的提高，最终用于实践，即为应用性的辩论创造条件。

三、辩论的特点

（一）应用性辩论的特点

应用性辩论以应用为目的，这就决定了这种辩论具有实用性、双重性、唯一性、随意性等特点。

通过辩论，得出正确的认识是应用性辩论实用性的表现之一，但在实际生活中这种实用性还体现在维护自己利益、掩盖对方耳目等许多作用。引用京剧《沙家浜》中“智斗”的例子，看看阿庆嫂等人的“辩论”。

刁德一：这个女人不寻常，我要旁敲侧击将她访。

阿庆嫂：刁德一到底什么鬼心肠，他们到底姓蒋还是姓汪，我必须察言观色把他防。

胡传魁：这小子到底什么鬼花样。

阿庆嫂：这草包倒是一堵挡风的墙。

至此，各人目的清楚：刁德一要弄清阿庆嫂的身份，以此寻找新四军伤病员的线索；阿庆嫂则用胡传魁去对付刁德一的盘查，同时摸清刁、胡两人的身份。

刁德一：……阿庆嫂真是不寻常，若无有抗日救国的好思想，怎能够舍己救人不慌张？！

阿庆嫂：开茶馆，盼兴旺。……司令常来又常往，我有心背靠大树好乘凉。

刁德一：新四军就在沙家浜，这棵大树有阴凉。你与他们常来往，想必是安排照顾更周详。

阿庆嫂：垒起七星灶，铜壶煮三江。摆开八仙桌，招待十六方。来的都是客，人凭嘴一张。相逢开口笑，过后不思量。人一走，茶就凉。有什么周详不周详。

双重性指的是对抗与同一的双重性。对抗的是形式，而目的则是需要同一的。通过语言的对抗，达到同一的目的，这是辩论的根基所在，舍此根基，辩论的实用目的就无法实现。1962 年 10 月，世界爆发了一场可怕的加勒比海危机：苏联为支援反美十分坚决而又位于美国后院的古巴，在古巴秘密设置中程和中远程导弹；目标直指美国各大中城市、工业中心和军事基地。美国侦悉此事，亦不示弱，除对古巴实行全面封锁外，还安置洲际导弹目标对准苏联的发射架。核战争一触即发！这将给全世界带来灾难，各国人民一片惊恐。联合国安理会为此召开专门会议。美国大使史蒂文森与苏联大使佐林展开了一场大辩论：

佐：真正威胁和平的是美国对古巴的封锁，是美国首先采取了这一战争行动！

史：有消息说，你们已经并且还将继续把武器运往古巴。

佐：我们把武器运往古巴，是应古巴政府的请求，并不针对任何人。而且这些武器都是常规性的，完全是为了防御。

史：你是否认苏联在古巴已经并且还在设置中程和中远程导弹吗？

佐：（环顾左右，似在等候翻译）……

史：你承认还是不承认？用不着等人翻译，你懂英语。立即回答：承认还是不承认？

佐：你这是什么意思？这里是庄严的联合国讲坛，而不是美国的法庭！

史：这是世界舆论的法庭！不要回避躲闪，转移焦点。我等着你的回答。一直这样等着等着！直到地狱封冻！

佐：对捕风捉影之说，我拒绝回答。

史：谁说是捕风捉影？

佐：你有什么证据？

史：要证据？好！我就在这里拿出证据，现在就拿出来！（他一挥手）推进来！（一个带轮子的画架被人推了进来，史伸手把蒙在画架上的布一揭）请看，这就是证据！

全场先是鸦雀无声，旋即，一片惊呼与掌声响起。原来，那是古巴导弹发射场的巨幅照片。一切都昭然若揭，佐林尴尬万分。最后，苏联不得不从古巴撤走导弹，加勒比海危机得以解除。世界人民企盼和平的同一目的达到。

上面的例子还印证了应用性辩论的唯一性——利害标准、是非标准、曲直标准、善恶标准、优劣标准等。“消除分歧，统一认识”指的就是唯一性之于辩论的作用。

随意性是与竞技性辩论相比而言的，也可以看作是随机性，是指应用性辩论没有时间限制，没有评判团，没有界定意义的输赢，没有表演性。

（二）竞技性辩论的特点

竞技性辩论的目的是通过比赛，促进辩论艺术提高，为应用性的辩论创造智力和口语表达能力的优异条件。因为它具有这样的竞技性，这就决定了这种辩论具有间接实用性、强烈对抗性、答案不唯一、高度技巧性和平等公正性的特点。

间接实用性：就辩论的目的来讲，它不具有直接的实用性，不像应用性辩论一样会产生什么即时效应。它不是要辩明事物的真假、优劣、善恶、是非与曲直，不求消除分歧，统一认识，得到公认的结论，为人们的行为提供标准。但它要求在辩论的技艺上要分出高低，决出胜负，并以此为视点来促进辩论技艺的提高，为应用性辩论创造智力与口语表达力的条件。这就是竞技性辩论的目的。离开了这个基准，辩论赛的意义就不存在了。

强烈对抗性：两军对垒，水火不容，寸步不让，相持到底——这是所有竞技性比赛的共同性。同大型篮球赛、拳击赛等体育比赛一样，如果对抗消除，比赛也就失去了意义。正因为存在着对抗，才使竞技不断提高，把技艺推向一个又一个高水平。此外，我们应该明白这种辩论的立场多是由抽签决定谁是正方谁是反方的，这立场并不代表参赛者真正的立场、态度和主张。参赛双方互不相让、唇枪舌剑，为的是一决胜负，一争高下。这种强烈的对抗性使辩论双方都不会被对方说服，也不企图让对方接受自己的主张而统一观点，而是以驳倒对方并争取评委的表决和听众的反响来取得辩论的胜利。

答案不唯一性：答案的不唯一性是竞技性辩论的显著特点。论题取材精妙，立论合乎常理，能自圆其说，这是对抗赛的基础。如果制定了“唯一”答案，那就无言可辩了，对抗赛也无法进行。

高度技巧性：竞技性辩论是一种高智能游戏，它以训练和提高辩论的技能、技艺、技法、技巧为目的。在赛场上要辩得精彩、辩得热烈，不但要靠参赛者的素质、思想、修养、知识、能力和言语，而且要靠随机应变、运用自如的辩论技巧。在赛场中，双方都要尽量压倒对方，强攻强守、辗转腾挪、左拼右挡、化朽为奇、峰回路转、柳暗花明……此为辩论的最高境界。

平等公正性：竞争辩论是平等的竞技，是在完全平等的条件下进行角逐。辩论双方的地位是平等的，机会是均等的，最后要决出胜负。公正性具体表现为：辩题是中性的，正反方由抽签决定；双方出场人数一样；发言顺序、发言时间一样；应遵守的规则一样；评判的标准完全一样。

应用性辩论和竞技性辩论同属于“语言对抗活动”这一“辩论”的大概念，因而不仅含有特性，而且也有共性。不论哪种辩论，都要求辩手具有较强的逻辑推理和逻辑思维能力，具有准确地表达自己思想和观点的能力，具有较为丰富的社会科学和自然科学知识，具有较强的机智能力、遣词能力、幽默能力和心理承受力等。

四、辩论的原则

没有规矩，不成方圆。搞好辩论，除了广泛学习知识、熟练掌握技巧外，在开展辩论之前、之中必须了解并遵守如下几项原则：

（一）实事求是原则

所谓实事求是原则，是指在辩论中要尊重事实、尊重规律、服从真理。辩论的过程就是摆事实、讲道理、辨是非、定违从的过程。俗话说：“事实胜于雄辩。”列宁也曾指出：“如果从事实的全部总和、从事实的联系去掌握事实，那么事实不仅是胜于雄辩的东西，而且是论据确凿的东西。”

因此，任何论点的成立，都必须有事实的依据。在辩论过程中，必须尊重事实，按照事实的本来面貌来叙述事实，不能歪曲或否定事实。对事实既不要夸大，也不要缩小，更不能无中生有，随意捏造，主观臆断。只有论据真实，实事求是，才能使自己的立论立于不败之地。生活的实践将驳倒一切论据虚假的论证。对于对方引用的事实材料，只要持之有据，就得予以承认，不能因于己方不利而任意否定。总之，辩论各方都必须坚持“以事实为依据”的准则。

在辩论中，摆事实是为了讲道理，讲道理时必须尊重规律、揭示规律，使主观认识与客观规律相统一。所谓规律，是事实固有的、内在的、本质的、必然的联系，它是不依人的意志为转移的。人既不能创造规律，也不能消灭和改变规律，而只能认识、尊重和利用规律。所以，辩论中遵循实事求是的原则，就要在尊重事实的同时还要尊重规律，揭示事物的本质及其发展规律，并运用规律来指导人们的实践活动。

实事求是原则的另一要求就是服从真理。辩论的最终目的是探求真理，匡正谬误，因而在辩论中就应该认识真理、追求真理、维护真理、坚持真理、服从真理、捍卫真理。这就要求参辩者不要斤斤计较于微观上的某一辩论行为的胜败得失，而应该在已有的真理性认识的基础上，经过正常的辩论去努力获取扩大了的和加深了的真理性的认识，并且还要勇于放弃自己错误的观点。在真理面前，要敢于认错，服从真理，这是一种难能可贵的正直和勇敢，是一种令人崇敬的高尚品质。而那种在真理面前死不认错、无理也要争三分的人，只会被参辩者和广大听（观）众所不齿。

（二）道德性原则

从事任何一项社会活动，都应有其相应的道德要求。辩论也不例外，但在辩论的实践中，由于辩手本身的道德水平差异，加上辩题内容又往往与参辩者的名誉、利益等有不同程度的联系，因此人们在辩论中对于道德性原则的遵守往往有不同的判断标准。但无论如何，我们可以从辩论的动机、辩论的过程、辩论的结束等几个方面探寻辩论应遵循的一些基本的道德规范。

辩论动机分析：所谓辩论动机，是指“我”与对方展开辩论的目的是什么？这个目的有没有价值？对方想通过辩论达到什么目的？其素质与水平如何？对于这些内容，辩手在参加辩论之前应进行深入分析，对那些不值得介入的辩论话题，那些不值得与之一辩的小人，要采取回避态度。宋朝苏轼在《艾子杂说》中，曾讲过这样一个故事：

营丘有一个读书人，喜欢争论不休，爱把无理说成有理。一天，问艾子："大车下面和骆驼颈项上，总要挂着一个铃铛，那是为什么？"

艾子说："车子和骆驼都很大，夜间走路怕狭路相逢，所以系上铃铛，对方一听铃声，就好互相让路了。"

营丘士人说："宝塔上也挂着铃铛，难道也因为要夜间走路而互相避让吗？"

艾子说："鸟雀喜欢在高处做窝，撒下粪便会弄脏地面，所以高塔上挂铃铛，风吹铃响，就会把鸟雀赶跑。你为什么要拿它来跟车子、骆驼比呢？"

营丘士人问："鹰和鹞的尾巴上也挂着铃子，难道鸟雀会到鹰的尾巴上做窝吗？"

艾子说："鹰鹞出去捉鸟雀，或飞往林中，缚在脚上的绳子容易被树枝绊住，只要它一拍翅膀，铃就会响起来，人可以循着铃声去寻觅。怎么可以说是为了防鸟雀做窝呢？"

营丘士人还问："我看过大出丧，前面有人摇着铃子，嘴里唱着歌。从前总不懂这是什么道理，现在才知道是因为怕给树枝绊住脚跟。但不知缚在那人脚上的绳子是皮绳呢，还是麻绳？"

艾子被缠得发火了，就讽刺他说："那是给死人开路的，就因为死人生前专爱诡辩争论，所以摇摇铃让他也开开心吧！"

铃铛有各种不同的种类，有各种不同的用途，营丘士人最初的提问并不难解答，艾子回答得也很明白。但营丘士人偏要节外生枝，胡搅蛮缠。这种"正理歪讲，无理胡讲"的人在辩论中一旦被你遇到，还是趁早回避为好。

辩论过程中：在辩论过程中，违反道德性原则的表现通常有以下数种：

（1）违背事实，违背法律、政策的言行。

（2）强词夺理，歪曲理解对方原意的言行。

（3）趋炎附势，以势压人的言行。

（4）恶语伤人，有损对方人格的言行。

（5）与所辩内容无关，揭对方之短的言行，等等。

上述言行，都是在辩论过程中违反道德性原则的表现，属于辩论过程中的不道德言行，我们应给予关注并坚决避免。

辩论结束时：辩论临近结束或结束以后，辩手此时的心理，与辩论刚开始和辩论过程中已有不同，在辩论结束以前，双方一般都认为自己是真理在握，胜券稳操，因此，表现得理直气壮，咄咄逼人。但是，经过双方激烈的语言交锋，你来我往，结局已渐趋明朗，这时会出现三种情况：第一种是，局面对自己越来越有利，已是胜利在望；第二种是，辩论虽临近结束，但只是时间意义上的暂时中止，离最终结束还显然有个过程；第三种是，语言交锋的结果证明自己的主场、观点处于不利地位或已明显宣告失败。对这三种不同情况，遵守道德性原则的具体内涵有所不同。

第一种，当己方已稳操胜券时，要注意自己的言行与风度。要“胜不骄”，不要以骄矜的神色对待对方，要控制住自己，只是“就事论事”，不要借“胜”发挥，发出“画蛇添足”式的与辩题无关而对对方有损的言行。除了重大问题与原则立场之外，一般情况下，“得饶人处且饶人”，力求使自己在辩论中获胜的基础上，再争取在人格上、风度上获胜。在某种意义上，人格上、风度上有优秀表现，同时也就是遵守了道德原则的要求。

第二种，辩论暂告中止，但还未结束，此时及此后一段时间，话题必然萦绕在自己心头，已经发生的辩论也难免会像“过电影”似的在眼前浮现。很自然地，为了争取在下一轮辩论中获胜，自己也会对已发生的辩论加以总结，调整立论的角度，强化驳论的力量。这种调整往往会以已发生过的辩论中的对方言行为依据。此时需要注意，从大的角度而言，自己应当“坚持真理，修正错误”，即继续坚持和强化已经辩论证明是正确的部分，修正或放弃已被证明是自己错了的部分，而不应当处心积虑地去思考如何强词夺理，如何文过饰非。从小的角度而言，自己应当注意，要更加全面地理解对方的原因和理由，而不应抠住对方的某种“口误”不放，攻其一点，不及其余。这样，无论最后结局如何，都会“赢得光彩，输得体面”，最终使辩论在一个高的水平上结束。

当辩论的结局宣告或等于宣告自己的失败时，即在第三种情况下，此时如果自己在“摆事实、讲道理”方面已没有更有力的材料来“改变局面”，那就应当坦然地面对现实。有的辩论与自己的切身利益影响至大，失败实在难以面对，也要使自己胸襟坦荡，视胜败为“兵家常事”，而不要耿耿于怀，更不必为自己在辩论中的某种失误而时时揪心。要尽快地使这种失败成为过去，并使自己早日走出因辩论失败而导致的“人生低谷”局面。

总之，在辩论临近结束或结束以后，参辩者要注意以道德性原则规范自己的言行，以使辩论的结局尽可能地圆满。

（三）公平性原则

公平性原则又称平等性原则，是指在正常的辩论中，所有参加辩论的辩手在整个辩论过程中，始终保持地位上的平等、权利上的平等，始终坚持公平性原则，否则，辩论就无法正常、顺利地进行。

公平性原则的具体内容包括：人格平等、权利平等、真理面前人人平等。

在辩论过程中，不论参辩者以前在政治、经济、伦理上的地位如何，在辩论时人格是完全平等的，没有尊卑高低之分，他们处于同一起跑线上，服从同样的辩论规则，这是构成辩论环境的基本要素，是进行正常辩论的必要前提条件。如果没有人格上的平等，也就没有真正意义上的辩论。辩论是以理服人的过程，不是权力强制、权力压人的过程。在实际辩论中，我们常常见到“以人为据”或“诉诸权威”等情况，都违背了公平性原则，而是一种“权力意志”“权威意识”，那是不可能达到探求真理、匡正谬误的目的的。

权利平等指参辩者具有辩护和反驳的平等权利，即任何参辩者，都有权为自己的立场、主张、观点进行辩护，证明它的正确，也有权反驳对方的立场、主张和观点，证明它的错误。如果其中一方失去了自由辩论的权利，似封建社会里行政司法合一，采用纠问式的审判、施刑逼供，被告人根本没有任何辩护的权利。在辩论中如果不许为自己辩护，更不允许反驳对方，那么剩下的只有“服从”，那还有什么真正意义上的辩论可言？

真理面前人人平等，这也是开展正常辩论必不可少的前提条件。辩论的最终目的是探求真理、匡正谬误，所以正常的辩论应该不唯上，不唯权，不唯长，不唯权威，不唯人多势众，只唯真理。不管人的身份高低贵贱、尊卑长幼，人人都有发现真理、追求真理、表述真理、掌握真理、运用真理、捍卫真理的权利。只要谁手中掌握了真理，就跟谁走，就服从谁，勇于放弃自己违背真理的观点，这才是真正的辩论之道。

五、辩论的过程

辩论的过程一般可以分为四个阶段，即准备阶段、开始阶段、交锋阶段和结束阶段。

（一）准备阶段

准备阶段一般包括分析辩题、搜集论据、确定谋略、前期演练四个环节，现分述如下：

1. 分析辩题

分析辩题主要是辨清题意，找出观点对立各方分歧之所在。辨清题意就是把握住辩题的含义，要把辩题中的概念内涵和外延都搞清楚，同时还要了解辩题提出的背景，因为辩题提出的背景正是它所使用的概念的语境，它直接影响到这些概念的内涵和外延。例如，在 1993 年国际大专辩论会上，首场辩论赛正方是英国剑桥大学队，反方为中国复旦大学队，辩题是“温饱是不是谈道德的必要条件”。复旦大学队在准备阶段对辩题作了如下分析：

温饱：饱食暖衣，即吃得饱、穿得暖的生活。换一种说法，也就是没有衣食之困。我们大致可以将人们的生活或生存理解为以下三种状态：第一种是贫困，即勉强地能够维持生活和生存；第二种是温饱，表明生活和生存状态较好，已经脱离了挨冻受饿的境地；第三种是富裕，指一种充足而有剩余的优越的生活和生存状态。

道德：社会意识形态之一，是人们共同生活及其行为的准则和规范，由社会舆论和人的良知、良心来支撑。

谈：原是讨论的意思，此处则应作提倡、宣扬来理解。

必要条件：其逻辑含义是“无之必不然，有之不必然”。

在对这些概念的内涵和外延有了清楚的认识之后，在这一基础上寻找出核心概念。所谓核心概念，即辩论双方对辩题争论的焦点之所在。如“温饱是不是谈道德的必要条件”这一辩题，其核心概念是“必要条件”，而“必要条件”这一概念包含着“无之必不然”这层意思。这样一来，作为正方的剑桥大学队就获得论证一个比较绝对化、极端化的命题：没有温饱绝对不能谈道德。

了解辩题提出的背景，可使辩论参与者准确地把握辩题的现实意义和历史意义，帮助辩论参与者从更高的层次去理解、把握辩题，以进一步确立自己的论点，反驳对方的论点。

分析辩题的归宿，是要使辩题变窄，找出双方论点真正的分歧之所在。

对于辩题中双方观点一致的地方可以置之不顾，而使双方有重大分歧或对立的观点凸显出来，抓住要害，针锋相对地进行争论和辩驳，这样才能辩得热烈、辩得精彩。当然，如果辩题本身的内涵就很窄，这后一步的工作就可省略。

2. 搜集论据

论据，指的是用来证明论点的依据，是说明论点的理由和材料。分析辩题，确定对辩题的见解、形成自己的论点时，已经掌握了一定的论据；然而，为了更好地阐明和论证己方的论点，使之在辩论中争取主动，应付自如，得心应手，左右逢源，就有必要搜集充分的论据。刘勰在《文心雕龙•事类》中说："据事以类义，援古以证今""明理引乎成辞，征义举乎人事"，强调阐明道理应当引用别人的现成言论，说明某一意义也要援引有关的事例，这的确是经验之谈，可以作为论据材料的，大致有两个方面：理论论据和事实论据，前者指哲学的一般原理（在我国则尤其是马列主义、毛泽东思想、邓小平理论等的一般原理），党和国家的路线、方针、政策、法律和科学定律、原理、法则，以及被证实的公理、假说和成语、俗语、格言、警句、谚语、歇后语等；后者指有代表性的人证、物证、事实、典型事例、历史资料、统计数字等。

搜集论据的基本要求是：与论点有本质联系的、必需的、真实的、典型的、新颖的。

与论点有着本质联系的：是指这些论据的内涵和论点的内涵有着本质上的一致性，并能充分证明论点，能很好地说明论点的意义。只有具备了这一要求，才能构成论据。否则这些论据的材料再好、再真实、再生动，对所要证明的某一论点没有本质上的逻辑联系，那也是毫无用处的。

必需的：指阐明、论证己方论点和揭露、批驳对方论点是非常重要的、必不可少的论据材料。缺少了这些论据，就不能充分地阐明、论证己方的论点，或者就不能给对方的论点以致命的打击，将它彻底驳倒。

真实的：真实是论据的生命。它是能否支撑论点、保证论点能否坚实地成立的关键，因为论据真实，论点才可靠；如果论据不真实，论点也就靠不住。因此，在辩论中所选用的论据必须做到：完全真实可靠，确凿无疑，经得起实践和时间的检验。

典型的：指富有鲜明特征、最有代表性、最能概括和揭示事物本质的论据材料。辩论时论据能否有力地阐明、论证己方的论点，揭露、批驳对方的论点，关键在于论据是否典型、精当。典型的论据不但有很强的说服力，而且能揭示事物的本质特征，具有小中见大、以少胜多、以一当十的功效。

新颖的：指从不断前进的新生活中涌现出来的新人、新事、新情况、新成果、新经验、新数据、新方法、新思想的材料，还包括过去别人未曾引用过的论据材料。在辩论中引用新颖的材料，不仅能给辩论带来新的生机和活力，而且还能令人耳目一新，印象深刻，引发听（观）众思想上的共鸣，从而收到出奇制胜的效果。

3. 确定谋略

辩论是一种创造性的竞技活动，不但要“斗勇”，更要“斗智”。斗勇，是重在比谁的气势盛、能量大、意志坚定和信心十足；斗智，则重在比事先谋划周详，安排好攻守策略和整体配合技巧。这就是所谓“运筹于帷幄之中，决胜于千里之外”的道理。

既然辩论是立场、态度、观点有着分歧甚至对立的各方就某一问题所作的是非正误之争，在言语交锋中就有“攻”有“守”。所谓“攻”，就是确定阐明、论证己方论点的方法和途径，揭露、批驳对方论点的方法和途径。所谓“守”，就是确定防守、抵御对方进攻的方法和途径。而要确定攻守策略，就必须做到“知己知彼”。辩论和打仗同理，“知己知彼，百战不殆”。首先是要“知己”，即对己方的情况有全面和正确的认识：论点是否正确，论据是否可靠，论证是否严密，与辩论有关的材料是否准备充裕、耳熟能详，对己方辩论参与者的素质、性格、心理、辩论经验的估计等；其次是要“知彼”，即要充分地了解对方，不仅了解他们的观点、策略、优势、劣势等，而且对其参辩者的个人条件，诸如素质、学历、性格、心理、知识修养、兴趣爱好、生活经历、优缺点等，也要有较深入的了解。广义的“知彼”，还包括对辩论时间、场所、听（观）众，尤其是对评委的文化层次、职业、年龄、性格、爱好，以及对辩题的倾向等的了解和掌握。只有切实了解和掌握了各方面的情况，才能因人、因题、因时、因地地综合考虑和设计出一种能应付各种情况的最佳辩论方案。

如果辩论各方是多人参加，或者是队式辩论赛，在确定谋略时，还要讲究整体配合，使参与辩论者成为一个有机的整体，团结合作、协调作战。有的参辩者的单兵作战能力强，个人辩论技巧相对说来较为娴熟，但如果不能与同伴在配合中发挥整体优势，单逞“匹夫之勇”，那是很难取得辩论的胜利的。

在这一点上，辩论与足球比赛是相同的：其水平的高低，在很大程度上与整体配合的好坏及所形成的团体实力的强弱密切相关。辩论强调整体配合，这就要求各方的所有成员在场上做到全攻全守，无论是揭露、批判对方的观点还是维护、辩解己方的观点，每个成员都要从全局出发，协调一致、默契配合，相辅相成、相得益彰。

4. 前期演练

一些重大的辩论，尤其是表演辩论，演练的重要性和必要性是不言而喻的。因为预先确定的辩论方案是否可行，是不是最佳方案，只有通过演练才能判定；要达到深层次的“知己知彼”，也必须通过与“陪练”（假设的对立方）的对阵才能获得；参辩者心理素质的提高，辩论规程、规则、规律和方法的掌握，实战技巧的掌握，对辩题内容的熟悉，以及应对敏捷性的养成等，也都有赖于富有现场感的演练。

辩论前的演练是辩论获得胜利的重要条件和途径，这在表演辩论中尤为重要。

我国北京大学、复旦大学、南京大学代表队参加国际大专辩论赛之所以连连夺冠，这与他们赛前的刻苦演练是分不开的。这里面凝聚了领队、指导老师和“陪练”的心血，是集体智慧的结晶。在前期演练中，应尽可能创造一种逼真的现场辩论气氛，要让演练者完全进入辩论中所扮演的角色，严格按照该角色的立场、态度、观点、方法去思考和处理问题，以便在演练之中、之后发现各种问题，有针对性地采取各种有效的措施予以补救或纠正，使确定的辩论方案更加完善、成熟、符合实际，以争取辩论的胜利。

（二）开始阶段

辩论的开始阶段，主要是参加辩论的各方针对辩题表明己方的立场、态度和观点，提出己方的见解，亮出己方的论点。正是由于各方的立场、态度、观点有着明显的分歧甚至对立，才能引发出一场辩论。

俗话说：“良好的开端等于成功的一半。”辩论的开始应力求做到“情信而辞巧”，起到“一锤定音”的作用：一是为内容定旨，即确定辩论内容的中心思想，使其像一根红线一样贯穿于辩论的整个过程；二是为情感定调，即为辩论的主观情感定下一个基调；三是为语调定格，即做到声音高低适度，节奏快慢得当，切忌忽高忽低，突快突慢。高尔基曾经这样形象地比喻：最难的是开头，也就是开头的第一句话。它好像是音乐里定调子一样，往往要费很大的功夫。调子定高了，唱到半句就挑不上去了，调子定低了，又会把嗓了压得出不来声。调子定得准不准的依据是什么呢？就是全局，就是主旨。毛泽东在《中国革命战争的战略问题》一文中指出："没有全局在胸，是不会真的投下一着好棋子的。"主旨是在辩论时立论的基本观点和明确意图，是辩题的灵魂和生命，决定着辩论的质量高低、价值大小、作用强弱和影响好坏。因此，在辩论开始时，就要做到全局在胸，一切以主旨为依归。

在实际辩论中，如何提出己方的见解，亮出己方的论点，方法多种多样：有的开门见山，直接提出；有的先摆出对方的论点，树立靶子，在破中求立；有的将各方的论点同时摆出，正反对照；有的先举例证，引出己方的论点；有的创设话题，表明己方的观点，掌握辩论的方向，等等，没有一定之规。必须根据辩论的实际情况，从辩论的目的、效果出发，选择提出己方见解、亮出己方论点的方法，参辩者可充分发挥自己的聪明才智，使辩论一开始就先声夺人，给人们留下美好的、鲜明的第一印象。

表演辩论没有实际辩论那么复杂，它要求一开始参辩双方必须直截了当地表明己方的立场，提出己方的见解，亮出己方的论点，使人们在辩论的开始阶段就能够清楚地了解双方的主要分歧和对立点在哪里，从而紧紧抓住评委和听（观）众的心，饶有兴趣地看双方如何辩论，不允许在开始时说一大堆与辩题无关的话，或东拉西扯，转一个大圈子，最后才落到辩题上来，徒然浪费大家的时间。

例如，1993 年 8 月在新加坡举办的首届国际华语大专辩论会决赛场上，正方为台湾大学队，反方为复旦大学队，辩题是"人性是否本善"。辩论一开始，正方主辩吴淑燕鲜明地亮出了她们的论点：

吴淑燕：大家好！哲学家康德主张，人不分聪明才智、贫富美丑都具有理性。孟子认为人性本善，所以进一步又加了一句，每个人都有恻隐之心。而佛家说，一心迷是真身，一心觉则是佛。我方主张人性本善，所以人随时随地都可以放下屠刀、立地成佛。我方主张人性本善，就是主张人性的根源点是善的，有善端才会有善行。我方不否认在人类社会中存在有恶行，但是恶行的产生则是由外在环境所造成，所以恶是结果而不是原因。如果硬要说恶是因不是果，也就是说人性本恶，那么人世间根本不能产生真正的道德。虽然英国哲学家霍布斯极力主张在人性本恶的前提下人类可以形成道德。但是想想看，如果人性本恶，人类一切道德规范都是作为人类最大的利己手段。当道德成为手段时，道德还是道德吗？也就是说，人一旦违犯道德而不会受到处罚，人就不会遵守道德的约束了。深夜两点我走在道路上看到红灯，如果人性本恶我就会闯过去，因为不过是为了个人方便。但事实上并不会如此，仍然有许多人遵守交通规则。而根据人性本善的前提假设，霍布斯认为必须有一个绝对的、无所不在的权威监督每个人履行道德规约。如果人性本恶，没有一个人会心甘情愿地遵守道德规约，但是事实证明：人还是有善行、人还是有道德、还是有利他的行为。如果人性本恶，那么我们只有两种选择：第一个是活在一个“老大哥”无时无刻不监督我们的世界当中；第二个是我们人类社会将是彼此不再相信。如果这样的话，我就会看到一个老太太跌倒了有人把她扶起来，人们则说他居心不良；而我们在辩论会中建立起来的友谊都是虚假的装腔作势。但是我们会发现，在人类历史社会当中，没有一个绝对权威的君主曾经产生过，但是舍己为人的事情在不断地发生。而在生活当中，为善不为人知的生徒小民更是比比皆是。泰丽莎修女的善行，大乘佛教中所说的“众生永远不得渡，则己终身不作佛”的慈悲宏愿，难道不正是人性本善的最佳引证吗？谢谢！（掌声）。

在正方主辩讲完以后，接着，反方主辩姜丰也亮出他们的论点，并对对方的论点提出了质疑和诘难：

姜丰：谢谢主席，大家好！我先要指出一点的是，康德并不是一个性善论者。康德也说过这样一句话：“恶折磨我们的人，时而是因为人的本性，时而是因为人的残忍的自私性。”对方不要断章取义。另外对方所讲到的种种善行，那完全是后天的，又怎么能够说明我们命题当中的“本”呢？神话归神话，现实归现实。对方同学请你们摘下玫瑰色的眼睛看看这个现实的世界，就在你陈词的这三分钟当中，这个世界又发生了多少战争、暴力、抢劫、强奸。如果人性真是善的话，那么这些罪恶行为到底从何而来呢？对方为什么在他们的陈辞当中，自始至终对这个问题避而不答呢？我方立场是：人性本恶。

第一，人性是由社会属性和自然属性组成的，自然属性指的就是无节制的本能和欲望，这是人的天性、是与生俱来的；而社会属性则是通过社会生活、社会教化所获得的，它是后天属性，我们说人性本恶当然指的是人性本来的、先天的就是恶的。

第二，提到善恶，正如一千个观众眼中会有一千个“哈姆雷特”，一千个人心目当中也许会有一千个善恶标准。但是，归根到底，恶指的就是本能和欲望的无节制地扩张，而善则是对本能的合理节制。我们说人性本恶正是基于人的自然倾向的无限扩张的趋势。那个曹操不是说过“宁可我负天下人，不可天下人负我”吗？那个路易十五不是也说过“在我死后哪怕洪水滔天”，还有一个英国男孩，他为了得到一辆自行车竟然卖掉自己三岁的妹妹。这些对方还能说人性本善吗？

第三，虽然人性本恶，但是我们这个世界并没有在人欲横流中毁灭掉，这是因为人有理性。人性可以通过后天教化加以改造，当人的自然倾向无限向外扩张的时候，如果社会属性按照同一方面推波助澜，那么人性就会更加堕落；相反，如果我们整个社会倡导扬善避恶，那么人性就有可能向善的方向发展，这一点不也正说明了儒家思想所倡导的修齐、治平、内圣、外王是何等重要吗？对方辩友，如果真的是人性本善的话，那么孔老夫子何必还诲人不倦呢？

今天，对方辩友所犯的错误就在于以理想代替现实，以价值评判代替了事实评判。从感情上讲我们同所有善良的人一样也是希望人性是善的。但是历史、现实和理性都告诉我们：人性是恶的！这是一个事实，我们只有正视这个事实，才有可能扬善避恶。谢谢各位！（掌声）

（三）展开交锋阶段

在展开阶段，主要是参辩各方紧紧围绕辩题展开辩论，全面铺开，进行辩护和辩驳。

所谓辩护，就是要掩护、袒护、维护、防护己方的论点，这可从两方面进行：一是“立”，即千方百计地证明己方的论点是正确的、可信的，是符合客观事物的本质和规律的；二是“破”，即千方百计地揭露、批驳对方的论点是错误的、荒谬的，不符合客观事实，是不能成立的。辩护，首先是立论要有理，即能如实地反映事物的全体、本质和内在联系，做到理当、理合、理直、理深、理透，防止理屈、理短、理亏、理浅、理乱；其次是立论要有据，因为论据是论点形成和存在的基础，论据确凿可靠，论点才站得住脚，论据充分全面，论点才能有强大的说服力；再次是推理和证明的方法要恰当，是富有逻辑性的论证，能揭示出论点和论据之间内在的逻辑关系，做到观点和材料的有机统一，这样的立论才有不可战胜的逻辑力量，同时，还要批驳对方对己方论点、论据和论证方法的攻击，指出这种攻击的“无理”“背理”“非理”，以及片面和乖谬。所以，在辩护中要既有立论，又有驳论，有“立”有“破”，先“立”后“破”，“立”中有“破”。

所谓辩驳，就是要反驳、批驳、驳斥、驳倒对方的论点，指出对方的论点不正确、不合理、不全面、不符合客观事实，甚至是荒谬和有害的。辩驳的途径有反驳论点、反驳论据、反驳论证三种。反驳论点，就是针对对方的论点进行辩驳，指出它的错误性，彻底将它驳倒。辩论双方的分歧和对立主要是论点的分歧和对立，因此，论点是反驳的主要对象，是反驳的目的所在。反驳论据，就是驳斥对方论点所依凭的事实和理由，指出它是片面的、虚假的、不符合实际的。错误的论点往往是建立在虚假的论据之上的。俗话说：“皮之不存，毛将焉附。”因此，只要将论据驳倒了，其论点也就不攻自破。反驳论证，就是驳斥对方在论证过程中逻辑上所犯的错误，指出论据和论点之间没有必然的逻辑关系，因而从这样的论据中推导不出它所得出的结论。事实上，在辩驳对方的同时，也要不断地阐明和论证己方的论点。“破”和“立”是辩证的统一。所以，在辩驳中也是既有驳论，又有立论，有“破”有“立”，先“破”后“立”，“破”中求“立”。

“晏子使楚”是大家所熟悉的历史故事。从这个故事中，我们可看到辩论展开阶段的精彩场面：

春秋后期，齐国国君派晏子出使楚国。当时，虽然齐、楚都是大国，但楚国更强大，为五霸之一，而齐国弱小，根本不能与楚国相匹敌。楚王依仗自己国势强大，想乘机侮辱晏子，显示一下楚国的威风。楚王得知晏子身材矮小，当晏子来时，叫人在城门旁边开了一个五尺高的洞，要求晏子从这个洞钻进去。晏子看了看，对接待的人说:“这是个狗洞，不是城门。只有访问‘狗国’，才从狗洞进去。我在这儿等一会儿，你们先去问个明白，楚国到底是个什么样的国家？”守城门的人立刻把晏子的话传给了楚王。楚王只好吩咐大开城门，把晏子迎接进来。晏子见了楚王，楚王瞅了他一眼，冷笑一声说:“难道齐国没有人了吗？”晏子严肃地回答：“这是什么话？我国首都临淄住满了人，每个人都把袖子举起来，就能够连成一片云，每个人都甩一把汗，就能够下阵雨；街上行人肩膀擦着肩膀，脚尖接着脚跟。大王怎么说齐国没有人了呢？”楚王说：“既然有这么多人，为什么打发你来呢？”晏子装着很为难的样子说：“您这一问，我实在不好回答。撒个谎吧，怕犯了欺君之罪。说实话吧，又怕大王生气。”楚王说：“实话实说，我不生气。”晏子拱了拱手说：“敝国有个规矩，访问上等国家，就派上等的人去，访问下等的国家就派下等的人去。我最不中用，就派到这儿来了。”说着他故意笑了笑，楚王也只好赔着笑。晏子使楚期间，有一天，楚王正设酒席招待晏子。一会儿，有两个武士押着一个囚犯从堂下走过。楚王见了，问他们：“那个囚犯犯了什么罪？他是哪里人？”武士回答说：“犯了盗窃罪，是齐国人。”楚王笑嘻嘻地对着晏子说：“齐国人怎么这样没出息，干这种事情？”楚国的大臣们听了，都得意洋洋地笑了，因为这可以使晏子难堪、丢脸。哪知晏子面不改色，对楚王说：“大王怎么不知道啊？淮南的柑橘又大又甜，可是这种橘树一种到淮北，就只能结又小又苦的枳，这不是因为水土的不同吗？同样道理，齐国人在齐国能安居乐业，好好劳动，一到楚国，就做起盗贼来了，也许是两国的水土不同吧。”楚王听了，只好赔不是说：“我原来是想取笑大夫，没想到反倒让大夫取笑了。”从此，楚王十分尊重晏子，不敢小看齐国。

成功的辩论都离不开对辩论环境的控制。只有在辩论中始终占据主动，控制辩场气氛，主导辩论的方向，紧紧抓住对方和听（观）众的心，才能产生良好的辩论效果。对于时间较长的辩论，有效的控制场面尤其重要。控制场面的主要方法有二：一是通过新颖、精彩的辩论内容和摄人心魂的气势来吸引听（观）众；二是诱发听（观）众的参与心理，引起心灵上的共鸣，关注辩论的进行和结果。

表演辩论在展开阶段有其特殊性。在张霭珠所著的《谋略之战——辩论赛的理论、筹划与运作》一书中，将表演辩论分成三个阶段：第一阶段是开始——陈词；第二阶段是展开——辩论；第三阶段是终结——总结陈词，书中以“星岛模式”为例，将辩论赛的起承转合作了如下的表述：

一辩的“起”：开宗明义，表明立场，阐明主要因果关系。

二辩的“承”：合理演绎，提供充分论据，理论引用得当，说理透彻。

三辩的“转”：由说理转入事实论证，从社会实践的角度对立场作更深入的剖析。

四辩的“合”：系统归纳，批驳对方的矛盾和失误，将辩题内涵升华，从价值判断高度总结本方立场，达到“一览众山小”的辩论高度。

上面提到的第二阶段和“承”“转”两个环节，都属于辩论的展开阶段。

（四）结束阶段

这是辩论最后得出结论的阶段，也是分清是非正误的阶段，是辩论的落脚点和归宿。拿破仑曾经说过:“决定战争胜败的关键，往往在于最后五分钟。”其实，任何事物争锋较量的关键，都取决于最后的那一小段时间，辩论当然也不例外。由此可见，结束阶段在整个辩论过程中，是切切不可忽视的。

通常的情况是：各方辩论的结果，对辩题取得了正确的认识，或一方将另一方辩倒了，一方的论点可以将辩题解决了，辩论也就终止了。我们这里说的辩题得到了解决，是指辩题所涉及的内容取得了正确的认识，判明了是非、正误、优劣、善恶、美丑，在一定程度上掌握了真理。然而，在辩论实践中，辩论的终结阶段并非如此简单，大体上会出现三种情况：辩题得到解决，辩题部分得到解决，辩题没有得到解决。这三种情况的具体表现形式又是多种多样的。

第一种情况，辩题得到解决，具体表现形式有：

分出胜负：即一方胜，另一方负。负方有主动、被动之分。负方被动者，就是确为胜方所击败；负方主动者，则是负方信服胜方的论点，主动放弃自己的论点，自行承认失败。

未分胜负：即辩论各方最后未分出谁胜谁负，但是辩题却得到了解决。如某些学术辩论，虽然参辩者各方的论点各持一端，但都有合理的成分，它们从不同的侧面论述了事物或事理的性质、特征和规律，都有可取的地方。将他们的认识归纳起来，取长补短，集思广益，就基本上能将辩题加以解决。

第二种情况，辩题部分得到解决，具体表现形式有：

分出胜负：胜方的论点并未完全解决辩题，它仅仅在辩题范围内部分地寻求到正确的认识。

未分胜负：虽然参辩各方在各自的范围内，针对辩题展开辩论，在不同的侧面或在一定的程度上，取得了正确的认识，但将他们正确的论点集中起来，并未完全、彻底地解决辩题，只是部分地解决了辩题，或为今后解决辩题指明了正确的途径和方法。

求同存异：参辩各方对辩题各持己见，旷日持久，终无结论。从各自的立场出发，都有合理的地方，谁也说服不了准，就只能求同存异了。外交辩论大多属于这种情况。

第三种情况，辩题没有解决，这种情况的表现形式比较复杂：

分出胜负：胜方并非论点正确，负方亦非论点错误。辩论各方以其辩论策略和技巧的优劣而分出胜负，即策略和技巧高明者获胜，策略和技巧欠缺者败北。虽然分出了胜负，但辩题并未得到解决。表演辩论多属此类情况。

未分胜负：参辩各方论点都有错误，都不能解决辩题。各方都不能说服对方，分出胜负，最后只好不了了之。日常辩论多属此类情况。

求同存异：这其中的“同”，并不是正确的认识，虽然观点相同，当然无法真正解决辩题。这其中的“异”，却可能有真理的成分又不为己方所坚持，也不为对方所接受。虽然辩论各方相互妥协，彼此让步，但对解决辩题没有什么益处。

两败俱伤：这是一种特殊的不分胜负的辩论形式，如在有些政治辩论、商贸辩论中，辩论各方坚持各自的立场，互不相让，结果导致矛盾加深，解决问题更加艰难，从而给别人可乘之机，造成“鹬蚌相争，渔翁得利”的局面。

在表演辩论中，终结阶段也是非常重要的。这是因为辩论双方都要由辩手对己方的观点进行总结、进一步批驳对方的立场和论证中的问题，系统归纳己方的立论与依据，并在价值层面上予以升华；同时，还要由评判团代表予以评决，由辩论赛主席宣布辩论比赛结果。

以上所述辩论的过程分为四个阶段，这只是理论上的划分，而在实际辩论中，这四个阶段的划分并不十分明显，有时某些阶段可能交叉，甚至糅合在一起。在那些即兴辩论中，就更难区别这四个阶段的临界线了。我们之所以对辩论过程作如此的划分，目的在于使人们对辩论的进程有个理性的认识，从而有助于掌握辩论的基本步骤和一般规律。

六、辩论的方法

谈到辩论的方法，其实在我们第一节里所学的那些生活中的沟通技巧里，有许多也可以拿来用作辩论的方法。这里再谈一些在辩论中可能经常用得到的方法。

（一）归纳推理辩论法

所谓归纳推理辩论法，是指从个别的事例到普遍的原理，从特殊的情况到一般的结论，即综合许多具体的、具有内在联系的、个别事实的共同特点，归纳出一般原理和结论的一种辩论方法。

如司马迁在《报任安书》中说过这样一段极为著名的话：

盖文王拘而演《周易》；仲尼厄而作《春秋》；屈原放逐，乃赋《离骚》；左丘失明，厥有《国语》；孙子膑脚，《兵法》修列；不韦迁蜀，世传《吕览》；韩非囚秦，《说难》《孤愤》；《诗》三百篇，此皆圣贤发愤之所为作也。此人皆意有所郁结，不得通其道，故述往事，思来者。

这段话就是典型地运用了归纳推理论证法。司马迁一连列举了几个历史上有名的作品及其成因，并由此归纳出：只有当一个人“身处逆境、情意郁结”时，才可能发愤著述，写出流芳百世的不朽之作。这种表述很有说服力和感染力。

再如，《孟子·告子》中有一段有名的关于“生于忧患，死于安乐”的论述：

舜发于畎亩之中，傅说举于版筑之间，胶鬲举于鱼盐之中，管夷吾举于士，孙叔敖举于海，百里奚举于市。

故天将降大任于斯人也，必先苦其心志，劳其筋骨，饿其体肤，空乏其身，行拂乱其所为，所以动心忍性，增益其所不能。

在这段论述中，孟子先是列举了历史上六位有所作为的名人，在这些名人身上，有一个共同的规律，那就是在担当大任之前，均忍受了常人难以忍受的生活磨砺，经历了常人想象不到的痛苦，“苦心志”“饿体肤”“劳筋骨”，唯此，他们才得以增添了能力，成就一番作为。

李斯在其名篇《谏逐客书》中，也巧妙运用了归纳推理的说理方法，如在文章的第一段：

臣闻吏议逐客，窃以为过矣。昔穆公求士，西取由余于戎，东得百里奚于宛，迎蹇叔于宋，来邳豹、公孙支于晋。此五子者，不产于秦，而穆公用之，并国二十，遂霸西戎。孝公用商鞅之法，移风易俗，民以殷盛，国以富强，百姓乐用，诸侯亲服，获楚、魏之师，举地千里，至今治强。惠王用张仪之计，拔三川之地，西并巴、蜀，北收上郡，南取汉中，包九夷，制鄢、郢，东据成皋之险，割膏腴之壤，遂散六国之纵，使之西面事秦，功施到今。昭王得范雎，废穰侯，逐华阳，强公室，杜私门，蚕食诸侯，使秦成帝业。此四君者，皆以客之功。由此观之，客何负于秦哉？！

在这里，李斯用秦国先王的事例论证了客卿不但没有辜负秦国，而且为秦国的发展壮大立下了不朽的功勋。由于事例典型，感情充沛，在形式上运用了大量的排比句，使得语言的感染力、说服力大大增强，犹如空谷足音，令人振聋发聩，收到很好的表达效果：不但让秦王收回了“逐客令”，李斯还据此一步步登上宰相宝座，为秦统一全国做出了贡献。

归纳推理辩论法虽然是一种很有力量的辩论方法，但在使用这种辩论方法时，应注意以下几点：

（1）要熟练掌握大量的事实材料，并在此基础上选取典型的事例进行使用。

（2）在众多的典型事例中，尤其注意不能使用反例。

（3）事例要真实、可靠，然后在此基础上进行深入的分析和思考，把握问题的实质，找出共同的规律，归纳出正确的结论。

（二）演绎推理辩论法

演绎推理正好是与归纳推理相反的一种方法，它是由一般到特殊，由普遍到个别，即先从一个总的原则、大的原理出发，再引申到对一些具体事实的分析，并从中推出个别结论的一种辩论方法。

这种辩论方法通常由三个判断构成，一个判断用来提出问题、分析问题的一般原则，叫作大前提；一个判断用来提出所要分析的那个事物及其某一方面的属性，叫作小前提；第三个则是最终所要表述、推出的结论，因此这种辩论方法又叫三段论法。

如毛泽东在《为人民服务》一文中有这样一段极为著名的论述：

人总是要死的，但死的意义有不同。中国古时候有个文学家叫做司马迁的说过：“人固有一死，或重于泰山，或轻于鸿毛。”为人民利益而死，就比泰山还重；替法西斯卖力，替剥削人民和压迫人民的人去死，就比鸿毛还轻。张思德同志是为人民利益而死的，他的死是比泰山还要重的。

这段话的后一部分就是一个完整的“演绎”论证。“为人民利益而死，就比泰山还重”，是“大前提”;“张思德同志是为人民利益而死的”，是“小前提”，这都是“已知判断”；“他的死是比泰山还要重的”，则是“结论”，是“演绎”出的一个新的“判断”。这是一个完整的“三段论”推理形式。

毛泽东还有一段很著名的论述：

一切反动派都是纸老虎。蒋介石及其支持者美帝国主义就是反对派。所以，他们貌似强大，实则没有什么可怕的！

这段话其实也是运用了演绎推理论证法。

再比如下面这段话：

学生就是来学习的。搞好学习、提高成绩是其天职；他作为一名学生，却整天为情所困，这怎么能搞好学习呢？

这里运用的也是演绎推理。使用演绎推理辩论法，关键在于大前提本身必须是正确的，而且大前提和小前提之间应有必然的内在联系，否则就不能推理出所要的结论，自然也就没有了辩论的力量。

（三）类比推理辩论法

所谓类比推理，就是根据两类事物之间已知的相同或相似之点推导出它们之间未知的相似之点，也即从一个个别的结论推出另一个个别结论，这种通过与类似事物相比较来进行辩论的方法就是类比推理辩论法。

比如在《邹忌讽齐王纳谏》一文中，邹忌就是巧妙运用了类比推理法，形象地向齐王阐明“王之蔽甚矣”的道理：

邹忌处境 —类比→ 齐王处境
臣之妻私臣 —类比→ 宫妇左右莫不私王
臣之妾畏臣 —类比→ 朝庭之臣莫不畏王
臣之客有求于臣 —类比→ 四境内莫不有求于王
最后结论：王之蔽甚矣！

运用类比推理法进行辩论，形象生动，深入浅出，富有启发性，使听众极易领悟抽象的道理，使辩论简练生动，令人警醒，颇具说服力。

但在使用时应注意，类比的事物之间要有共同的或相似的属性，也即喻体和本体之间要有必然的、有机的联系，否则会出现机械类比的毛病，给对方以批驳的把柄。

（四）引经据典辩论法

所谓引经据典，就是引用经典作家、权威人士、著名人物的言论，引用众所周知、大家公认的真理、公理、俗语等。由于是大家熟知而又公认的，所以自然有权威性，用来辩论，自然也就具有说服力。

1996年，苏州大学（正方）和中国政法大学（反方）就“现代社会男女竞争是否平等”辩题进行辩论时，反方三辩有一段话：

今天，我们在讨论这个命题的时候，必须认识到当前还是男权社会，无论从西蒙波娃的《第二性》，还是奥丽坦的《女性的第二奥秘》，都告诉我们：如今还是男权社会。因为几千年来男性对女性的压迫是显而易见的，刚才，对方一辩给我们讲了亚当和夏娃的故事，但是在《圣经》里，女人只是男人的一根肋骨，一个“COPY”。看看东方，东方的孔子说，说什么？“唯女人与小人最难养也！”尼采说:“去找女人吧,带上你的鞭子。”莎士比亚说:“女人，你的名字叫脆弱！”就连古龙都说:“女人是靠不住的。”请问:“这是平等的吗？”（掌声）对方辩友说当我们步入现代社会，于是一切就都翻天覆地了吗？女人就实现平等了吗？但是，我们说，实现平等不仅要达到法律上或者说在就业上、在同工同酬上、在退休上、在政治权利上，更重要的是人格和尊严的平等，只有这样，才算是真正的平等。

在这短短几百字的辩词中，辩手先后提到西蒙波娃、奥丽坦、《圣经》、孔子、尼采、莎士比亚、古龙等7个名人或著作，大大增强了辩论的力量。

1999年国际大专辩论会上樊登同学也有一段辩词：

哲学家休谟早就解释过了：美从来就不是物质的客观属性，根本没有客观的标准。这一点与中国的传统文化也暗暗呼应。从孔子的“智者乐水，仁者乐山”到柳宗元的“夫无美不自美，因人而张”，都在说明着这个道理。如果对方辩友还不相信的话，那我还可以告诉你们：实验心理学的学者们早就用科学研究的方法证明，任何线条、颜色本身并不具备美的标准，而人类为什么会对这些线条颜色的组合产生感情，觉得它美呢？那是因为我们对它倾注了很多情感和想象，加上各自不同的文化背景，才构成了我们这个斑斓的美的世界。

在这两段辩词中，两位同学分别多次引用了名人的语言，在辩论中不但展示了自己丰富的知识积累，更起到了“精微穿溟涬，飞动摧霹雳”的雄辩效果。

使用引经据典法进行辩论时，应注意以下几点：

首先，引用要熟练、准确，无论是摘引原话，还是转述大意，都要忠于原作者本义，不能断章取义，歪曲理解。

其次，在辩论时，不可引用过多。否则，一方面给人留下炫耀之感，另一方面没有自己的观点，没有自己的语言，没有自己的分析，成了语录编排，效果反而适得其反。

另外，引用要有针对性，必须结合自己要主张的观点引用，切不可牵强附会，让听众莫名其妙。

（五）因果分析辩论法

所谓因果分析辩论法，就是利用事物的因果辩证关系进行辩论，在证辩过程中，或由原因推断结果，或由结果分析原因，或由结果推断结果，这种利用因果的辩证关系，在事实的基础上分析事物来龙去脉的辩论方法，就叫因果分析辩论法。

例如，毛泽东在《星星之火，可以燎原》一文中，对当时“全国都布满了干柴，很快就会燃成烈火”的形势，就采用了因果分析法进行论述：

既然国际上帝国主义相互之间、帝国主义和殖民地之间、帝国主义和它们本国的无产阶级之间的矛盾是发展了，帝国主义争夺中国的需要就更迫切了。帝国主义争夺中国一迫切，帝国主义和整个中国的矛盾，帝国主义者相互间的矛盾，就同时在中国境内发展起来，因此就造成中国各派反动统治者之间的一天天扩大、一天天激烈的混战，中国各派反动统治者之间的矛盾，就日益发展起来。伴随各派反动统治者之间的矛盾——军阀混战而来的，是赋税的加重，这样就会促令广大的负担赋税者和反动统治者之间的矛盾日益发展。伴随着帝国主义和中国民族工业的矛盾而来的，是中国民族工业得不到帝国主义的让步的事实，这就发展了中国资产阶级和中国工人阶级之间的矛盾，中国资本家从拼命压榨工人找出路，中国工人则给以抵抗。伴随着帝国主义的商品侵略，中国商业资本的剥蚀，和政府的赋税加重等项情况，便使地主阶级和农民的矛盾更加深刻化，即地租和高利贷的剥削更加重了，农民则更加仇恨地主。因为外货的压迫，广大工农群众购买力的枯竭和政府赋税的加重，使得国货商人和独立生产者日益走上破产的道路。因为反动政府在粮饷不足的条件之下无限制地增加军队，并因此而使战争一天多于一天，使得士兵群众经常处在困苦的环境之中。因为国家的赋税加重，地主的租息加重和战祸的日广一日，造成了普遍于全国的灾荒和匪祸，使得广大的农民和城市贫民走上求生不得的道路。因为无钱开学，许多在学学生有失学之忧；

因为生产落后，许多毕业学生无就业之望。如果我们认识了以上这些矛盾，就知道中国是处在怎样一种惶惶不可终日的局面之下，处在怎样一种混乱状态之下。就知道反帝反军阀反地主的革命高潮，是怎样不可避免，而且是很快会要到来。中国是全国都布满了干柴，很快就会燃成烈火。“星火燎原”的话，正是时局发展的适当的描写。只要看一看许多地方工人罢工、农民暴动、士兵哗变、学生罢课的发展，就知道这个“星星之火”，距“燎原”的时期，毫无疑义地是不远了。

这是一段相当周密完整、精彩深刻的因果分析论证，它由因及果，层层剖析；又由果推果，步步深入，表现了一种高屋建瓴、洞若观火的锐利和剔肤见骨、入木三分的深刻，有着极强的思辨力量。

我们知道，任何事物的发生、发展都有它内在的因果关系，揭示出这种因果的必然关系，也就明辨了是非，阐述了道理。我们在辩论中常常不具有说服力的一个重要原因，就在于说理说不到点上，或者片面性太强。从本质上讲，是对事理认识不清；在表现形式上，则是有因没果，或者因果间没有必然的联系。比如：

金无足赤，人无完人，更何况我们生活在大千世界之中呢？谁能没有不完美、不完善的地方呢？劝君莫以他人之疵取笑于人。

这里的论证就缺乏说服力，因为我们生活在大千世界中，所以“金无足赤，人无完人”？两者间没有必然的因果关系，如果改成下面的说法或许说服力就更强，辩论效果会更好一些：

金无足赤，人无完人，没有谁天生就是圣人，况且圣人也有犯错误的时候！谁能没有不完美、不完善的地方呢？劝君切莫以他人之疵取笑于人。

再比如，有一篇本科毕业论文的摘要这样写道：“我们正日益进入一个后真相时代，科技发展日新月异，新媒体技术更是突飞猛进……”乍一看，好像没有多大毛病，但仔细思考，语句前后逻辑颠倒、因果相反——应该是先有科技发展的日新月异，再有新媒体技术的迅猛发展，最后导致结果才是后真相时代的到来。

（六）对比辩论法

所谓对比辩论，就是把正反两方面的论点、论据或主张加以比较，从而达到否定错误观点、树立正确观点的目的。

比如下面一段话，就是运用了对比辩论：

人为什么活着？不同的人有不同的回答。有人认为,人活着就是为了吃好、喝好、玩好；有人认为，人活着是为了使别人生活得更好。前一种人，为了达到个人的目的，可以剥削人、欺压人、坑害人，把个人的快乐建立在别人的痛苦之上；后一种人，为了实现自己崇高的目的，不惜忍受饥寒，不惜赴汤蹈火，不惜献出宝贵的生命……

作者把两种不同人生追求的人，并放在一起进行论述，使得对比鲜明，观点突出，大大增强了论述的力量。

对比有纵比和横比之分，纵比是把同一事物在不同时间的不同情况作比较，横比则是把同一时期两种性质不同的事物放在一起作比较。但无论哪种类型的对比，都应注意对比的目的性，只有目的明确，才能恰如其分地确定对比的内容和角度，从而有效地支持自己的主张。

（七）归谬辩论法

所谓归谬辩论，就是先假设对方观点正确，然后以此为前提，进行合乎逻辑的引申，推出非常明显的荒谬结论来，从而间接地证明自己观点的成立。

西汉时，一次，汉武帝和东方朔等一群大臣们闲聊，汉武帝说："依我看，《相书》上有一句说得很准：'一个人的人中如果长到一寸，他就可以活到100岁。'"众大臣听了，都连忙应声说："对啊，陛下圣明！"东方朔却仰天哈哈大笑。其中一个大臣指责东方朔不礼貌，竟敢取笑皇上。东方朔辩解道："我哪里敢嘲笑陛下，我是在笑彭祖的面长！"汉武帝于是问："彭祖面长有什么好笑？"东方朔答道："传说彭祖活到了800岁，如果《相书》真的很准，那么彭祖的人中就应有8寸长，而他的脸也就有一丈多长了！"汉武帝听罢，想了一会儿，也禁不住大笑起来。

抗日战争时期，沈钧儒等"七君子"因积极宣传抗战主张，被国民党当局视为"眼中钉"，并逮捕入狱。在苏州高等法院开庭审判的时候，沈钧儒先生就运用了归谬法和法官进行辩论：

法官：你们宣传了与三民主义不相容之主义。

沈钧儒：如果我们宣传抗日救国就是宣传了与三民主义不相容之主义，那么难道与三民主义相容之主义就该是卖国投降吗？

沈先生用设问进行反驳式的回答，使国民党法官陷入自相矛盾之中，从而驳斥了其观点的荒谬性。

（八）排除辩论法

排除法又叫排他法，即先列出和要证明的论点有关的种种判断，然后分别证明这些判断的虚伪性、不成立，从而间接地证明自己论点的真实性。这种辩论方法多用于驳论，具有很强的辩论色彩，是通过否定而达到肯定的一种辩论形式。

例如，毛泽东在 1949 年发表的《中共发言人关于和平条件必须包括惩办日本战犯和国民党战犯的声明》中说道：

在一月二十八日那种时候，我们还把国民党反动卖国政府说成是一个政府，在这点上说来，我们的态度确乎不够郑重。这个所谓“政府”究竟还存在不存呢？它是存在于南京吗？南京没有行政机关。它是存在于广州吗？广州没有行政首脑。它是存在于上海吗？上海既没有行政机关，又没有行政首脑。它是存在于奉化吗？奉化只有一个宣布“退休”了的伪总统，别的什么都没有。因此郑重地说起来，已经不应当把它看成一个政府，它至多只是一个假定的或象征的政府了。但是我们仍然假定有那么一个象征的“政府”，并且假定有一个足以代表这个所谓“政府”发言的发言人。

这里就是运用排除辩论法，既否定了国民党“政府”的存在，又表明了中共的胸襟、气度，居高临下、气势宏大。

（九）层层深入辩论法

所谓层层深入，就是围绕要主张的中心观点，一层比一层深入地进行分析辩论，每层之间有着必然的内在联系，前一层是后一层的基础、前提；后一层是前一层的延伸、递进，由浅到深，由易到难，层层推理，环环相扣，层层之间共同组成一个“阶梯状”的有机整体，不给对方以喘息，不授敌人以把柄，这样的辩论，气势磅礴，推理严密，观点在层层深入的过程中愈加深化，道理在步步分析中愈加透彻。

如陶铸的《理想之光》一文，就是运用的层层深入法：

第一层：人是有理想的，没有理想的人就如同没有灵魂的行尸走肉；

第二层：不同阶级的人有不同的理想，只有无产阶级的理想才是最崇高的理想；

第三层：崇高的理想，可以产生巨大的精神力量，鼓舞人不断克服困难，奋勇前进；

第四层：我们必须树立崇高的理想并为之奋斗终身！

文章层次清晰，说理深刻，令人叹服，充分发挥了层层深入论证法的作用。

（十）比喻辩论法

所谓比喻辩论，就是用意义明显的、人们熟知的事物、故事、典故、成语等来说明抽象、难懂的道理，也即通过讲故事、打比方来论证问题。

例如：

在现实生活中，姐姐好看还是妹妹漂亮，原本是没有什么“欧姆定律”“库伦法则”的。姐姐赛过妹妹的，有；妹妹赛过姐姐的，也有。但在文学作品中，却有一个不算规律的规律：大凡称作“姐妹”篇的，十有八九妹妹不如姐姐。有的相差不多，只是多几个雀斑;有的则大相径庭，简直是东施、西施。难怪一位有识之士慨叹曰：“姐呵妹哟去逛庙，妹妹丑呵，姐姐俏。”结论是：别信广告那一套！

这段话拿生活中的姐妹与文学作品中的“姐妹篇”作比喻，语言风趣、诙谐，富有情味，有较好的表达效果。

比喻辩论是一种形象化的辩论方法，可以使辩论中唇枪舌剑的火药味变得较淡，活跃气氛，其基本作用就是把深奥的道理、论点形象化，使人容易接受。但应该注意，任何一种比喻和它所要比喻的事物之间都没有本质的内在联系（对比辩论法一般是在两种本质相反的事物间进行；类比辩论法则运用于本质相同的两类事物间），因此比喻辩论只能帮助说明问题，给听众一种形象的认识，增加说理的趣味性、活泼性和感染力，而要使论理透彻，让人心悦诚服，还是要靠材料来论证，靠理论来分析。

以上谈了 10 种常用的辩论、说理方法。这里需要指出的是，无论使用哪种辩论方法，都要合乎逻辑规律，遵守推理规则，避免在辩论过程中轻率概括、机械类比，以及滥用权威、因人废言、感情用事等；而且无论怎样进行辩论，都少不了事例的举用和理论的分析，即摆事实、讲道理，各种辩论方法都是在合理构思的基础上对事实材料和理论材料的巧妙安排与运用；任何有力的辩论往往是多种辩论方法的综合使用。

第三节 谈判中的制胜技巧

随着我国社会经济的进一步发展，谈判作为一种重要的沟通形式，在我们的经济生活中作用越来越重要。目前，谈判，尤其是经济谈判已成为市场经济条件下调节各种经济关系、分配各种社会资源的重要手段。

谈判既是一门科学，又是一门艺术。说它是一门科学，因为作为一种综合性的社会活动，它有着自身的规律与特点；说它是一门艺术，是因为拿下一场成功的谈判，需要参与者调动各方面的知识储备，要有机智的应变能力和高超的谈判策略与技巧，尤其是在具体的谈判过程中，能恰到好处地运用语言沟通手段。

谈判语言是谈判过程中最重要的沟通工具，离开语言的交流就不能称其为谈判，巧妙运用谈判语言可以有效地控制谈判进程，取得谈判的成功。

一、发问技巧

在谈判中，发问是一种常用的技巧，通过主动发问既可以获得信息，又可以澄清疑点；既能引起对方注意，又能传递友好问候，等等。从大的方面来看，提问的方式有两种：一种是闭合式提问，对这种提问的回答一般是可以控制的，与预期的结果也较相近，如“谁”“什么时间”“何处”“何事”等；一种是开放式提问，这种提问的回答一般不可控制，其结果也无法预料，如“你认为如何”“你觉得怎么样”“为什么这样”等。

在具体谈判过程中，发问通常有以下几种形式：

（1）一般性提问。这种提问是开放式的提问，提问没有限制，回答也是不可控制的和无法预料的。如问：“你认为如何”“为什么”“你为什么这么想”等。

（2）探询性提问。这种提问是为了窥测谈判到手的“底线”而趁势发问。如问：“你认为这样可不可以”“是不是这样”等。

（3）直接性提问。这种提问开门见山，直指要害。如问：“你能做主吗”“你能解决这个问题吗”等。这种提问具有限制性，在限制的范围内，回答是可控制的。

（4）鼓励性提问。如问:“你能再讲清楚点吗”“还有什么要商量的吗”等。鼓励性提问的回答有时可控制，有时不可控制。

（5）解围性提问。遇有冷场或出现僵局时，常常采用这种方式。如问:“你看,要不然这么办好不好？”“你再考虑一下,我们是不是可以达成协议？”“如果你同意，其他问题都好商量。你说呢？”这种提问方式的回答一般是不可控制的。

（6）理解性提问。如问 :“我明白你的意思，你这样说是因为他们做得不太好，对吗？”“你是这个意思吗？”这种提问的回答也是不可控制的。

（7）诱导性提问。如问:“这不就是事实吗？”“你的意思不就是这样吗？”这种提问的回答是可以控制的。

（8）发现事实的提问。如问:“何处？”“何人？”这种回答是可以控制的。但如果问“如何”“为何”，则回答有时可以控制，有时不可控制。

（9）持续性提问。如问 :“后来怎么样了呢”“那怎么办呢”等，回答有时可以控制，有时不可控制。

（10）求同式提问。如问:“你不这样认为吗？”“你同不同意我的看法？”“咱们的意见是不是都一致起来了？”这种回答是可以控制的。

（11）描述性提问。如问 :“我知道你有点为难，能想想办法吗？”“今天看来你很高兴，老板是不是同意了我们的方案？”这种回答是可以控制的。

另外，在谈判中对发问还须注意以下几个问题 :

（1）根据谈判时的场合、对象、内容和时机的不同，采取不同的提问方式。

（2）提问时要重点突出，条理分明，要领得当。

（3）当对方一时回答不上来，或者不愿就某一问题继续谈下去时，不要强求或生硬地追问。

（4）注意提问的策略。有时要开门见山，直指要害 ；有时要随机应变，见缝插针 ；有时由浅入深，迂回前进 ；有时又要趁势反问，窥测“心底”。这些具体策略都需谈判者在实践中加以灵活运用。

（5）问话要具体明确。因为问话往往就是一句话，所以用语一定要准确、精练、一针见血，避免使用含混不清、容易产生误解的词。

（6）问话要注意措词，讲究艺术，既不能使对方陷入窘境，又不能引起对方的焦虑与担心，如问 :“你们的报价这么高，我们能接受吗？”就不如改为“你们的开价似乎太高了，我方难以承受，还能再降降吗？”这样容易为对方所接受。

（7）要注意提问时机。过早提问会打断对方思路，而且显得不礼貌。一般应放在对方讲完之后再提问。

二、答复技巧

在谈判中既然有发问，自然地要有答复。如何巧妙地回答对手的提问，也是一门学问和艺术，回答巧妙，可以变被动为主动，很快摆脱困境；回答失误，给对方以可乘之机，可能会使整个谈判全盘皆输。因此，对于谈判高手来说，不能不掌握答复提问的技巧。

（一）在回答对方提问时，应注意的问题

（1）谈判前，要充分估计对方可能提出的一些问题，并先假设一些难题来思考，做好思想准备和精神准备。

（2）对谈判中可能涉及的文件、资料和数据要准备好，以便回答问题时准确、有依据。

（3）回答问题时，要给自己一些思考时间。

（4）在未完全弄清问题前，千万不要回答。

（5）有些问题不值得回答，逃避的方法是顾左右而言他。

（6）有的问题难以回答，可以回答问题的一部分，或者以资料不全和不记得为借口，暂时拖延回答。

（7）先让对方阐明他自己的看法和问题。

（8）倘若有人打岔，就姑且让他打扰一下。

（9）谈判时，针对问题的答案不一定就是最好的答案。

（二）回答问题的技巧

（1）不完全回答。就是对有的问题予以回避，或者有限度地回答对方的发问。例如，对方问：“你这批货价钱似乎贵了些，能否少些？”你可以回答：“价钱咱先不说，你先看看我们这货的质量……我们的成本……”回避了价格问题，但从质量和成本讲起，实际说出了价格的合理性。又如，对方问：“你们能解决运输问题吗？”回答说：“没问题，我们负责和铁路联系，保证把货运到。”但双方都没提及交货日期，这就使双方容易达成协议。

总之，对有些问话，当全部回答不利于我方时，可将问话的范围尽量缩小，

或只回答其中一部分问题，免得使自己被动。

（2）不正面回答。这里有以下几种办法：

①用不同性质的问题代替。如“你的提问非常有道理，不过在回答之前，我先请教你一些问题。”“是的，我同意你的提问，不过，请你让我用别的方式来说吧！”

②用类推的方式回答。如“据我了解，你的提问是……”然后再解释自己理解的提问内容。

③以攻为守的回答。在回答之前，先听听对方的意见，以争取自己思考的时间。如“在答复你的问题之前，我想先听听贵方的意见。”“对你所提及的问题，我并无第一手资料可作答复，但从我初步掌握的情况看，我粗略的印象是……”“我不大清楚你的问题的含义是什么？”“也许你的想法是对的。不过，你的想法的理由是什么？”这就给自己以缓冲的机会。

④模棱两可的回答。回答对手的提问时，重要的是知道该说什么和不该说什么，而不必过多地考虑回答得是否对题。所以，对一些难以准确回答的问题，可以做有弹性的模糊回答。如对方问：“你打算买多少？”你可以回答：“那就看你的优惠条件了。”总之，回答问题时，不要过早地暴露自己的实力，要给自己留有一定的余地。

（3）不马上回答。为了避免过早地暴露自己的目的和意图，争取充分的思考时间，对于对方的提问，不一定马上回答，可以让对方再把问题说清楚些；也可以以资料不全为托辞；或借口去洗手间，以争取思考的时间。

（4）不说多余的话。俗话说，话多必失，所以回答问题时，要简明扼要，只回答与提问有关的问题。

（5）不给对方以追问的机会。在谈判过程中，对手如果发现自己的回答有漏洞，往往会刨根问底地追问下去。所以，回答问题时要特别注意不让对方抓住某一点继续发问，为此，可借口对此问题无法回答而予以回避。例如，可说“现在讨论这个问题为时尚早，是否等以后再谈”“贵公司在这方面成绩卓著，可否请你谈谈这方面的经验”等。

三、说服技巧

说服，是谈判获胜的最重要手段，在谈判中如能做到以理服人，以情感人，让谈判对手心服口服，就能迅速克服谈判障碍，取得谈判的最终胜利。

在说服过程中，要注意遵守以下这些原则：

（1）态度要诚恳，以消除对方的戒心。

（2）不要过多地讲大道理，不要把自己的意志和观点强加给对方。

（3）要有耐心，不要急于求成。

（4）窥测对方的心理，研究对方的特点，了解对方的需求，使劝说有针对性。

（5）不要指责对方，要承认对方合理的成分，激励对方的自尊心，寻找双方的“共同点”。

（6）要平等相待，不盛气凌人、趾高气扬、自以为是。

（7）采取措施改变对方的成见，消除对方的戒意。

（8）巧用相反的建议。

（9）不要只说自己的理由，要承认对方的“情有可原”。

（10）要注意场合，要考虑你的第一句话。

具体的说服技巧，可以有以下这些：

（1）要想说服对方，必须首先认真听对方的意见和要求，明确哪些要求可以理解，哪些要求可以接受，哪些要求必须拒绝。

（2）从各个不同的角度去说服对方，阐明理由。正面不行，就侧面进攻；直接不行，就迂回进攻；理论不行，就实例进攻，使对方逐渐接受你的观点。

（3）要先易后难，即先讨论容易解决的问题，再讨论容易引起争论的问题。

（4）要强调双方的共同利益和观点的一致性，多强调处境的相同点，这有利于达成共识。

（5）要尽可能把有利于促成谈判达成协议的信息传递给对方，把对方感兴趣、迎合对方心愿的信息及早传递给对方。

（6）开头和结尾容易使对方记得清楚。结尾往往比开头更能给对方以深刻的印象。

（7）要说服对方，必须要从对方能接受的话题谈起，以引起对方思想上的共鸣。先表示出自己对对方的理解，然后步步深入，把自己的观点渗透到对方的头脑中去。

（8）重要问题要反复说明，以加深印象。

（9）要切中要害，针对核心问题来说服；如能引用实例，则说服力更强。

（10）要站在关心对立的立场上，让对方感到你是在为他着想，虽然你是在为自己的利益着想。

（11）说服要有韧性，即使感到困难也毫不退缩。也许成功就在最后“坚持一下”之后。

（12）既说服对方，又不使对方感到失了面子。

四、拒绝技巧

学会拒绝，对于谈判来说，也是至关重要。从心理学上讲，人的内心深处都不乐意接受否定式回答，因为这在某种程度上是对自尊需要的一种伤害，因此，如何既能说“不”，拒绝对方的不合理要求，又能维护对方自尊，尽量减少对方因被拒绝而引起的不快，以利于下一步的谈判，对于谈判的参与者来说，这的确是一门颇有难度的学问。

在拒绝时，首先要注意以下几条原则：

（1）拒绝的态度要诚恳。

（2）拒绝的内容要明确。

（3）以建议来代替拒绝。

（4）讲明处境，说明拒绝是毫无办法的。

（5）从对方的角度谈拒绝的利害。

（6）措词要委婉含蓄。

拒绝的技巧：

（1）让步拒绝法。对于一些咄咄逼人的对手，常常采用让步拒绝法。因为退让能缓解对方的情绪，从而使你更好地拒绝对方，保持自己的优势地位。让步拒绝的方式是拖延、打岔、幽默、答非所问或沉默等。这种让步，表面上不反驳对方提出的问题的合理性动机，但实质上取消了对这个问题的讨论，达到了拒绝的目的。

（2）借口拒绝法。寻找适当的借口，拒绝对方的要求，对于那些善于纠缠的人，不失是一个好办法。例如，有的谈判者反复纠缠，一定要求降低定价，你可以借口说这超出了职责范围，必须经过经理会议决定才行。如果他要找你的总经理会谈，你可以借口总经理出差不在单位，加以婉转拒绝。

（3）预言拒绝法。对于爱挑剔或自尊心很强的人，可以采用这种办法。从心理学的角度讲，一旦人的心理活动被别人看透时，就会用掩饰行为来证明别人的看法不对，以证明自己自由意志的存在。例如，当谈判对手特别挑剔你的协议某项条款时，你可以在送交修改后的协议草案时，特别说明：本协议的 ×× 条款是最不成熟的地方，虽然按你的意思加以修改了，但还不满意，你一定会提出很多意见，请你特别注意。对方可能会潜意识地提醒自己，别让别人牵着鼻子走，所以反倒不加修改而很容易获得通过。

（4）提问拒绝。有时，谈判一方认为对手缺少专业知识，或者认为谈判对手有求于自己，所以常常不顾对方的要求，只考虑自己一方的利益而提出过分的要求。这时，最好的拒绝办法是提出一连串的问题，让对方感到你不是一个弱者和外行，同时也让他认识到自己的要求太过分了。这里值得注意的是，不管对手态度多么傲慢，提出的要求多么过分，但你在提出问题时，语气、态度一定要和缓，不要带任何刺激、教训或挖苦对方的口气。

（5）不申明理由拒绝法。当谈判对手具有正当理由而自己又难于拒绝时，这时你切记不要和对方争辩，而唯一有效的拒绝办法就是说“不”。当对手一定要追问“不”的理由时，你可以同答：“你的话可能是有道理的，但我有我的苦衷，恕我不能告诉你。”从而拒绝了对方。

（6）“无能为力”拒绝法。当对手是你的老客户或老朋友，而对手提出的要求使你又不好意思直接拒绝时，你可以说：“你的这个要求，现在我没有能力满足，因为……”例如，一个老主顾想依然用原价进你的货，可这种货已涨了价，你又不好直说，你就可以说：“咱们是老朋友，你要办的事我一定尽力办。不过最近我公司正好缺货，我帮助问问其他同行是否有货，明天告诉你们。”第二天，就直接打电话:“某公司有现货，价钱是 ××，请你赶快去买。”这既拒绝了对方，又使对方非常感激你的热情帮忙。

（7）赞赏式拒绝法。这种方法又称“是的……但是……”拒绝法。就是当对手提出一些不能接受的条件或建议时，不是全盘否定对手的意见，而是首先肯定对手的某些看法，即先说“是的”，表示赞赏和理解，然后再说“但是……”对某些观点发表自己的不同意见。这样不但不会伤害对方的自尊心，引起他的以牙还牙的反击，反而会融洽谈判气氛，缩短双方的心理差距。

（8）体语拒绝法。就是拒绝对方时，不必开口说“不”，而是用身体语言来表示。通常用的办法就是用轻轻地摇头来表示不同意，但仍要保持温和的态度和平静的表情。有时，在谈判桌上，用双手交叉在胸前，就表示不同意对方的意见。

（9）找“替身”拒绝法。如果对方与你谈判一笔生意，倘若你感到对方条件不能接受而又不好直接拒绝时，不妨找个“替身”，予以拒绝。例如，对方想以便宜价钱买你的货，你又不同意，你可以说：“很遗憾，这个价我实在难办。×× 商店的货和我们的货质量一样，因为他们成本低，所以卖价也便宜，你不妨到他那里去看看。”这样，可以补偿对方因遭拒绝而产生的不满和失望，并把对手的情绪引导到另一方去。

（10）委婉拒绝法。当对方使用阴谋诡计时，如果你既不愿中计，又不愿当面揭露对方，这时，你不必采用批评性语言，而应讲清事实，陈述理由，委婉拒绝。例如，当对方谈判代表起草的协议中的付款方式与双方达成的意向不同时，你不要指责对方违背了双方的协议，而是说：“你这样写，我感到与双方已达成的协议不太一致。当时，我们的协议是这样的……请你再核对一遍。”这样，既不伤对方感情，也有利于澄清事实，保护自己的利益。

第四节　演讲中的宣传技巧

演讲作为口才艺术的一种重要形式，在当今社会中越来越发挥着重要的作用，领导干部沟通思想、搞好管理需要演讲，科研人员介绍新发明、宣传新观点需要演讲，单位招聘新职员、提拔新干部需要演讲，就连日常交际应酬中也时时离不开演讲。可以说，在某种程度上，会不会演讲，能不能演讲，往往成为人们衡量一个人是不是人才的重要标志。因此，了解演讲的内涵和外延，搞清演讲的特点和类型，然后在此基础上进一步学会演讲的各种技巧，对于生活在一个日益开放、交流频繁的社会里的人便显得尤为重要。

一、演讲的含义和特点

所谓演讲，就是主体（演讲者）在特定的时境（时间和环境）中，借助有声语言和态势语言等艺术手段，针对社会的现实和未来，面对广大听众发表意见、抒发情感，从而达到感召听众并促使其行动的一种现实的信息交流活动。

它首先是一种现实性的活动。所谓现实性，即真实性。演讲不同于文艺上的表演，虽然也有“演”的成分在里面，但这种“演”，其主要目的还是辅助表达主体发表意见、抒发情感，演讲者是现实中的自己，走上讲台，仍然代表他自己面对广大听众发表自己的主张和见解。

其次，听众的广泛性也是演讲的特点之一，是演讲区别于其他口语形式的重要标志。它区别于个别谈话，这很明显；它也同样与小组讨论有着根本的不同，小组讨论是几个人或更多的人就某个问题相互磋商，彼此探讨，类似音乐会中的对唱或合唱，而演讲则主要由演讲者一个人“独唱”。虽然也免不了和听众进行情感上的交流，但最主要的是由主体独自进行。

最后，感染性是演讲这种口语表达形式的另一重要特点。任何一次演讲，缺乏情感上的感染性，缺乏情绪上的鼓动性，缺乏力量上的号召性，绝不会是一次成功的演讲。演讲的目的不仅要宣传自己的观点、主张，不仅要让听众了解你的思想、认识，最主要的是要把你的观点主张、思想认识化为听众行动的指针，并以此投入生活、改造社会，而实现这一目的，演讲者就必须以自己的情感之火去点燃听众的情感之火，以自己炽烈的情感之手去拨动听众的心弦，以情感上的共鸣实现行动上的一致。

除了以上这三个特点外，演讲还有许多与众不同的地方，诸如工具性、综合性、艺术性等。但笔者认为以上三点是演讲最本质的特点。

二、演讲的类型

根据不同的标准，可以把演讲划分为不同的类型。

（1）从外在形式上，可将演讲划分为宣读式、背诵式、提纲式和即兴式四种。

①宣读式：就是站在台上，拿着讲稿进行宣读。这种形式的演讲一般不需要过多的技巧，也不需要和听众进行过多的交流，只是照着讲稿往下念，适当时候加入情感上的变化、声音上的抑扬、手势上的辅助，这是最简单的一种演讲形式，一般在重要的会议上较为常用。

②背诵式：这种演讲形式多见于学校学生、单位职工等组织的演讲比赛。内容提前布置下去，稿子提前准备好，在此基础上反复背诵，熟练掌握，单等上台脱稿背出即可。

③提纲式：没有整篇的讲稿，只是列几条主要内容，写个大概的提纲，在具体讲的过程中，结合实际情况适当展开，这种形式的演讲常见于领导布置工作、总结经验、会议发言等。

④即兴式：即兴式演讲是难度最大、水平最高的一种演讲形式，演讲者往往没有过多时间和内容上的准备，临场发挥，即兴演讲。这就要求演讲者

必须具备灵活的头脑、敏捷的思维、机智的反应，以及较高的文化素质、语言修养等。对这种形式的演讲，应注意要紧扣当时主题，说话言简意赅，符合时境特点等。

（2）根据演讲的内容，可将演讲划分为政治演讲、学术演讲、礼仪演讲、法庭演讲四种类型。

①政治演讲：政治演讲一般是为了一定的政治目的，就某个政治问题或与政治有关的问题而发表的演讲，如外交演讲、军事动员、政府工作报告、政治宣传等。政治演讲内容严肃、主题重大、目的性强，要求演讲者有较高的政治、理论水平和高度的政治责任感，唯此才有可能使演讲产生较好效果，否则，让人反感，产生抵触情绪，走向演讲主张的反面。

②学术演讲：学术演讲一般是指科研工作者、专业技术人员、大学教授等所作的专题讲座、学术报告等，这种演讲内容科学、论证严密、用词准确，有较高的学术水平；但应注意专业性和通俗性的结合，如果可能，可以加上一些辅助手段，如幻灯片、照片、图表等的使用，会使演讲效果更好些。

③礼仪演讲：这种演讲多见于一些比较热烈、隆重的交际场合，如结婚典礼、欢迎/欢送宴会、开幕/闭幕式、追悼会等。要求演讲者感情充沛、语言得体、形式灵活，能切合当时情景，适当增添场合应有的气氛。

④法庭演讲：法庭演讲特指自诉人、公诉人、被告方及各自委托律师等在法庭这一特定场合发表的演讲。这种演讲无论是自诉抑或辩护，都要求演讲者尊重事实、遵守法律、措辞准确、态度肯定，不能过于感情用事，更不能用语模糊不清，态度犹豫不定。

以上是两种常见的对演讲的分类方法，另外还有一些分类的标准，如根据目的划分，根据场合划分，根据特点划分等，因不太常用，此不赘述。

三、作好演讲的方法与技巧

（一）确定好的主题

无论作哪一种形式的演讲，演讲者都必须有一个明确的主题，即想通过演讲宣传什么、提倡什么、反对什么、贬斥什么。演讲的主题从根本上决定一场演讲的成功与否。那么，如何确定一个好的演讲主题呢？

首先，主题必须符合时代精神。每个时代都有每个时代的精神面貌和时尚追求。反映时代的精神面貌，迎合时代的风尚追求，就是把握时代的发展方向，促进社会的向前进步。演讲本身就是推动社会发展的一种社会实践活动，因此演讲的主题必须符合时代精神、符合现实需要、符合形势发展。毛泽东在延安整风运动中所作的一系列演讲，邓小平在20世纪70年代末所作的一系列讲话，江泽民所发表的“三个代表”等无不体现了与时俱进的时代要求，无不具有重大的现实意义，因而也都收到很好的宣传效果。

第二，主题必须是演讲者自己奉若圭臬、切实相信的内容。自己坚信不疑、意志坚毅、执着追求，在向别人宣传的时候，才会激情澎湃、别具一格、与众不同；遇到困难和挫折，才会义无反顾、勇往直前、动力不竭，也只有这样，才可使演讲最能打动人、感染人、鼓舞人。那种连自己都不相信、却让别人相信，连自己都不了解、却让别人去明白，连自己都不肯做、不愿做，却让别人去践行的“演讲”和“宣传”，只能让听众嗤之以鼻，不屑一顾！

第三，演讲的主题必须是现实生活中人们急需解决的问题。演讲之所以在现实生活中越来越发挥着重要的作用，其根本原因就在于它能在一定程度上帮助听众弄清社会现实中的复杂现象，帮助人们了解社会、认识社会，从而更好地改造社会。因此，选择人们普遍关心、急于得到回答的问题作为演讲的主题，从客观上就具备了打动听众、产生共鸣、为听众所欢迎的前提。

综上所述，任何一位技艺高超的口才艺术家，都必须在进行演讲之前认真思考：“我演讲的主题是什么？”“这个主题有没有价值，是不是符合时代主流、时代精神？”“是不是听众所感兴趣的内容？”“自己对这个内容是不是了解？”“有没有自己的真知灼见？”只有在此基础上，再去考虑演讲的技巧、演讲稿的写作、态势语的运用等那些内容，才能从根本上决定演讲的成功与否。

（二）拟定好的题目

古人云：名不正则言不顺。的确这样，好的演讲题目响亮、好听，能一下子抓住听众的耳朵，而且演讲起来，思路顺畅、一气呵成，为后面的成功铺垫一个好的基础。因此，如何为演讲拟定一个好的题目，也是演讲者必须认真思考的内容之一。好的演讲题目，可以从三个方面考虑：

首先，题目要有内容。所谓有内容，是指演讲的题目要具体、有指向：或能点破主题，或能揭示内容，或可提出问题，或者拟定范围等。无论怎样，都应做到让听众一听，能大概知道你准备讲述哪方面的内容，能根据演讲题目的指向，展开思考。无论听众想的与你准备讲的内容是否一致，他总会给予注意，产生兴趣，这样讲起来，效果也会更好。

第二，题目要尽量简短。如果只顾有内容，而使演讲的题目过于冗长，也会适得其反，应该在有内容的基础上尽量考虑让题目简短一些，如有可能，最好就用偏正、联合等词组的形式。如《庶民的胜利》（李大钊）、《科学的春天》（郭沫若）、《文学与社会》（鲁迅）等这类题目就很好。

第三，好的题目还要做到鲜明、有力、富于情感。题目有情感才有感染力，才能一下子吸引住听众；态度鲜明，提倡什么，反对什么，肯定什么，否定什么，一目了然，才能打动听众，产生共鸣。如《女人，你的名字不是弱者》《莫让年华付水流》《有幸生逢改革时》《为自由而战》《不自由，毋宁死》等都是情感浓烈、让人激动的好题目。

总之，拟定一个好的题目对于做好整个演讲来说非常重要，需要演讲者深思熟虑、反复酝酿，只有经过艰苦努力，认真筛选，才有可能找到一个最理想的题目，达到“妙手天成”的效果。

（三）撰写好的演讲稿

演讲稿是演讲的提示、依据和规范，写好演讲稿对于做好演讲十分关键。有人提出，好的演讲稿要努力达到七个标准，即新闻的真实、散文的取材、小说的语言、论文的结构、诗歌的激情、戏剧的安排、相声的幽默。这种说法不无道理，演讲是一种综合性艺术活动，作为演讲的提示、依据和规范标准的演讲稿，自然也应该综合各种艺术形式的特点。

演讲稿的撰写过程，可以分三步走：构思、起草和修改。

在构思这一步，作者大致要考虑以下内容：

（1）演讲的主题是什么？怎样分析、认识这个主题？最后发表一个什么样的结论？

（2）这次演讲是给什么样的人听？对于这样的人该怎样去讲？他们（她们）听后会产生什么样的效果？

（3）确立一个怎样的题目？采用哪些理论和事实材料？怎样安排结构？大概写多少字？用多长时间讲完？

有了深思熟虑的构思，演讲稿的起草就会得心应手、一气呵成。

稿子写完之后，还要进行认真修改。契诃夫曾经说过：“写得好的本领，就是删掉写得不好的本领。”林肯在发表著名的葛底斯堡演说前，曾有很多天将演讲稿带在身边，一有时间就阅读、修改，甚至就在演讲前的几个小时，还在对稿子的内容做最后的增减，也正因为有林肯这样认真、执着的态度，才有了名垂青史的葛底斯堡演讲。

演讲稿的修改可以从深化主题、调整结构、增删材料、推敲字句等几个方面着手。修改方法可以大声朗读自我感觉，或请教别人、共同研讨，或放上几天再来阅改等。总之，运用各种方法，努力使演讲稿达到“尽善尽美”。

（四）安排好的演讲结构

演讲作为一种社会实践活动，它有一个完整的过程，在这个过程中有开始、有发展、有承转、有收尾，任何一步安排不好，都会影响演讲的整体效果，因此，安排好演讲的结构对作好演讲来说，也是非常重要的一个内容。

首先看开头：人们常说，万事开头难。的确，对于演讲来说，开头是整个演讲过程的突破口、切入点，它给整个演讲定下基调，开头的好坏在一定程度上影响着整个演讲的成功与否。那么，怎样开头才算是一个好的开头呢？人们在总结长期的演讲实践活动后，提出以下几种开头的形式：

（1）由演讲的题目谈起。比如笔者的一次演讲《有幸生逢改革时》，是这样开头的：

尽管参加工作的时间不算太长，但却常常听到一些年轻人慨叹自己生不逢时，没能够让自己的才华，在“兵荒马乱”的岁月中大显身手。但是，我要说，我——有幸生逢改革时！

（2）由演讲者自己的情况谈起。比如笔者曾参加一次演讲比赛，开头是这样的：

我是从事公关工作的人。对于搞公关的人来讲，我们都信奉这样一个原则，那就是：不但要做出来，还得要说出去！今天，我就在这里作一次演说，我演说的题目是……

（3）由演讲者自己的心情谈起。如有一个演讲是这样开头的：

说心里话，我是怀着一种十分激动的心情走上讲台的！我知道，这是一个神圣的地方，并不是每个人都可以随便上来，它需要你在这里宣传一种伟大的思想，赞颂一种崇高的理想。今天，我就在这里……

（4）由当时的社会形势谈起。如闻一多先生的《最后一次演讲》，是这样开头的：

这几天，大家晓得，在昆明出现了历史上最卑劣最无耻的事情！李先生究竟犯了什么罪，竟遭此毒手？他只不过用笔写写文章，用嘴说说话，而他所写的，所说的，都无非是一个没有失掉良心的中国人的话！大家都有一支笔，有一张嘴，有什么理由拿出来讲啊！有事实拿出来说啊！（闻先生声音激动了）为什么要打要杀，而且又不敢光明正大来打来杀，而偷偷摸摸的来暗杀！（鼓掌）这成什么话？（鼓掌）

（5）由一个幽默、诙谐的故事、笑话、寓言等开头。如 1990 年中央电视台举办的春节晚会上，台湾电视节目主持人凌峰就是用这种方式开始了他的演讲：

在下凌峰，我和文正不一样，虽然我们都得过“金钟奖”和“最佳男歌星”称号，但我是以长得难看出名的。（掌声）两年多来，我们大江南北走了一趟，拍摄了《八千里路云和月》，所到之处，观众给予我很多的支持，尤其是男观众对我的印象特别好。因为他们认为本人长得很中国（笑声掌声）。一般来说，女观众对我的印象不太良好。有的女观众对我的长相已经到了忍无可忍的地步。（笑声掌声）她们认为我，人比黄花瘦，脸比煤球黑。（笑声）但是，我要特别声明：这不是本人的过错，实在是家父母的错误。当初并没有征得我的同意，就把我生成这个样子（笑声掌声）。但是，时代在变，潮流在变，审美的观点也在变。如果你仔细归纳一下，你会发现，现在的男人基本分三种：第一种，你看上去很漂亮，可看久了以后，就觉得他没有什么男人味；第二种，你看上去很难看，看久了以后是越看越好看，这就是像我的朋友陈佩斯这种；第三种，你看上去很难看，看久了以后你会发现，他有另一种男人味道，这就是在下我这种（笑声掌声）。鼓掌的都表示同意了！鼓掌的都是一些长得和我差不多的人，（笑声掌声）真是物以类聚啊！接下按规矩我要迎接挑战，带来一首歌曲，叫做《小丑》……

（6）用一个出乎听众意料的提问、设问、实物等开头。如 1980 年复旦大学举办《青年与祖国》主题演讲比赛，其中有一个同学就用了一种提问式的开头，一下子打开了演讲的局面：

请问在座的各位，谁能用一个字来概括我们青年和祖国的关系呢？

在听众进入思考、寻找答案的过程中，这位演讲者从身后掏出一张白纸，白纸上面写着一个大大的“根”字，演讲者一边展开，一边继续讲道：

对，就是“根”字。我们青年有一个共同的姓，就是“中华”，有一个共同的名，就是“根”。“中华根”应该是中国青年最自豪、最光荣的名字！

话音刚落，掌声一片。演讲者用这种开头形式收到了很好的宣传效果。

演讲开头的形式还有许多，这里只列举了常见的几种形式。总之，不管采用怎样的形式开头，只要能收到别致、新颖、出奇制胜的效果，只要能让听众“一见而惊，不忍弃去”，那就是好的开头。

其次看演讲的结尾：结尾是整个演讲的归结和收束，是演讲走向完美的最后一步。俗话说，“编筐编篓，重在收口”“为山九仞，功亏一篑”，如果结尾结不好，会使整个演讲虎头蛇尾、前功尽弃，因此，结尾对演讲的成功也至关重要，需要演讲者给予充分的重视。

常用的结尾方式，一般有以下几种：

(1)总结全篇，揭示主题。如美国演讲家亨利在独立战争前发表的演讲《不自由，毋宁死！》，其结尾就是采用的这种方式：

回避现实是毫无用处的。先生们会高喊：和平！和平!! 但和平安在？实际上，战争已经开始，从北方刮来的大风都会将武器的铿锵回响送到我们的耳鼓。我们的同胞已身在疆场了，我们为什么还要站在这袖手旁观呢？先生们希望的是什么？想要达到什么目的？生命就那么可贵？和平就那么甜美！甚至不惜以戴锁链、受奴役的代价来换取吗？全能的上帝啊，阻止这一切吧！在这场斗争中，我不知道别人会如何行事，至于我，不自由，毋宁死！

(2)抒情收笔，动人心弦。如郭沫若《科学的春天》，他在演讲结束时这样说：

“日出江花红胜火，春来江水绿如蓝”，这是科学的春天，这是人民的春天，让我们张开双臂，热烈地拥抱这个春天吧！

(3) 促人深思，耐人寻味。如 1923 年 12 月 26 日，鲁迅先生在北京女师作《娜拉走后怎样》，其结尾语是这样的：

可惜中国太难改变了，即使搬动一张桌子，改装一个火炉，几乎也要流血，而且即使有了血，也未必一定能搬动，能改装。不是很大的鞭子打在背上，中国自己是不肯动弹的。我想这鞭子总要来，好坏是别一问题，然而总是要打到的。但是从哪里来，怎么地来，我也是不能确切地知道。

我这演讲也就此完结了。

(4)发出号召，鼓人行动。如 1963 年 8 月 28 日，美国黑人领袖马丁·路德·

金在林肯纪念堂前所作的演讲《我有一个梦想》，就是用这种方式结尾的：

这就是我们的愿望，我将带着这个愿望回到南方。有了这一愿望，我们就能从绝望的群山中凿出一块希望之石；有了这一愿望，我们就能把喋喋不休的争吵灌制一曲和谐美妙的交响乐；有了这一愿望，我们就能一起工作，一起娱乐，一起斗争，一起入狱，一起捍卫自由。坚信吧，总有一天我们会自由，让我们为争取自由共同坚持下去！……

（5）引用名言，借船出海。也就是在演讲结束时，借助名人效应，引用名人名言结尾。如前面提到的郭沫若《科学的春天》，就是引用名曲《忆江南》里的词句结尾的；又如 1946 年 10 月 19 日周恩来在上海纪念鲁迅逝世 10 周年时发表的演说，其结尾也采用了这种形式：

鲁迅先生曾说："横眉冷对千夫指，俯首甘为孺子牛。"这是鲁迅先生的方向，也是鲁迅先生之立场。在人民面前，鲁迅先生痛恨的是反动派，对于反动派，所谓之千夫指，我们是只有横眉冷对的，不怕的。我们要以眼还眼，以牙还牙。假如是对人民,我们要如对孺子一样地为他们做牛的。要诚诚恳恳、老老实实为人民服务。我们要有所恨，有所怒，有所爱，有所为。过去历史上有多少暴君、皇帝、独裁者，都一个个地倒下去了。但是历史上的多少奴隶、被压迫者、农民还是牢牢地站住的，而且长大下去。人民的世纪到了，所以应该像条牛一样努力奋斗，团结一致，为人民服务而死。鲁迅和闻一多，都是我们的榜样。

演讲结束的方式还有许多，这里不再一一列述。总之，在具体的演讲过程中，口才艺术高超的人总是能够根据实际情况灵活掌握、巧妙运用，以收到"言有尽而意无穷"的效果。虽然具体的演讲过程已经结束，但演讲者所宣传的观点、表达的思想却久久萦绕在听众的头脑中，成为广大听众投入生活、改造社会的行动指针。

最后看中间的过渡与衔接：演讲和其他所有的口语表达形式一样，具有语言的暂留性和临场性，我们在第二章《熟练使用语言媒介》中已经提到，这一语言特点决定了口语表达形式不像书面表达那样，当读者（听众）不明白时，还可以返回再看，直到弄明白为止。而像演讲等这样的口语表达就不行了，演讲者前面讲过，听众后面可能就忘了，这就要求，演讲必须在整体上结构严谨、衔接紧密，不但演讲的内容有十分强的内在逻辑关系，在语言形式上还必须运用一些关联词语，加强这种联系，并用以提醒听众、照顾听众。比如用一些序列词，如第一、第二，首先、其次等；加上一些关联词，如总而言之、由此可见、综上所述等。只有这样，才能使演讲的整个过程浑然一体，使演讲的各个组成部分、各个层次段落有机地组合起来，共同形成一个“重磅炸弹”，轰向听众，从而收到明显的宣传效果。

（五）恰当运用态势语言

演讲、演讲，顾名思义就是要既能“讲”，又要能“演”。能“演”，主要体现在对态势语言的使用上。态势语言的主要组成要素包括表情、手势和姿态等，相比于其他口语表达形式，演讲对态势语言的运用尤其要丰富得多、标准也高得多。在演讲过程中，眼神要坚定执着，眼光要明亮自信；表情要怡然自得，保持微笑；手势要果断干脆，灵活变化，就连姿态也要给人亲切可近之感。

关于这部分内容，本书第四章已作详细论述，此处不再赘述。

后　记

几乎从参加工作开始，就一直在大学里教授口才艺术这门课，屈指算来，已有近二十年。在这段时间内，先后给大专、本科、成教、函授等各种学生讲过课，还曾给社会上诸如劳动厅、交通厅、党校等各类单位作过多次讲座，自己也大大小小参加过不下十次的演讲比赛，有过成功的喜悦，更有过失败的懊恼。每当讲课之余、比赛过后，总有一种莫名的冲动：是否把讲授这门课的心得体会和参加这十余次演讲比赛的经验、教训总结总结，记录下来？或许能给后来者、给那些急欲提高自己口才艺术的人以借鉴。正是抱着这样的念头，在同事、朋友、学生的鼓舞、支持下，试着用了将近半年的时间，终于写完这本《口才艺术导论》。本书能够顺利出版，首先要感谢惠州学院，感谢惠州学院文学与传媒学院，在学校、学院领导支持下，该书得以列入校级本科教学质量与教学改革工程项目（精品教材），并获得一定经费资助；其次要感谢我原来单位河北经贸大学的同事张通生教授，张教授原为河北经济日报社副总编辑，调到河北经贸大学后和我一个教研室，他为人正派、为学严谨，颇有绅士之风，几次鼓励我参加他主持的河北省经济信息中心的研究课题，本书出版也得到该课题的一定支持；最后要感谢我的大学同学、燕山大学出版社社长陈玉，在书稿撰写完毕、苦于寻找出版机构时，是在同学中有"美女、才女加淑女"之称的陈玉伸出援手，将该书列入出版选题。在新媒体传播迅猛发展的今天，文字读物的出版一般是费力不讨好的事情，学校和出版社均能给予支持，足见其文化担当、文化远见。唯愿该书出版能不愧对领导、同事和同学的良苦用心。无论读者朋友是否喜欢，无论大方之家如何评价，该书终究是我的劳动所得，是我独特的"这一个"，书中即使引用了一些别人的材料或观点，但也往往是经过了我的慎重思考，并认为是正确而有一定价值的。因此，当你们打开这本书的时候，你会发现它有着独具一格的体例，与众不同的语言和时用时新的观点、材料……而所有这些，也会让你相信“开卷有益”这句话的确不假。

另外，需要说明的是，在本书的撰写过程中，参阅了大量的相关书籍，其中，有的在思路上给予启发，有的在材料上给予帮助。现将较为重要的列书目如下：

1.《现代写作学》华中师范大学等 8 校合编，长江文艺出版社，1987 年 6 月版；

2.《演讲学》邵守义著，东北师范大学出版社，1991 年 6 月版；

3.《公关心理学》张云著，复旦大学出版社，1994 年 6 月版；

4.《现代演讲学》刘德强著，上海社会科学院出版社，1996 年 10 月版；

5.《说劝心理学与说劝技巧》曹希绅等著，安徽人民出版社，1997 年 12 月版；

6.《辩论学》刘伯奎著，语文出版社，1999 年 1 月版；

7.《老狐狸辩论口才》李华宇主编，伊犁人民出版社，1999 年 9 月版；

8.《现代公共关系学》张波等主编，河北人民出版社，2001 年 9 月版；

9.《电视播音与支持艺术》罗莉主编，北京广播学院出版社，2001 年 10 月版；

10.《语文课堂教学技能》周小蓬主编，北京大学出版社，2013 年 8 月第 2 版。

借此机会，谨向以上专家、学者表示崇高的敬意和衷心的感谢！

真诚欢迎读者朋友不吝赐教。

张　波

2018 年 7 月 于广东鹅城